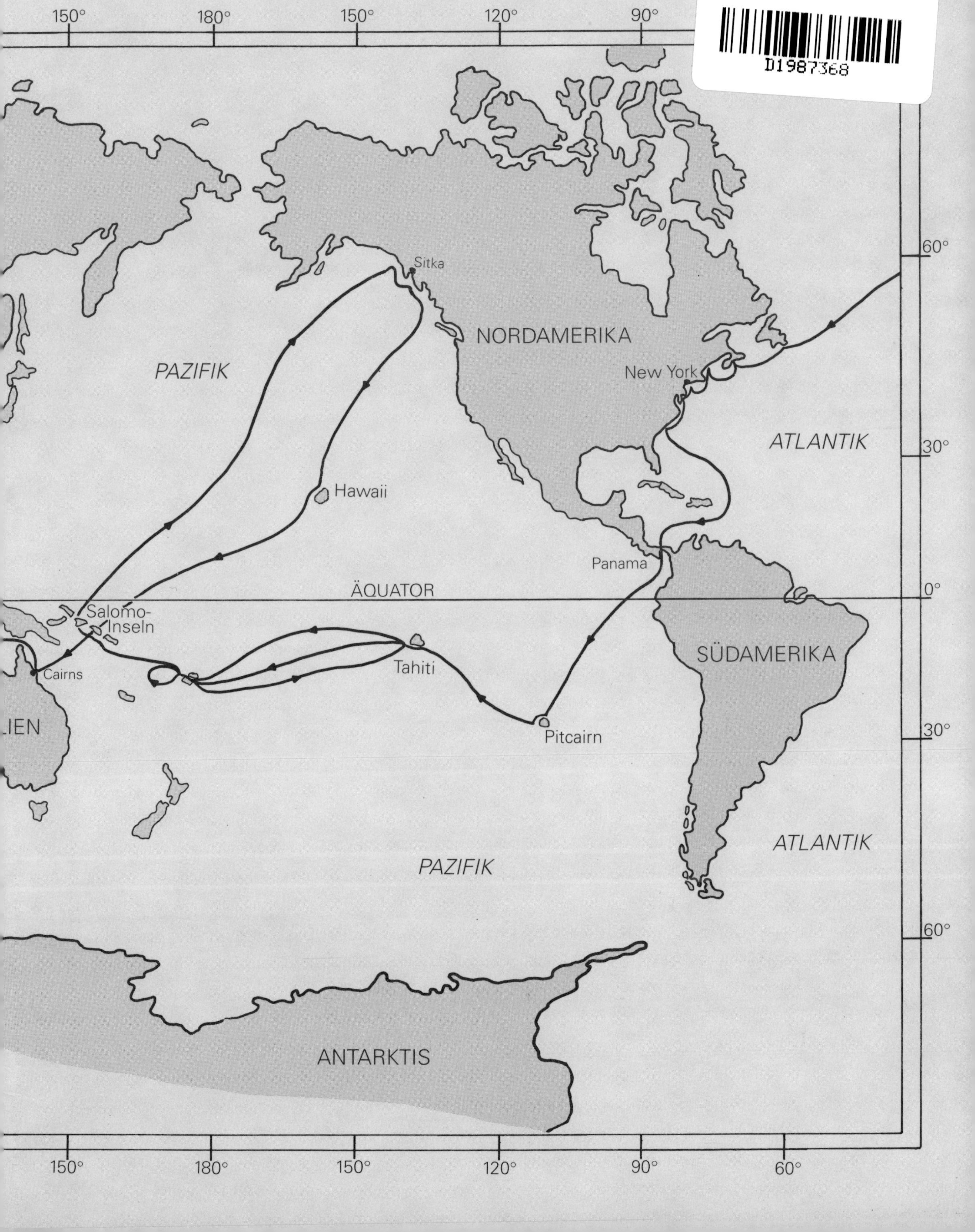
150°
180°
150°
120°
90°
60°
Sitka
NORDAMERIKA
PAZIFIK
New York
ATLANTIK
30°
Hawaii
Panama
ÄQUATOR
0°
Salomo-
Inseln
Cairns
Tahiti
SÜDAMERIKA
LIEN
Pitcairn
30°
ATLANTIK
PAZIFIK
60°
ANTARKTIS
150°
180°
150°
120°
90°
60°

Rollo Gebhard

Rolling Home

Rollo Gebhard

Rolling Home

Ein Boot, zwei Menschen, drei Ozeane

Ullstein

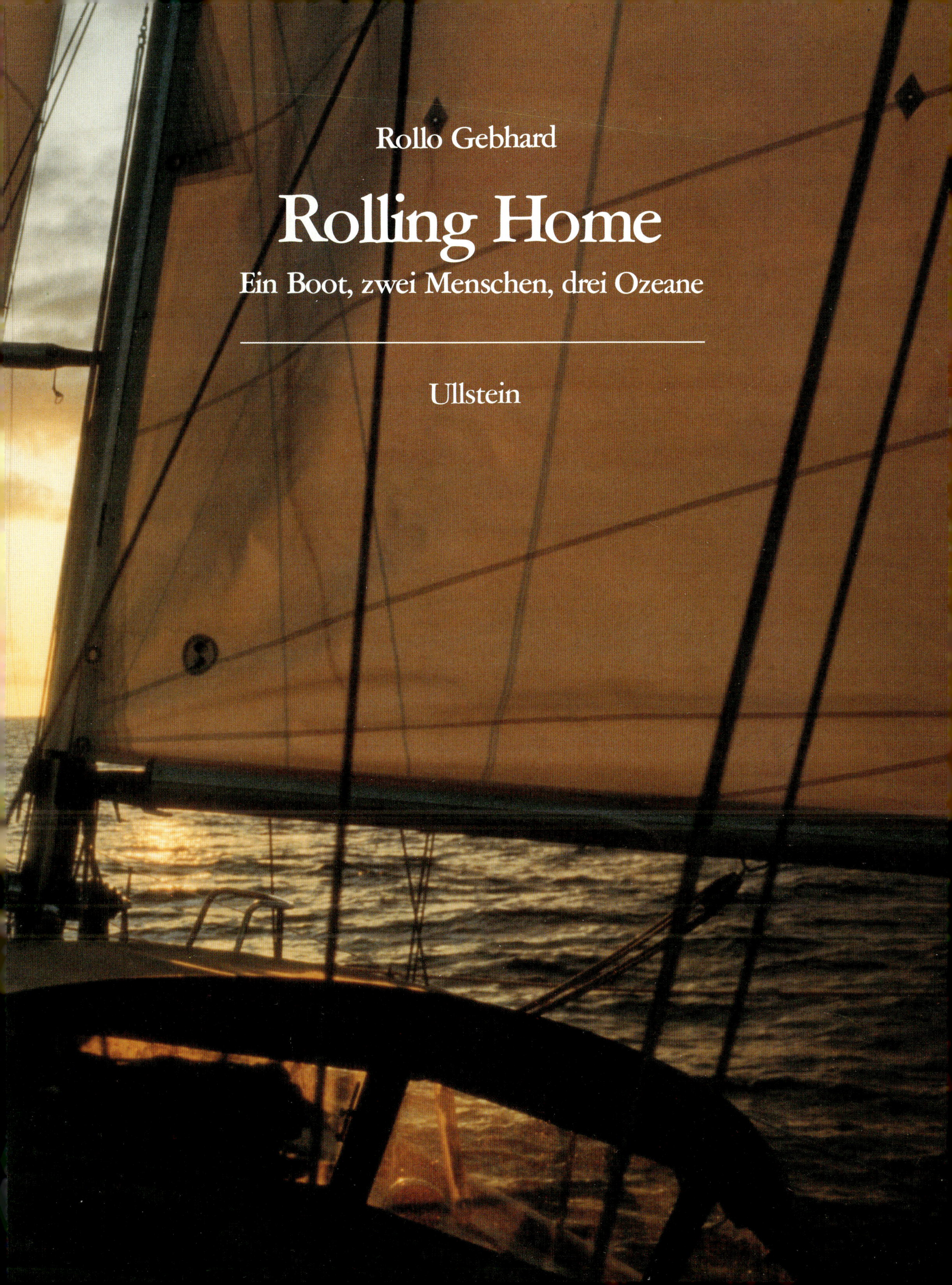

Verlag Ullstein GmbH, Frankfurt/M. - Berlin

Fotos: Rollo Gebhard und Angelika Zilcher,
aufgenommen mit Leica-Kameras und -objektiven
Filmmaterial: Kodak Kodachrome und Kodacolor
Foto Seite 188: dpa
Karten: Marco Tavera

ISBN 3-550-07519-7
Satz: Fotosatz-Service Weihrauch, Würzburg
Reproduktionen: gorenjski tisk, kranj, Slowenien
Druck und Bindung: gorenjski tisk, kranj, Slowenien
Printed in Slowenia

Gedruckt auf Papier mit chlorfrei gebleichtem Zellstoff

Die Deutsche Bibliothek - CIP-Einheitsaufnahme

Gebhard, Rollo:
Rolling home : ein Bott, zwei Menschen, drei Ozeane / Rollo
Gebhard. - Frankfurt/M. ; Berlin : Ullstein, 1992
ISBN 3-550-07519-7

Inhalt

Prolog

Magie des Wassers

So ungewöhnlich das Schicksal eines Menschen auch sein mag, so verworren die Wendungen und Windungen seines Lebenswegs, so läßt sich doch die Grundrichtung, der in entscheidenden Situationen eingeschlagene Pfad, aus seinem angeborenen Wesen und den Einflüssen während seiner Kindheit später meist eindeutig zurückverfolgen. Bei mir mußte die Faszination, die das Element Wasser seit meinen ersten Lebensjahren auf mich ausübte, dazu führen, daß ich schon als kleiner Junge jede Möglichkeit nutzte, mich einem Gewässer zu nähern. Mit seligem Leuchten in den Augen, so erzählte meine Mutter später, betrachtete ich die glitzernden Wellen, ihre Kreise und Reflexe, und nahm ihre Magie in mich auf.

Kleine Spielzeugschiffe aus Holz oder Blech waren es damals, die ich in jeder Pfütze, in jedem Waschbecken und – zum Schrecken meiner Mutter – auch an jedem größeren Gewässer schwimmen ließ. Mit einer Schnur zog ich die unbeholfenen Holzboote von einem Ufer zum anderen, in meiner Phantasie Meere und Flüsse überquerend. Und manches Schiffchen verschwand dabei, wenn mir versehentlich die Schnur entglitt, auf Nimmerwiedersehen. Die Vorstellung, später selbst auf einem »richtigen« Schiff zu fahren, nahm schon in der Gedankenwelt des Fünfjährigen Gestalt an.

Mein Vater entstammte mütterlicherseits einer alten englischen Seefahrerfamilie. Urahne der Familie war ein Wikinger namens Rollo. Oft erzählte mein Vater von den Taten des berühmten Vorfahren oder zeigte mir Bilder von Segelschiffen, auf denen er selbst noch den Atlantik überquert hatte. Wir lebten damals in Holland, in Haarlem. Eines Tages stand ich auf den Dünen bei Nordwyik und blickte staunend auf die für mich unendlich weite Wasserfläche der Nordsee, deren Horizont sich vor mir dehnte. »Dahinter liegt England, und noch weiter, viel weiter weg liegt der Ozean«, erklärte meine Mutter. Und dann kletterte sie mit mir in eines der Fischerboote, die damals noch unter Segeln, ohne Motor, stundenweise Badegäste zu Ausflugsfahrten mitnahmen.

Nun wollte ich das Wasser auch im Hause haben. Heimlich drehte ich den Hahn im Keller auf. Als die Flut bis zur halben Treppenhöhe gestiegen war, alarmierte ich meine Mutter. Große Aufregung! Die Feuerwehr mußte geholt werden, um den Keller leer zu pumpen. Damit waren meine Eltern gewarnt. Ich erhielt nicht nur eine exemplarische Strafe, sondern stand künftig auch unter strenger Aufsicht, wenn irgendwo Wasser in der Nähe war. Nur in der Gummibadewanne im Garten durfte ich planschen und »Meer« spielen.

Noch zweimal fuhr mein Vater in jenen Jahren mit einem Ozeandampfer für einige Wochen nach New York. Der Name des schwarzen Riesen, den ich im Hafen von Rotterdam betreten durfte, hat sich bis heute in meinem Gedächtnis erhalten: die *Wolendam* der Holland-Amerika-Linie. Fast ebenso beeindruckend war die für mich unverständliche Begebenheit, daß meine Mutter auf dem scheinbar bewegungslosen Schiff im Hafen seekrank wurde. Ich wußte nun, daß es auf dem Wasser Unterschiede gibt, denn *ich* fühlte mich sehr wohl ...

Als ich sechs war, zogen meine Eltern in die Schweiz. Dort schwelgte ich im Glück. Drei Brunnen standen mir im Garten der Villa zur Verfügung, die mein Vater gemietet hatte! Auch lud ein langer Trog mit sehr kaltem Wasser zum Spielen ein, aber mehr noch ein runder Springbrunnen inmitten von Wiesen und Obstbäumen und schließlich, etwas unheimlich, ein düsteres Becken unter den Eisenstufen einer breiten Treppe. Dort hausten ein paar fette Kröten, vor denen ich mich ekelte, und ein grüner Laubfrosch, den ich liebte.

Große, kräftige Bäume spendeten Schatten, darunter

Als Zwölfjähriger mit Mutter und Bruder am Strand von Rügen. Bei jedem Strandkorb war genügend Platz für eine »Burg«. Ich träumte schon damals von der Weite des Meeres, von unbekannten Fernen. »Hinter der Kimm liegt Schweden. Und danach kommen Lappland und das Nordkap«, erzählte meine Mutter. Ihr jagte ich einen großen Schrecken ein, als ich im Sommer 1936 mit dem Boot zu weit hinaus ruderte.

auch eine riesige amerikanische Tanne, die das Haus um etliche Meter überragte. Sie war ein Prachtexemplar und wurde mein Kletterbaum. Hier oben sah und fand mich niemand. Meine Mutter mußte sich vor das Haus stellen und in die Wipfel hineinrufen, wenn sie mich suchte. Das gefiel mir, und so baute ich mir hoch oben in der Tanne, mit Blick über das ganze Dorf, eine Hütte, die mir Schutz gab vor Sonne, Regen und Wind. Stundenlang, oft halbe Tage, hockte ich in meiner Baumhütte, schnitzte an meinen Schiffsmodellen und genoß das Gefühl unbeschränkter Freiheit – bis mich der Hunger ins Haus trieb. Abstürze durch morsches Geäst blieben nicht aus, auch Verletzungen an Hölzern und Nägeln zog ich mir öfter zu. Meine Mutter gab mir dann zwar ein Pflaster, warf mir aber auch mein Ungeschick vor. Kleinere Verletzungen wurden grundsätzlich nicht beachtet. Ich sollte lernen, besser aufzupassen.

Meine Modelle bereiteten mir anfangs eine Menge Kummer, sie wollten nicht so recht schwimmen und schlugen immer wieder um. Nahm ich gar ein Stöckchen und Papier, um Mast und Segel zu setzen, so kenterte das Schiffchen beim leisesten Lufthauch. Ich fand heraus, daß ein Boot für die Stabilität Ballast braucht und einen Kiel. Die Firma Märklin bot damals sehr schöne Schiffsmodelle aus Blech an, deren Schraube von einem Uhrwerk angetrieben wurde. Das Federwerk ließ sich aber im Schiffsrumpf nicht richtig zentrieren, so daß der kleine Dampfer meist mit Schlagseite schwamm oder hecklastig tief im Wasser hing. Oft spritzte auch Wasser durch den Schornstein in den »Maschinenraum«, und nach wenigen Wochen war das Uhrwerk völlig verrostet. So lernte ich das Problem der Korrosion frühzeitig kennen.

Bei Segelbooten gab es diese Schwierigkeiten nicht, allenfalls stellte sich heraus, daß der verwendete Leim nicht wasserfest war. Aber es gelang mir nur selten, ein Modell mit einer Art Selbststeuerung ordentlich auf Kurs zu halten. Hatte ich einmal dabei Erfolg, dann war der kleine Brunnen viel zu schnell durchquert und die Fahrt zu Ende. So merkte ich: Ein Segelboot braucht viel Platz.

Im Ruderboot abgetrieben

Von meinem elften Lebensjahr an besuchte ich das Gymnasium in Dresden. Hier gab es kaum Möglichkeiten, ein Modell schwimmen zu lassen, dafür verbrachten wir die Sommerferien regelmäßig an der Ostsee, auf der Insel Rügen. Ich durfte dort jeden Tag für zwei Stunden ein Ruderboot mieten und auf die See hinausfahren. Im Sommer 1936 sah ich nach unserer Ankunft im Seebad Sellin, beim ersten Blick von der Düne, ein Kriegsschiff auf Reede liegen. Es schwojte ziemlich weit draußen vor Anker, trotzdem bedrängte ich meine Mutter, mit mir im Ruderboot hinauszufahren. Ich wollte das Schiff aus der Nähe sehen, dessen graue Silhouette so geheimnisvoll über die Kimm ragte.

Dabei hätten meine Neugier und Abenteuerlust fast zu einem Unglück geführt. Die Luft im Schutz der Hügel schien ruhig, auch die Brandung war kaum der Rede wert. Dennoch wehte eine scharfe Brise seewärts. Wir kamen natürlich rasch voran, denn der Rückenwind trieb uns hinaus und wurde immer stärker, je weiter wir aus dem Windschatten der Insel gerieten. Auch die Wellen wurden merklich höher und steiler, Schaum von den Kämmen spritzte ins Boot. Furcht stieg in mir auf, aber ich wollte vor meiner Mutter keine Schwäche zugeben.

»Nur einmal fahren wir ums Schiff und dann sofort zurück«, versprach ich. »Der Wind nimmt nämlich zu.«

Aber kaum hatten wir das Schiff gerundet – es war der U-Boot-Tender *Saar* –, schlugen uns schon die Wellen so hart entgegen, daß ich einen weiten Bogen fahren mußte, um vom Heck der *Saar* freizukommen. Trotz aller Kraft, mit der ich mich in die Riemen legte, machten wir kaum noch Fahrt in Richtung Küste, sondern wurden seitlich abgetrieben.

»Du mußt stärker rudern!« rief meine Mutter.

»Ja«, sagte ich nur, wußte aber, daß ich das gar nicht konnte. Bald löste sich die Haut von meinen Handflächen. Ich war zum ersten Mal in diesem Sommer in einem Boot und hatte noch keine Schwielen. Unter Aufbietung aller Energie konnte ich gerade noch unsere Distanz zum Strand halten, während uns gleichzeitig eine Strömung nach Göhren zog, dem letzten Badeort an dieser Küste.

Hinter dem Kap wartete die offene See mit ihrem lebensgefährlichen Wellenschlag. Wir würden kentern – und meine Mutter konnte nicht schwimmen! Zu ihrer Beruhigung log ich: »Wir kommen dem Strand langsam wieder näher. Dann wird auch der Wind schwächer.«

Davon konnte zwar keine Rede sein, aber wir hatten Glück. Man hatte uns in Göhren zufällig bemerkt. Zwei stämmige Fischer näherten sich in ihrem Boot und nahmen uns in Schlepp.

Meine blutenden Hände brannten vom Salzwasser, und eine Woche lang konnte ich keine Riemen mehr anfassen. Von diesem Tag an beobachtete ich Windrichtung und Seegang immer mit großer Aufmerksamkeit und einem leichten Schauer.

Der erste Sturm auf See

Im folgenden Sommer erlebte ich ein weiteres Mal, wie sehr man sich in Landnähe über die tatsächlichen Wetterverhältnisse auf See täuschen kann. Vom Ostseebad Dahme aus, in der Lübecker Bucht, hatten wir eine Tagesfahrt nach Kopenhagen gebucht. Es begann bereits heftig zu wehen, als die Gäste gegen acht Uhr an Bord des kleinen Bäderdampfers gingen. Niemand schien sich daran zu stören, obwohl es schon nach kurzer Zeit weiter aufbriste. Der Nordost stand uns ziemlich entgegen, und je mehr wir uns von der Küste entfernten, um Fehmarn zu runden, desto steiler wurde die See. Ich war begeistert! Endlich ein richtiger Sturm, acht bis neun Windstärken, und ich durfte ihn erleben, an Bord eines Schiffes, dem nichts geschehen konnte. Oder? Das Vorschiff des Dampfers richtete sich bei jeder See hoch auf, versank dann krachend bis zu den Aufbauten im schäumenden Wasser. Atemlos, hingerissen, stand ich hinter dem Steuerhaus an Oberdeck, um den dramatischen Anblick voll zu genießen.

Blankes Wassser schoß meterhoch über das untere Deck, ergoß sich in breiten Bächen in den Maschinenraum, der, wie bei Dampfern damals üblich, mittschiffs offen war. Der Kampf des kleinen Schiffes gegen den immer höheren Seegang war für mich ein aufregendes Schauspiel. Fasziniert beobachtete ich jede Bewegung des Rudergängers und das steinerne Gesicht des neben ihm stehenden Kapitäns. Jetzt erreichte die hochschäumende Gischt bereits die Schiffslampe auf dem Mast! Würden die Glasscheiben des Steuerhauses dem Druck der anstürmenden Flut standhalten? Als das Schiff immer wieder aus dem Ruder zu laufen schien,

Schloß Kuckuckstein bei Liebstadt, zwanzig Kilometer südlich von Dresden, die Heimat meiner Mutter und meiner Großeltern.

Hier lernte ich bei meinem Onkel in seiner Hobby-Werkstatt, mit Bohrer, Hobel, Säge und Leim umzugehen.

bekam ich doch Angst. Männer der Besatzung eilten den Niedergang hinunter und versuchten, das Vordeck zu erreichen. Man spannte Taue, um sich daran festzuhalten.
Plötzlich änderte sich der Kurs, und es kam die Durchsage, daß die Fahrt abgebrochen würde, daß wir einen Nothafen auf Fehmarn anlaufen müßten. Ich war erleichtert und konnte es deshalb kaum fassen, als einige Passagiere, die wohl bisher nur Karten gespielt hatten, zum Kapitän stürmten und energisch forderten: »Wir haben bezahlt für Kopenhagen und verlangen, daß Sie weiterfahren!« Es gab Geschrei, Argumente, Drohungen auf Schadenersatz ... »Wollt ihr denn, daß wir absaufen?« rief der Kapitän. »Es besteht Lebensgefahr!« Ein Argument, dem heute jeder weichen würde, aber damals galt einigen Herren der Rechtsanspruch auf den bezahlten Ausflug offenbar mehr.
Das Wort des Kapitäns gab am Ende natürlich den Ausschlag. Mit den Streitereien würde sich die Reederei befassen müssen. Aber mir wurde nun klar, weshalb der geplagte Mann sein Schiff bewußt einer zunehmenden Gefahr ausgesetzt hatte: wegen der zahlenden Passagiere. Ich war froh, als wir am frühen Nachmittag hinter der Mole von Burg auf Fehmarn endlich ruhiges Wasser erreichten.
Das Abenteuer war mir dann später eine herrliche Erinnerung, aber auch eine Warnung. Es müssen Grundseen gewesen sein, die so brutal über das Schiff herfielen. Nie wieder habe ich so bedrohlich steilen Seegang erlebt.

Von Bayern in die weite Welt

Zu Hause in Dresden beschäftigte ich mich neben der Schule weiter mit dem Modellbau und las Seefahrtsbücher. Mein Onkel hatte eine kleine Hobbywerkstatt und gab mir, was mir bisher gefehlt hatte: etwas handwerkliche Ausbildung. Ich lernte mit Bohrer, Hobel, Säge und Leim umgehen.
Die folgenden sechs Kriegsjahre – ich wurde schon im September 1939 zur Luftwaffe eingezogen – verursachten einen tiefen Einschnitt in meinem Leben. Aber in mir war bereits der Grundstein gelegt für eine spätere Laufbahn in der Seefahrt. Die Liebe zum Wasser würde eines Tages über alle Hemmnisse siegen, auch wenn es mir selbst noch nicht bewußt war, als ich nach dem Krieg in Garmisch-Partenkirchen eine neue Heimat fand.
Zehn Jahre vergingen. Doch das einmal in mir aufgebaute Potential machte sich bei der ersten, lang ersehnten Gelegenheit bemerkbar. Wie ein Küken aus dem Ei brach ich aus der Schale der mich umgebenden Widerstände aus, wagte meine ersten, noch unsicheren Schritte. In nur vier Jahren gelangte ich vom Faltboot zur Segeljolle und mit dieser vom Starnberger See bis nach Afrika und Asien. Es war, als wollte ich in einem Gewaltmarsch, ohne Rücksicht auf untaugliches Schuhwerk, die ganze Strecke aufholen, die ich als Gebundener des Krieges und seiner Folgen nicht hatte zurücklegen können.

Wo die Wellen sich den Rücken brechen

»Bitte unterschreiben Sie hier, alles weitere können wir später besprechen!« sagte die hübsche junge Frau im Werftbüro. Ihr dreijähriger Zögling spielte indessen hemmungslos mit Aktenordnern, Stühlen und sonstigem Inventar und warf in diesem Augenblick gerade das Telefon mit solcher Wucht auf den Boden, daß das Gehäuse zerbrach. Ungerührt von dem Getöse und unbeeindruckt von dem entstandenen Schaden, zeigte mir die Mutter einen eng beschriebenen Vordruck auf dem Schreibtisch, während sie ihrem Kind ein neues Spielzeug in die Hand drückte. »Ich darf keine Vormerkung, keinen Auftrag annehmen, solange dieses Formblatt nicht unterschrieben ist.«

Ich überlas den Text, stellte Fragen und spürte dabei ihre völlige Gleichgültigkeit mir gegenüber. Der Vertrag besagte nicht mehr und nicht weniger, als daß die Werft, eine obskure Firma, für Schäden am Boot, gleich welcher Art, in keinem Fall haftete. Das mochte noch im üblichen Rahmen liegen. Auf diesem Stück Papier aber war wirklich alles – von einem Versagen der Aufsicht, der Geräte und Maschinen bis hin zu Fehlern des Personals – von der Haftung ausgeschlossen. Das gesamte Risiko für Fehlleistungen und die daraus entstehenden Verluste oder Zwischenfälle, sogar für Schäden am werfteigenen Gerät, wurde dem Kunden aufgebürdet.

Was nun? Ich mußte nicht lange überlegen. Wir wollten über den Pazifik segeln, 5000 Seemeilen nach Süden, nach Melanesien, in die Salomonen, und dafür brauchte unser Boot einen tadellosen, frischen Anstrich mit Antifouling. Und dieser jämmerliche, vielleicht sogar vom Konkurs bedrohte Betrieb bot die einzige Möglichkeit, unsere *Solveig* zu einem annehmbaren Preis an Land zu holen. Der nächste Travellift fand sich erst wieder im 1000 km entfernten Vancouver, in Kanada.

Also leistete ich die Unterschrift. Danach versuchte ich, das Blatt in der Hand schwenkend, die Aufmerksamkeit der jungen Dame wieder auf mich zu lenken. Sie war inzwischen mit einem etwa 16jährigen Schüler beschäftigt, der einen Ferienjob suchte. Sie schien seltsam abwesend, nannte mir aber nach einigem von keinerlei Sachkenntnis getrübten Hin und Her bezüglich Tide, Wetter, Uhrzeit und einsatzfähigem Personal einen Tag in der folgenden Woche, an dem *Solveig* aus dem Wasser geholt werden sollte. Ich trat aus der Baracke wieder ins Freie und machte einen kurzen Gang über das Gelände.

Die Hallen und Schuppen waren leer, ausgestorben, aber es standen etliche Motor- und Segelboote, auf Ölfässern aufgebockt, inmitten der Anlage. Also, sagte ich mir, wenn andere Bootsbesitzer mit den Bedingungen einverstanden sind, dann sollte die Sache auch für uns in Ordnung gehen. Uns blieb wirklich keine andere Wahl. Der Travellift und die Hafenanlagen machten einen guten Eindruck. Offenbar war hier früher einmal viel Geld investiert worden. Die kleine Bucht, an der die Werft lag, war gegen plötzlichen Starkwind und Stürme, wie sie an der Küste Alaskas häufig auftreten, gut geschützt. Mit Seegang mußten wir also nicht rechnen, und auch Tidenstrom war in diesem Winkel nicht zu befürchten. Dennoch war mir nicht ganz wohl, als ich mich auf das Mofa schwang, um nach Ketchikan zurückzufahren.

Steile Berge, tiefe Fjorde

Die Straße schlängelte sich in Windungen mal bergauf, mal bergab durch die herrlichen Tannenwälder Alaskas; gelegentlich sah ich eine Imbißbude, eine kleine Fabrik, ein Sägewerk oder private Holzhäuser, oft hinter Bäumen versteckt. Das ganze Gebiet gehörte zu Ketchikan, wo außerhalb der Ortsgrenzen keine Stra-

Gefährliche Giganten: Die Wasserlinien dieses Eisbergs zeigen, daß er seine Schwimmlage schon mehrmals geändert hat.

ßen gebaut werden dürfen. Ketchikan erstreckt sich etwa zehn Meilen weit am Wasserweg der Tongass Narrows entlang. Diese Enge entstand aus einer tiefen Rinne, einem schnurgeraden Riß zwischen felsigen Gebirgen, und ist auch für die größten Schiffe passierbar. Entsprechend dicht ziehen sich Hafenanlagen, Anleger, Brücken, Werften und Docks an diesem natürlichen Kanal entlang. Die Häuser der 14 000 Einwohner zählenden Siedlung liegen an der Uferstraße oder an den steilen Abhängen der Berge und sind meist nur über Holztreppen zugänglich. Es gibt wohl wenige Städte, die sich so kühn und malerisch an eine Bergwand schmiegen wie dieses Ketchikan.

Auch die anderen Häfen Südostalaskas liegen an meist sehr engen Wasserwegen zwischen kleineren und größeren Inseln. Sie bieten Schiffen und Wasserflugzeugen ohne aufwendige Bauten Schutz vor stürmischer See und Treibeis. Allerdings baut sich bei Sturm in den langen Fjorden je nach Windrichtung ein kurzer, steiler Seegang auf, der für kleinere Schiffe das Liegen vor Anker unmöglich macht. Hinzu kommt die enorme Wassertiefe, die zwischen den steilen Felsen von Ketchikan bis zu 200 Meter beträgt.

Nach 20 Minuten Fahrt hatte ich die Stadt wieder erreicht und bald auch den kleinen Hafen mit seinen Schwimmstegen, über deren breite Holzplanken ich mit dem Mofa bis zur *Solveig* fahren konnte.

Friedlich dümpelte unser Boot an den Leinen, durch dicke runde Fender vor dem Holz des Schlengels geschützt. Das war auch notwendig, denn gerade als ich

Alaska ist Bärenland. Hier ordnen sich die Menschen der Natur unter, die es ihnen mit großartigen Eindrücken lohnt.

»Vorsicht! Bären benützen diesen Pfad ebenfalls. Machen Sie Ihre Anwesenheit bemerkbar.« (Warntafel der Forstverwaltung)

das Mofa abstellen wollte, begann der Steg wie wild zu tanzen. Das Beiboot eines Kreuzfahrtschiffes brauste mit voller Fahrt dicht vorbei und erzeugte eine steile Welle. Ganz ruhig wurde es hier eigentlich nur nachts, denn auf der schmalen Wasserstraße tummelten sich in endloser Reihe die Landungsboote der großen Luxusdampfer, von denen täglich bis zu vier gleichzeitig vor der Stadt ankerten. Dazu gesellten sich noch Motorboote, Schlepper und Dutzende von Wasserflugzeugen, die im rollenden Einsatz starteten und landeten, um möglichst vielen Passagieren in möglichst kurzer Zeit einen spektakulären Blick auf die nahen Fjorde

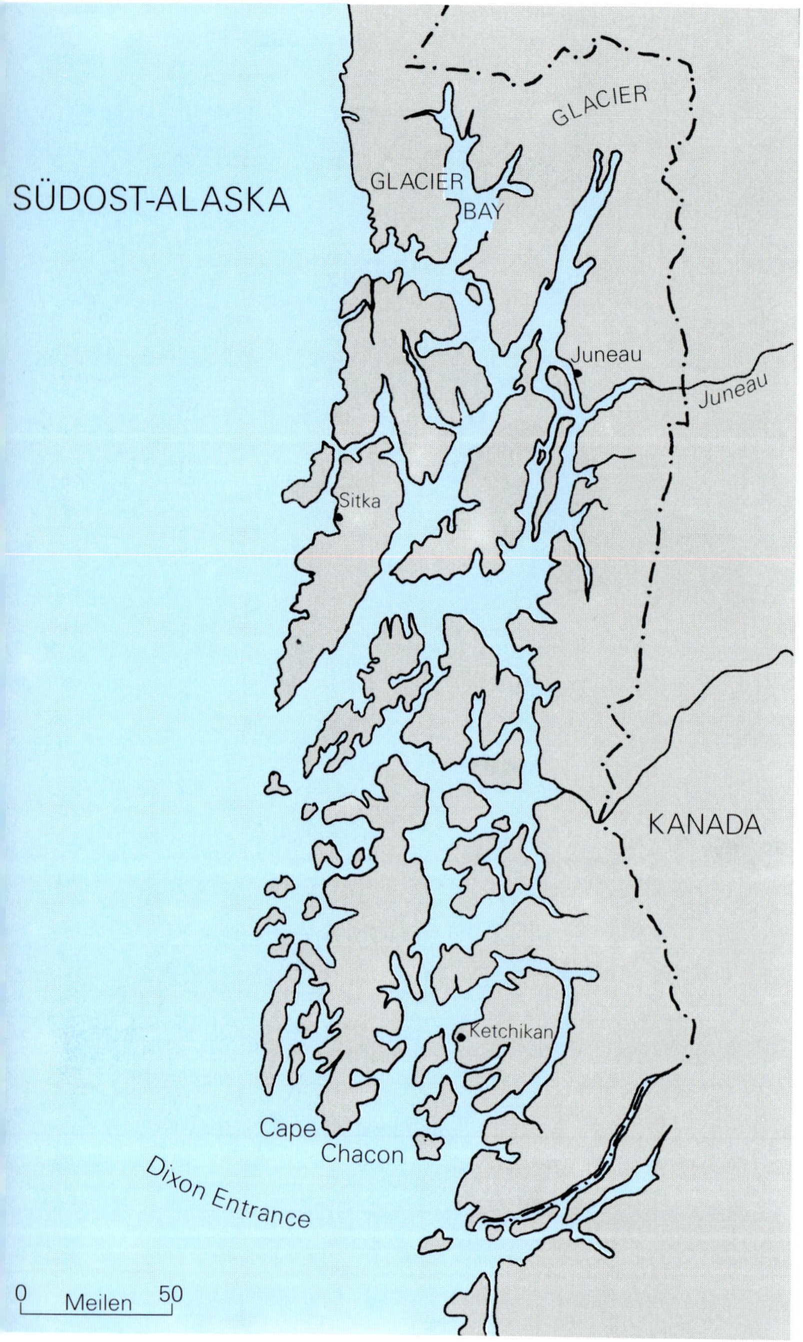

Südost-Alaska wurde von russischen Pelzjägern besiedelt. Sitka war das erste europäische Kulturzentrum an der Westküste Amerikas. Juneau entstand erst nach dem Verkauf Alaskas an die USA und war eine bedeutende Goldgräbersiedlung.

und Gletscher zu ermöglichen. Was anderswo Kolonnen von Omnibussen besorgen, nämlich auf einen Schlag bis zu tausend Reisenden das Erlebnis einer schönen Landschaft zu verschaffen, das übernehmen in Alaska die Flugzeuge.

Was ich Angelika über die Werft, die eigentlich keine mehr war, zu erzählen hatte, ließ sie nicht gerade in Begeisterung ausbrechen.

»Wenn wir die *Solveig* dort gefährden«, überlegte sie, »wäre es dann nicht besser, an der Küste entlang nach Kanada zu segeln und die Überholung in Vancouver zu machen? Es wäre doch kein großer Umweg, weil wir sowieso nach Süden wollen.«

Ich zog die Seekarte heraus und zeigte auf die zwar geschützten, aber sehr gewundenen Wasserwege bis Vancouver, 600 Seemeilen weit im Süden. »Die Fahrt durch diese engen Kanäle mit oft starker Strömung dauert mindestens vierzehn Tage. In Kanada müssen wir wieder einklarieren, später nochmals ausklarieren und überhaupt erst sehen, wo das Boot aus dem Wasser geholt werden kann. Am Ende heißt es dann wieder, mindestens eine Woche auf den Termin warten. Die Fahrt kostet außerdem viel Geld, denn den größten Teil der Strecke müßten wir motoren.«

Angelika nickte, war aber nicht ganz überzeugt. Wir mußten uns eben darauf verlassen, daß in der kleinen Werft auch andere Boote herausgeholt wurden und daß ihre Anlagen nach Größe und Technik für die *Solveig* durchaus angemessen waren. Noch etwas kam hinzu: Wir beide hatten Ketchikan ausgesprochen gern, und jeder vernünftige Grund, unseren Aufenthalt hier zu verlängern, war uns willkommen.

Vor sechs Jahren waren wir in Travemünde zu meiner dritten und Angelikas erster Weltumsegelung aufgebrochen. Zu einer Reise, die ursprünglich nur zwei Jahre dauern sollte. Doch der Zauber der Südseeinseln hatte uns festgehalten, hatte unsere Pläne schon einmal auf den Kopf gestellt. Und dann kam der 5000 Meilen lange »Abstecher« nach Alaska. Beim Anblick dieser gigantischen Urlandschaft hatte es für uns nur einen Entschluß gegeben: »Wir verlängern nochmals!« Und deshalb hatte *Solveig* an einem gut geschützten Steg in Sitka überwintert. Ketchikan liegt rund 300 km südöstlich davon, am südlichsten Zipfel Alaskas, und war somit ein idealer Hafen für die Vorbereitung auf unsere Fahrt in den Süden.

Der einzige Segelmacher Alaskas

Wir würden sehr viel besorgen müssen für unsere Bootsüberholung und für die zweimonatige Überfahrt. Doch die Auswahl in den Geschäften an Lebens-

mitteln, Ausrüstung und Haushaltswaren ließ nichts zu wünschen übrig. Bei Bootszubehör hatte ich noch nie zuvor ein so reichliches und preisgünstiges Angebot gefunden. Selbst in den großen Hafenstädten Europas oder Amerikas war die Auswahl vergleichsweise lückenhaft gewesen. Hier aber mußte der Bedarf für viele hundert kleine Fischereifahrzeuge gedeckt werden, die mangels Werften ihre Reparaturen – genau wie wir – selbst ausführten und dafür Material und Gerät brauchten.
Wir machten uns also auf den Weg entlang der Uferstraße, die zum Teil auf Pfählen über dem Wasser verläuft und dann durch einen Tunnel unter einem großen Felsabbruch hindurchführt. Gleich hinter dem Tunnel befand sich das Spezialgeschäft, in dem wir alles zusammensuchten, was wir glaubten, für die Überholungsarbeiten zu brauchen. Wie schon zuvor war auch diesmal die Antifoulingfarbe der teuerste Artikel: eine Zwei-Liter-Dose kostete 150 Dollar! Außerdem besorgte ich eine große Bilgenpumpe, die uns später entscheidend wichtige Dienste leisten sollte. Angelika begann schon jetzt, Vorräte an Lebensmitteln und Getränken in allen Ecken der Kajüte zu verstauen.
Mit Spannung und Nervosität erwarteten wir den

Immer näher wagten wir uns an die Eisberge heran, sahen unter uns den grünen Schimmer des Eises im klaren Wasser.

John, unser Segelmacher in Ketchikan. »Würdest du Segel von so einem Typen kaufen?« fragte er selbstironisch.

21. Juni, den Tag, an dem wir in der Werft für den Lift vorgemerkt waren. Inzwischen kümmerten wir uns um die Segel. Ein weiterer Pluspunkt für Ketchikan war nämlich, daß sich hier der einzige Segelmacher Alaskas niedergelassen hatte.

John stammte aus Böhmen, sein Vater war nach Amerika ausgewandert. Er selbst war noch auf Großseglern gefahren und hatte das Segelmacher-Handwerk in Bremen gelernt. Schon allein der Anblick seiner Werkstatt war für uns ein Vergnügen: an den Wänden hingen vergilbte Fotos von Rahschiffen – darunter die *Passat* – und Bilder von Kapitänen, für die er früher gearbeitet hatte. Daneben waren kunstvolle Knoten und Spleiße sorgfältig auf Sperrholzplatten montiert. Moderne, computergesteuerte Maschinen standen ebenso in dem großen Raum wie klassisches Werkzeug, denn John war der einzige Segelmacher an der Westküste, der noch Segel für historische Schiffe anfertigen konnte. Aber Segelmacher war John sozusagen nur noch nebenher. Er hatte Mathematik studiert und arbeitete jetzt in Ketchikan für die US-Marine als Vermessungsingenieur. Deshalb auch der Einsatz von Computern in seiner Werkstatt.

Die *Solveig* sollte von ihm eine handgenähte Sturmfock für die Heimreise um das Kap der Guten Hoffnung bekommen. Ich würde stolz sein auf dieses Segel, selbst wenn ich es – hoffentlich – nie verwenden mußte. Alle unsere Segel, die größtenteils seit Beginn der Reise in Gebrauch waren, wollte er gewissenhaft durchsehen und wo nötig verstärken oder nachnähen.

Außerdem hatte ich ihm eine besondere Aufgabe zugedacht, die ich bisher nirgends, auch nicht in Tahiti, hatte in Auftrag geben können: Er sollte mein altes Großsegel gründlich ausbessern und gleichzeitig um ein Viertel verkleinern. Ein solches »Dreiviertel-Segel« würde uns auf dem Ozean fast immer genügen und uns die Mühe ersparen, bei jeder etwas kräftigeren Brise gleich reffen zu müssen. Die dadurch verlorene Geschwindigkeit würde gering sein, die gewonnene Entlastung für die Takelage aber beträchtlich. Ich hatte mit einem solchen Segel schon auf meinen früheren Weltumsegelungen beste Erfahrungen gemacht.

John war ein Original, dazu ein unglaublich fleißiger Handwerker und warmherziger Mensch. Wir wurden bald Freunde und standen deshalb unter seiner besonderen Obhut. Schon am Tag nach unserem ersten Gespräch kam er zu *Solveigs* Liegeplatz, wobei er im Laufschritt über die Pontons trabte.

»Warum rennst du denn, John?« rief ich ihm zu. »So eilig haben wir's doch nicht!«

»Das bin ich seit meiner Kindheit so gewöhnt«, antwortete er. »Mein Vater erlaubte nie, daß ich mich gemächlich bewegte. Er befahl immer: ›Schnell, schnell!‹, und zwar auf deutsch, sonst gab's Ohrfeigen.«

Damit packte John zwei der schweren Segelsäcke, warf sich jeden über eine Schulter und rannte zu seinem Auto zurück. Nie werde ich den Anblick des schmächtigen Mannes vergessen, wie er mit der breiten Last, die ihn fast völlig verdeckte, über die Holzbohlen des Stegs aufwärts zur Straße lief: ein Symbol der geplag-

Straßen enden am Ortsrand. Statt des Autos steht ein Wasserflugzeug vor dem Haus, mit dem man auf jedem See landen kann.

Ketchikan: Die Häuser der 14 000 Einwohner zählenden Siedlung liegen an Steilhängen und sind meist nur über Treppen zugänglich.

N2554M

ten Menschheit, die, vom Willen zum Überleben angetrieben, ihre letzten Kräfte einsetzt, um einen mehr oder weniger bescheidenen Platz auf der immer enger werdenden Erde für sich zu behaupten. Wie lange halten wir alle dieses Rennen noch durch?
Nach der letzten Last Segel, die John zum Auto schleppte, rief er uns von der Straße aus zu: »Hoffentlich bleibt das Wetter okay, bis euer Anstrich fertig ist!«
Ja, das Wetter war im Augenblick unsere größte Sorge. Alaska hat eine grandiose Natur: Gletscher, Flüsse, unendliche Wälder und hunderttausend Seen. Aber: »Es gibt hier zweierlei Wetter: Eines, welches das Land zu dem macht, was es ist, und das andere, welches sich die Besucher gern vorstellen«, heißt es treffend in einem Reiseführer.
Südostalaska hat ein Klima, das vielleicht dem Norwegens vergleichbar ist. Die Durchschnittstemperatur im Juli liegt bei 15 Grad, so etwa wie auf Mallorca im April. Aber Mallorca hat nur 470 mm Niederschlag im Jahr, Ketchikan dagegen über 4000 mm. Da braucht man schon sehr viel Glück, um eine regenfreie Woche zu erwischen. Und wir hatten bereits vierzehn Tage Sonnenschein gehabt! Die jungen Leute liefen vor Begeisterung im Badeanzug durch die Straßen. Mich quälte der Gedanke, daß es genau am 21. Juni, wenn wir mit der Arbeit beginnen wollten, zu regnen anfangen würde. Aber wir hatten wieder einmal Glück. Sehr viel Glück sogar.

Solveig schwebt durch die Luft

Die Sonne schien, als wir am Mittwoch nach dem Frühstück die Leinen loswarfen und mit einiger Mühe aus dem für unsere Bootsgröße zu engen Hafenbecken steuerten. Voller Unruhe tuckerten wir die Narrows hinauf. Natürlich hatten wir den uns entgegenstehenden Tidenstrom berücksichtigt, um nur ja nicht später als neun Uhr im Vorhafen der Werft anzukommen. Aber dort war keine Menschenseele zu sehen. Wir machten an einem der Schwimmstege fest. Nichts rührte sich. Rings um uns nur felsige Ufer, hohe Tannen und Fichten. Um zehn Uhr wurde ich ungeduldig, ging an Land und ins Büro.
Die junge Dame sah mich erstaunt an. »Was, heute kommen Sie? Hatten Sie denn einen Termin?«
Ich deutete nur auf den Kalender, wo sie meinen Namen eingetragen hatte.
»Ach ja, da steht's, aber ich wußte nicht mehr, um was es da ging. Tut mir leid, jetzt ist noch niemand da. Mit dem Aufslippen wird's wohl heute nicht mehr klappen.«
Ich wurde wütend. »Es muß klappen! Wir haben schließlich einen Vertrag, den ich unterschrieben habe!«
Sie suchte den Vertrag heraus. »Mal sehen. Wenn nachher die Jungs kommen, frage ich sie. Vielleicht können die Ihr Boot einschieben. Wenn der Wasserstand dann noch reicht.«
»Sehen Sie bloß zu, daß es klappt«, brummte ich und ging verdrossen zum Boot zurück. Was tat diese Frau nur? War ihr alles gleichgültig, auch ihr Kind, das wieder ungehindert im Büro herumtobte? Vielleicht war Rauschgift die Antwort.
Angelika und ich schürten gegenseitig unseren Zorn, sahen aber ein, daß wir unseren Gefühlen nur mit Worten Luft machen durften. Wir mußten abwarten und hoffen. Gegen zwölf Uhr tauchten endlich die »Jungs« auf. Der Ältere meinte: »Ja, ihr kommt dran, aber erst muß noch ein anderes Boot zurück ins Wasser.« Also hieß es weiter warten. Endlich wollten wir, mit dem Riß der *Solveig* in der Hand, wenigstens die Vorbesprechung führen und wandten uns zunächst an den jüngeren der beiden. Aber der schüttelte den Kopf: »Ich habe keine Ahnung davon, am wenigsten vom Travellift. Ich bin heute zum ersten Mal hier. Ihr müßt auf meinen Freund warten, der macht diese Arbeit schon seit einer Woche.«
Wir waren wie vor den Kopf geschlagen. Sollten wir mit dem wertvollen Boot dieses Risiko eingehen? Mir wurde jetzt klar, weshalb ich so eilig hatte unterschreiben müssen: Wir hatten es mit wirklichen Anfängern zu tun. Als der zweite Mann kam, vielleicht 22 Jahre alt, machte er ein bedenkliches Gesicht. Unser Boot schien ihm zu groß, vor allem die Masten. »Wie soll ich die Masten zwischen die Träger bringen? Könnt ihr den großen Mast legen?«
Ich überlegte. »Nein, das können wir nicht. Die sind zu schwer, wir bringen sie nicht wieder hoch.«
»Dann nehmt wenigstens das Vorstag weg. Vielleicht kann ich die übrige Takelage zwischen die Verstrebung bringen.« Er kletterte in das Gerüst des Travellifts und begann, eine der Querverstrebungen abzuschrauben. Wir gingen an unsere Arbeit, lösten die Spannschraube am Bug und befestigten das nun freie Stag mit einem Bändsel am Mast. »Weißt du, ein bißchen Glück

braucht man immer. Es wird schon gutgehen«, tröstete ich Angelika, wollte mich damit aber wohl eher selbst beruhigen.
Wir legten die Festmacher an Deck zurecht. Ich wollte langsam in das schleusenartige Becken hineinfahren, über dem das Hebegerät stand, konnte dort aber nicht manövrieren, da jede Umdrehung der Schraube das Boot auch seitlich verschieben würde. So mußten wir die *Solveig* von Hand, mit Hilfe der Leinen, in die richtige Position unter dem Lift bringen. Als wir die halb verrotteten Gurte sahen, die das fünfzehn Tonnen schwere Schiff tragen sollten, bekamen wir den nächsten Schock. Bald mußten diese Dinger reißen – nur hoffentlich nicht gerade bei uns!
Ohne Erfahrung zwar, aber mit Verstand, gingen die Jungs zu Werke. Als die Motoren der Laufkatze anzogen und *Solveig* in der Luft schwebte, fühlte ich kleine spitze Stiche in der Magengegend. Das Gestänge des Lifts bog sich durch, denn einer der Querträger war ja

Unberührte, grandiose Natur in den Fjorden, deren Einsamkeit den Besucher erschauern läßt.

Auf uns wirkten sie wie der Eingang zu einer unbekannten neuen Welt.

herausgenommen worden wegen der Masten! Die Gurte dehnten sich, ächzten und knackten. Wir hielten die Luft an: Sehr langsam und vorsichtig setzte der Kranführer das Gespann in Bewegung und fuhr mit der kostbaren Last zu einem freien Platz auf dem Werftgelände. Ölfässer wurden herangerollt, das Boot auf seinen Kiel und seitlich auf die Fässer abgesenkt. Schließlich zogen wir die Gurte unter *Solveigs* Bauch heraus.
»So«, meinte der Kranführer und begann mit dem Travellift wegzurollen, »da könnt ihr bleiben und arbeiten!«
»Zwei Fragen noch«, rief ich. »Wo sind die Toiletten, und wo gibt es Wasser?«
»Hier gibt's weder das eine noch das andere«, erklärte

der Junge grinsend. »Geht in den Wald, da ist viel Platz!«
Das waren Aussichten. »Und Wasser?« fragte ich vorsichtig.
Er schüttelte den Kopf. »Die Wasserleitung ist schon lange unterbrochen. Aber vielleicht steht noch ein Rest in einem alten Faß. Sonst bleibt euch nur die Pfütze vom letzten Regen, da hinter dem Schuppen.«
Wir waren ratlos. In unserem Tank an Bord hätten wir für die kurze Zeit reichlich Wasser gehabt, aber den hatten wir aus Vorsicht leergepumpt, um *Solveig* zu leichtern. Und – wer weiß – vielleicht war diese Überlegung sogar richtig gewesen. Womit sollten wir nun aber das Boot waschen? Unsere Hände und die Pinsel reinigen? Der Rest Wasser in unserem Tank reichte gerade noch für Tee und zum Kochen. Ich ging hinter den Schuppen, um die versprochene Pfütze zu inspizieren. Sie war fast ausgetrocknet. Aber immerhin besser, als wenn es jetzt geregnet hätte. Regen konnten wir schon gar nicht gebrauchen.

Gewaltig in die Hände spucken!

Die beiden Jungs hätten uns bei der Reinigung und beim Anstrich des Bootes helfen sollen. So war es ausgemacht. Doch das war mühevolle Arbeit, deshalb verlangten sie statt der vereinbarten 20 Dollar pro Stunde eine 400-Dollar-Pauschale. Begründung: »Wir haben es uns anders überlegt.« Punkt. Wir verzichteten.
Wir straften uns selbst sehr hart mit dieser Entscheidung. Zum ersten Mal mußten wir eine komplette Reinigung der Bordwände und des Unterwasserschiffs samt zweifachem Neuanstrich ohne Hilfe bewältigen. Auf einer Lichtung im Urwald Alaskas, in schönster Landschaft, standen wir plötzlich sehr allein da.
Auch das war ein Abenteuer – aber mal ganz anderer Art, als wir es gewohnt waren. Es hieß nun, gewaltig in die Hände spucken. Wenigstens stimmte unsere Ausrüstung. Es war alles da: Werkzeug, Schleifpapier, Pinsel, Eimer, Farben, Gläser, Töpfe, Papier und Tape zum Abkleben der Wasserlinie lagen bereits im Cockpit. Sogar etwas Strom hatten wir zur Verfügung. Unser kleines 600-Watt-Aggregat würde genügen, um Schleifmaschine und Bohrer zu betreiben.
In 24 Stunden, wie ursprünglich vorgesehen, konnten wir die Arbeit allerdings nicht schaffen. Erst einmal rollten wir weitere Ölfässer, die da und dort herumstanden, an das Boot. Dann suchten wir das Gelände nach Brettern ab, die wir über die Fässer legten, um an die Bordwand heranzukommen. Danach begann die eigentliche Arbeit: Schleifen, Spachteln, Reinigen, Malen. Ich hatte mir noch vorgenommen, den Geber für ein neues Echolot in den Schiffsboden einzubauen. Und Angelika stand unermüdlich mit Pinsel oder Roller in der Hand auf den wackeligen Brettern. Zwischendurch kochte sie Tee und bereitete kleine Mahlzeiten. Die zwei Farbanstriche forderten am Ende unsere letzte Kraft.
Nach langem Hin und Her mit der Werft war es am Sonnabend nachmittag endlich soweit: *Solveig* sollte zurück ins Wasser. Zuvor gab es nochmals einen Aufenthalt wegen der Rechnung. Die war nicht fertig, die Sekretärin aber verschwunden – und kein Boot durfte zu Wasser, bevor die Rechnung bezahlt war. Die beiden Jungs konnten zwar Geld annehmen, doch nur in bar, und sie hatten natürlich kein Wechselgeld. Wie ich diese Geduldsprobe bestand, weiß ich selbst nicht mehr. Aber wir kamen mit der *Solveig* schließlich zu Wasser, verließen eiligst den Werfthafen und hatten dann das große Glück, daß an dem begehrten City Float wieder ein Liegeplatz für uns frei geworden war. Die Leinen waren noch nicht richtig belegt, da sprang ich schon mit dem Schlauch zum nächsten Wasserhahn und schraubte ihn fest.

Zöllner und andere Freunde

Körperlich und seelisch erschöpft, gönnten wir uns erst mal einen Tag Ruhe, bevor wir in die letzte Phase der Vorbereitungen für die Überfahrt einstiegen. Die Arbeit an einem Boot hört bekanntlich nie auf, und diesmal sollte wirklich alles in besten Zustand gebracht werden. Es ging nicht nur um den Törn in die Südsee, sondern letztlich auch um unsere spätere Heimfahrt nach Europa. Auf ein paar Tage sollte es uns deshalb nicht ankommen. Wo konnten wir uns angenehmer aufhalten als in Alaska?
Wir hatten viele Freunde gewonnen und fanden denkbar gute und preiswerte Einkaufsmöglichkeiten. Das selten schöne und trockene Wetter, das uns lange treu

Der Gletscher lebt, bewegt sich jeden Tag ein Stückchen abwärts. Jede Sekunde kann ein Stück aus der eisigen Wand brechen.

geblieben war, ging bald zu Ende. Wir waren dankbar, daß es so lange gehalten hatte, und erlebten den Umschwung mit einer gewissen Befriedigung. Sollte es jetzt nur regnen und stürmen! Und das tat es auch. Der Wind heulte in der Takelage, und wir fühlten uns geborgen an unserem Liegeplatz im geschützten Hafen. Seit einem Jahr kannten wir nun das unberechenbare und gefährliche Klima Alaskas. Je näher der Tag rückte, an dem wir in den Golf hinaussegeln wollten, desto aufmerksamer verfolgten wir die Wetterberichte der Coast Guard, die stündlich aktualisiert und ohne Unterbrechung gesendet wurden: ein vorbildlicher Service. Was wir in diesen Tagen hörten, war nicht gerade ermutigend. Wir spürten die Stürme sogar im Hafen. An manchen Tagen baute sich darin eine so steile See auf, daß sie über die Pontons schlug und es uns schwer machte, trockenen Fußes an Land zu kommen.

Die Fertigstellung unserer Segel verzögerte sich. Mehr Ausbesserungen waren erforderlich gewesen, als zunächst angenommen. Außerdem mußte Segelmacher John zu Vermessungen für einige Tage auf die Nachbarinsel. So erlebten wir noch den 4. Juli in Ketchikan, den amerikanischen Nationalfeiertag, und begingen nachdenklich und doch voll gespannter Freude auf das Kommende drei Tage später auch meinen Geburtstag. Wir wußten, daß ein neuer Lebensabschnitt begonnen hatte. Selbst das Jahr in der Südsee, das noch vor uns lag, änderte nichts daran, daß die Rückkehr und damit das Ende unserer Weltumsegelung nahte.

Angelika hatte es schon immer verstanden, mit geringstem Aufwand, dafür aber mit um so mehr Liebe und Sorgfalt, ein Fest an Bord zu gestalten. So war es auch an diesem 7. Juli. Ich durfte am Morgen lange in der Koje liegen bleiben, und dann erwartete mich eine Überraschung nach der anderen: ein üppig gedeckter Frühstückstisch mit besonderen Leckereien, Kerzen und Kuchen. Auf dem Kartentisch lag eine Fotomontage mit den schönsten Bildern unserer Alaskazeit und einem lieben Spruch.

Die offizielle Abmeldung beim Zoll wurde fällig. Mit Angelika schlenderte ich noch einmal durch die kleinen Gassen der Altstadt hinter dem Hafen, wo sich die Verwaltung befand – und das Vergnügungsviertel. Mehrere Tanzbars und Kneipen lockten die Seeleute mit Shows und billigen Spirituosen. Erst vor einer Woche hatte es hier große Aufregung gegeben: Flugblätter wurden verteilt, Stellungnahmen erschienen in der Zeitung, Erklärungen und Gegenerklärungen. Was hatte in dem kleinen Hafenviertel für soviel Aufregung gesorgt? Nun, wegen der zunehmenden Zahl von Kreuzfahrtschiffen waren die Nachtbars recht gut frequentiert, und sogar eine Art Bordellbezirk hatte sich etabliert. Die Barbesitzer und ihre Gäste wünschten nun, daß die Sperrstunde von Mitternacht auf drei Uhr früh verlegt würde. Die Bürger hingegen wehrten sich gegen dieses Ansinnen. Der Lärm auf den Straßen und die vielen Betrunkenen, das sei ohnehin schon ziemlich unerträglich in einem so kleinen Ort. Und für die Kinder gar sei ein bis in die Morgenstunden verlängerter Nachtbetrieb besonders gefährdend. Es kam zu einem Volksentscheid, und siehe da, die Partei der ruhigen Bürger gewann das Stechen überlegen!

Wir betraten das Zollamt etwas unsicher, denn laut Gesetz durfte eine ausländische Yacht nur für sechs Monate zollfrei eingeführt werden, ähnlich wie in Europa, und wir hielten uns schon ein Jahr in Alaska auf. Unser Freund Augie, der Zollbeamte in Sitka, hatte uns erlaubt, länger zu bleiben. Aber was würden die Zöllner in Ketchikan dazu sagen? Zum Glück war unsere Sorge unnötig. Wieder lief alles »alaskamäßig« ab: Zöllner und Zöllnerinnen begrüßten uns freundlich – die *Solveig* war ja inzwischen bekannt in Ketchikan. Wir bestellten Grüße von Augie Anderson in Sitka, und alles war in bester Ordnung. Wir füllten ein Formular aus, erhielten die Ausreisestempel in die Pässe und schrieben dann gemeinsam eine Ansichtskarte an Augie. Wir bekamen sogar ein Schwarzbrot als Reiseproviant geschenkt, das uns eine Zöllnerin eigens gebacken hatte. Brot im Hause zu backen, ist seit dem großen Goldrausch eine alte Sitte in Alaska. Denn die Goldgräber mußten sich in der Wildnis selbst versorgen und trugen stets etwas Sauerteig bei sich, meist im Brustbeutel. Dafür erhielten sie den Spitznamen »Sourdougher« – Sauerteiger.

Ob wir wohl jemals zurückkehren würden in das Land der Bären, Wölfe, Adler, Füchse und Ottern? Der Wale, Robben und Delphine? In das Land der Gletscher, Seen und Flüsse, der unendlich vielen Fjorde, Förden und Sunde? Wir konnten die Begeisterung des amerikanischen Alaskapioniers John Muir nachfühlen, der 1879 geschrieben hatte: »Noch niemals, bevor ich meine erste Reise nach Alaska unternahm, war ich inmitten einer Landschaft gewesen, die so hoffnungslos alles übertrifft, was sich beschreiben läßt. Geht nach Alaska und seht selbst!«

Fischfang ist die wichtigste Einnahmequelle Alaskas. Doch Naturschutzbehörde und Coast Guard wachen eisern darüber, daß die Fischbestände erhalten bleiben.

G. W. Steller, das unbekannte Genie

John Muir erkundete als erster, zusammen mit zwei eingeborenen Indianern, im Kanu die heute weltbekannte Glacier Bay. Und bereits 1887 kreuzte der erste Raddampfer, die *Ancon,* mit unternehmungslustigen Passagieren in diesem Traumland aus Gletschern und Bergen, wie es kein Mensch bis dahin erlebt hatte. Doch in Alaska schützt die Natur sich selbst: Die Sonnenscheindauer ist so kurz und unvorhersehbar, daß ein großangelegtes Ferienparadies – wie etwa in Florida – dort niemals entstehen könnte. Es werden immer nur wenige Naturfreunde sein, die auch in Nebel und Regen die geheimnisvolle Urkraft des Lebens empfinden, die sich in Alaska so unmittelbar durch Feuer und Eis, durch Vulkane und Gletscher manifestiert.
Gut hundert Jahre vor John Muir hatte der erste Europäer den Boden Nordwestamerikas betreten. Es war ein junger Deutscher, Georg Wilhelm Steller, Adjunkt und Mitglied der kaiserlichen Akademie der Wissenschaften in St. Petersburg, der als Arzt und Biologe, als Zoologe und Geologe die Expedition von Vitus Bering im nördlichsten Teil des Pazifik begleitete. Die Entdeckung der unwirtlichen Küste Alaskas ist unbestritten das Verdienst des dänischen Seefahrers Bering, der sich durch diese Tat in der Geschichte einen Platz unter den großen Pazifikentdeckern gesichert hat: dem Spanier Magellan, dem Engländer James Cook und dem Franzosen La Pérouse. Und ebenso wie diese drei großen Navigatoren hat auch Bering zum Schluß seinen Einsatz mit dem Leben bezahlt. Am Ende ihrer Reisen standen stets Schiffbruch und Tod, nur jeweils einem Häuflein geschundener, verzweifelter und kranker Männer gelang die Heimkehr. Und noch etwas hatten zumindest die Expeditionen von Bering, Cook und La Pérouse gemeinsam: Der navigatorisch schwierigste Teil ihrer Reisen führte sie an die Küsten des heutigen Alaska. Damit leisteten sie einen entscheidenden Beitrag zur Erforschung der »letzten Grenze der Menschheit«, dem Eismeer im Norden Amerikas und Europas.
Doch zurück zu Bering und Steller. Wie alle russischen Expeditionen wurde auch die Reise Berings mit einem

riesigen Aufwand an Menschen und Material unternommen. Es waren über 500 Männer und Frauen, die im Auftrag von Zar Peter dem Großen von 1833 bis 1844, also ganze zehn Jahre, an der »Großen Nordischen Expedition« teilnahmen. Ihre Aufgabe war es, weite Teile Sibiriens zu vermessen und zu kartographieren und die Seewege nach Amerika und Japan zu erkunden.

Die hervorragendste Persönlichkeit im Forscherteam Berings war aber nicht Bering selbst, sondern der Naturkundler und Arzt Georg Wilhelm Steller aus Windsheim in Franken. Frank Dufresne, früherer Direktor der Forstverwaltung Alaskas, schrieb über Steller: »Er war einer der eigenartigsten und faszinierendsten Charaktere, die es jemals in der westlichen Welt gegeben hat. Er war brillant; er war arrogant; er war begabt wie nur wenige Menschen. Obwohl er nicht mehr als zehn Stunden auf dem Boden Alaskas verbringen konnte, waren seine Erkenntnisse und Arbeiten an diesem kurzen Tag so erfolgreich, daß sein Name für immer lebendig bleiben wird. Es gibt nichts Vergleichbares in unserer Geschichte, weder was seine Leistungen noch was den Mann selbst betrifft.«

Es würde zu weit führen, Stellers wissenschaftliche Erfolge hier im einzelnen aufzuzählen. Was mich erstaunt, ist die Tatsache, daß dieser Mann in seiner deutschen Heimat so gut wie unbekannt geblieben ist. Man findet seinen Namen weder im sechsbändigen Brockhaus noch im 24bändigen Meyers Taschenlexikon. Vielleicht liegt es daran, daß Steller schon im Alter von 37 Jahren starb und seine Werke erst ein Jahrzehnt später, sein Buch »Die Reise nach Amerika« gar erst 1793, also fünfzig Jahre nach Beendigung der Expedition, gedruckt wurden. Er selbst konnte seinen Werken, von denen ohnehin die größte Zahl niemals veröffentlicht wurde, nicht mehr den nötigen Nachdruck in der Öffentlichkeit geben.

Dennoch: Steller war der bedeutendste Chronist von Berings Entdeckungsfahrt nach Alaska. In seinem Buch beschreibt er ebenso genau wie anschaulich die einzelnen Schauplätze dieser tragischen Unternehmung. Er war der erste naturwissenschaftlich gebildete Forschungsreisende im Gebiet des Nordpazifiks. Auf der Kayakinsel entdeckte er 160 Pflanzenarten, die er innerhalb von nur sechs Stunden katalogisierte! Obwohl selbst kein Seemann, zeigte sich seine Genialität auch darin, wie überzeugend er die Auseinandersetzungen an Bord von Berings Schiff *St. Peter* über nautische Fragen schilderte und die verpaßten Gelegenheiten erkannte, die Entdeckungsfahrt Berings zu einem erfolgreichen Ende zu bringen.

Die Russen waren offenbar keine besonders guten Seeleute; es ist erschütternd zu lesen, wie Bering es nicht wagte, nachdem endlich die Küste Amerikas erreicht war, auch nur für eine Stunde mit dem Beiboot an Land zu gehen. Selbst Steller sollte der Landgang zunächst verboten werden. Nur um Wasser zu holen, wurden zwei Boote zum Strand beordert, und dies mit solcher Hast, daß man am Ende 40 Fässer Wasser zurückließ, um nur ja schnell den Ankerplatz wieder verlassen zu können: ein Verhängnis, denn der spätere Wassermangel trug entscheidend zu zahlreichen Erkrankungen unter der Besatzung bei. Steller kannte im übrigen schon damals die entscheidende Bedeutung vitaminhaltiger Nahrung. Aber er kämpfte vergeblich gegen die Ausbreitung der gefährlichen Mangelkrankheit Skorbut an Bord. Offenbar wollte man auf seinen Rat nicht hören.

Kurz vor dem Ende der Schreckensfahrt vor der Küste Kamtschatkas kam es dann zur Katastrophe: Das Schiff strandete an den Felsen einer unbekannten Insel, und Bering überlebte den Winter auf dem öden Eiland, das heute seinen Namen trägt, nicht mehr. Steller hingegen gelang es, mit den restlichen 47 Mann im Frühjahr 1742 ein nur dreizehn Meter langes Boot aus den Trümmern der gestrandeten *St. Peter* zu bauen und in den Ausgangshafen der Expedition zurückzukehren. Den Folgen der außerordentlichen Strapazen, die er im sibirischen Winter auf der kleinen Insel hatte durchmachen müssen, erlag er jedoch schon vier Jahre danach.

Auch heute bleiben die Menschen, trotz aller modernen Erleichterungen, der erbarmungslosen Natur Alaskas ausgesetzt. So wenige lockt der Drang nach Erlebnis und Abenteuer in dieses wilde Paradies, daß nur ein Einwohner auf vier Quadratkilometer Fels, Wald und Eis kommt. Diese Menschen sind hart und daran gewöhnt, einander zu helfen. Das merkten wir vom ersten Tag unseres Aufenthalts an. Alaska ist heute noch das, was ganz Amerika früher einmal war: ein Land der Freiheit und der Individualisten. Der Name Alaska ist

Im unberührten nordischen Regenwald. In Alaska gibt es mehr Wild als Menschen: 30 000 Bären, 100 000 Walrosse, 120 000 Wölfe, 150 000 Elche. Fast alle Wälder sind zu Naturschutzgebieten erklärt worden.

Sonnentage waren selten. Im Reiseführer steht: »Es gibt hier zweierlei Wetter: Eines, welches das Land zu dem macht, was es ist, und das andere, welches sich die Besucher gern vorstellen.«

übrigens eine Abkürzung von Unalaska, einer Insel in den Aleuten. »Unalaska« leitet sich ab von dem aleutischen Begriff »agunalaksh« und heißt soviel wie: »Die Küsten, an denen sich die Wellen den Rücken brechen.«

Abschied von Ketchikan

Am letzten Tag in Ketchikan arbeiteten wir verbissen, um wirklich jedes Gerät, jede Einrichtung des Bootes in besten Zustand zu bringen und allen auf See nicht benötigten Kleinkram, der sich angesammelt hatte, ordentlich zu stauen. Ein 5000-Seemeilen-Törn über den Ozean, etwa eine doppelte Atlantiküberquerung, stand uns bevor. Die Kajüte mußte völlig frei sein und übersichtlich. Angelika kochte mehrere Mahlzeiten voraus und stellte sie in Schalen und Töpfen in den Kühlschrank, den wir während der ersten Woche der Überfahrt noch betreiben wollten. Sie mußte leider damit rechnen, am Anfang wieder seekrank zu werden und nicht kochen zu können.

Wir hatten beide einen Kloß im Hals und Druck im Magen: sicherlich in erster Linie Angst und Beklemmung. Aber es war auch eine gehörige Portion Wehmut dabei. Unerbittlich liefen uns die Stunden davon. Wir ließen gute Freunde in Ketchikan zurück: Da war

der Stationsmeister des Fährhafens, ein geschiedener Mann, der mit seiner zehnjährigen Tochter in Alaska ein neues Leben begonnen hatte. Er brachte uns ein Stück Wild aus der Tiefkühltruhe, eine ganze Elchkeule, die wir unzerteilt gar nicht in den Kühlschrank legen konnten. Dann kam unser Pilot, der uns in seinem viersitzigen Wasserflugzeug über die Gletscher und Gipfel geflogen hatte. Er schenkte uns ein so großes Stück bestes Elchfleisch, daß wir während der Überfahrt wochenlang mit frischer Nahrung versorgt waren. Und nicht zu vergessen unser bester Freund, Segelmacher John. Diese und viele andere, Männer und Frauen, würden wir vielleicht nie wiedersehen.
Am Spätnachmittag prüfte ich den Kühlwasserstand im Motor und kontrollierte den Keilriemen des Wellengenerators. Verdrossen stellte ich fest, daß ich ihn nachspannen mußte. Zuguterletzt noch diese mühselige Arbeit im engen Motorraum! Doch damit nicht genug, bei genauer Überprüfung stellte sich noch ein schwerwiegender Defekt heraus: Die Bolzen, mit denen die Halterung des Generators am Gehäuse des Getriebes befestigt waren, hatten sich gelockert. Öl tropfte in die Bilge. Die Halterung ließ sich nicht mehr befestigen, der Keilriemen nicht spannen. Wir waren erschrocken, besorgt, durften jetzt aber den Start keinesfalls mehr verschieben. Also zog ich meine älteste Hose an, denn Haut und Kleidung würden schwarz werden von der Schmiere, und machte mich an die Arbeit. Verdammt! Der Schlüssel ließ sich nicht richtig zwischen Kupplungsgehäuse und Getriebe stecken. Ich konnte die Bolzen nicht anziehen, weil absolut kein Platz vorhanden war, um den Schlüssel anzusetzen. Auch war der Raum neben und über dem Getriebe für meine Arme so eng, daß ich für jeden Handgriff viele Minuten brauchte und nicht sehen konnte, was meine Finger taten. So blutete ich bald an beiden Händen.
An diesem letzten Abend im Hafen hätte ich mich lieber ausgeruht, hätte mit Angelika über die vergangenen Monate gesprochen und über unsere Gedanken zur Zukunft. Statt dessen hockte ich verkrümmt zwischen Auspuffrohr und Getriebe. Erst gegen ein Uhr nachts konnte ich das Werkzeug aus der Hand legen und mich waschen. Das Gestänge hielt jetzt einigermaßen, aber ich würde während der Überfahrt öfter nachsehen müssen.
Auf den Wellengenerator waren wir angewiesen, denn wir mußten auf See die Batterien nachladen. Licht und alle Instrumente, Bilgenpumpe, Süßwasserpumpe, Navigations- und Funkgerät benötigten ständig Zwölf-Volt-Spannung. Der Generator wurde über den Keilriemen angetrieben, durch die beim Segeln mitlaufende Schraubenwelle. Noch nie hatte es damit Schwierigkeiten gegeben, aber für die Zukunft mußte die gesamte Halterung verstärkt werden.

Alaska war uns zur zweiten Heimat geworden. Ob wir es noch einmal wiedersehen würden? Zunächst stand uns ein 5000-Meilen-Törn über den Pazifik bevor.

Gern hätte ich nach dieser Anstrengung am nächsten Morgen etwas länger geschlafen und die Ausfahrt um eine Stunde verschoben. Aber noch ehe wir angezogen waren, hörten wir eine wohlbekannte Stimme rufen: »Good morning!« Das war John. »Ich bin gekommen, um euch beim Ablegen zu helfen!«
Da war nun nichts zu machen, wir mußten ohne Frühstück starten. »Schnell, schnell!« rief John, und dann: »Viel Glück und gute Fahrt! Ich hoffe, euch einmal in Alaska wiederzusehen!«
Die Leinen waren los, der Motor lief. John kehrte zur Straße zurück, wie immer im Laufschritt. Zum letzten Mal sah ich seine schmächtige Gestalt über die Planken des Stegs eilen.

Wohin der Wind uns treibt

Langsam schoben wir uns aus dem Hafen. Die *Solveig* sollte sich an ihre neue Aufgabe erst gewöhnen. Sicher fühlte sie unsere feierliche Stimmung. Angelika und ich waren nun vom Zeitdruck der letzten Tage befreit. Wir konnten erst einmal durchatmen und hofften, daß uns die See wenigstens zu Anfang eine Phase der Entspannung gönnen würde.

Wir befanden uns auf dem Weg in die Südsee, zu irgendeiner Insel im Bereich zwischen Neuguinea und Fidschi. Wann und wo wir ankommen würden, war noch nicht entschieden und auch nicht vorhersehbar. Wir wollten uns nicht festlegen. Ich habe dieses Gefühl des Losgelöstseins von allen zeitlichen Zwängen zu Beginn einer Überfahrt immer sehr genossen. Die große Freiheit wartete auf uns, eine harte, erbarmungslose, herrliche Freiheit. Langsam drückte ich den Gashebel nieder und fühlte, wie meine Hand zitterte. Das Boot wurde schneller, eine weiße Welle schäumte am Vorsteven, ich hörte das gleichmäßige Zischen der Wellen und dazu das ruhige Brummen der Maschine. Aufmerksam lauschte ich: Gab es wirklich kein Nebengeräusch, das auf eine lose Schraubverbindung, auf einen sonstigen Fehler schließen ließ?

Gern hätte ich jetzt die *Solveig* vom Ufer aus betrachtet, wie sie stolz über das ruhige Wasser der Tongass Narrows glitt. Mehr als den halben Erdball würde sie noch umrunden müssen, bis wir die Heimat wieder erreicht hatten.

Noch hielten wir uns nahe dem Ufer, zogen vorbei an den Straßen von Ketchikan, durch die wir so oft gewandert waren. Am Tankstellen-Ponton machten wir ein letztes Mal fest, füllten die Tanks bis zum Rand mit Diesel. Als wir den Helfern unser Fahrtziel nannten, ernteten wir Staunen und Verwunderung. Überfahrten nach Kanada, nach Kalifornien oder auch nach Hawaii, das lag noch im Bereich des Denkbaren. Aber direkt in die Südsee, bis jenseits des Äquators?

Eine Stunde motorten wir weiter durch die Enge, dann öffnete sich der schmale Meeresarm. Wir hatten das Ende der vorgelagerten Insel Gravina erreicht, vor uns weitete sich nun der Blick, und wir sahen seit langem wieder den Horizont. Erst im Lauf des Nachmittags verschwanden die Berge um Ketchikan langsam im Dunst. Wie ein Binnensee friedlich in der Sonne glitzernd, lag die gefürchtete Dixon Entrance vor uns.

Wir begannen unser übliches Ritual zu Beginn einer Überquerung: Angelika holte eine Flasche Whisky an Deck, füllte ein Glas zur Hälfte mit dem edlen Saft und bat Poseidon in einer kurzen Rede um freundliche Nachsicht: »Poseidon, allmächtiger Gott der Meere und Ozeane, Herrscher über alle Tiere der Wassertiefe, beschere uns eine glückliche Überfahrt und halte schützend deine Hand über unser kleines Schiff. Nimm unser Trankopfer gnädig an.« Dann ließ sie einen ordentlichen Schluck Whisky in die See tropfen. Ich nahm ihr das Glas aus der Hand und kippte den Rest über Bord. Zuletzt sahen wir uns tief in die Augen. Dieser Blick war unser persönliches Versprechen, an guten wie an schlechten Tagen, auch bei unterschiedlicher Meinung oder wenn es galt, gemachte Fehler auszubügeln, fest zusammenzuhalten und den Erfolg der Fahrt immer über unser eigenes Wohl zu stellen. Ein solcher Vorsatz, ein stummes gegenseitiges Versprechen, war wichtig für Situationen, in denen das Denken infolge von Übermüdung, Schmerzen oder Schrecken nicht mehr funktionieren würde. Wir rüsteten uns damit für die kommenden Belastungen.

Warum war ich nur so eigenartig beklommen wie noch nie bei einer Ausfahrt? »Wie fühlst du dich?« fragte ich Angelika.

»Etwas müde«, gestand sie. »Die letzten Tage waren anstrengend. Ich denke auch an die irrsinnig weite Strecke, die vor uns liegt, wenn wir wirklich noch in diesem Jahr in den Atlantik zurück wollen.«

Solveig IV auf ihrem Weg nach Süden. Die Hallberg Rassy 42 wurde 1982 in Schweden gebaut; sie ist 12,8 m lang, 3,8 m breit, hat 75 m^2 Segelfläche und einen 53-PS-Volvo-Motor.

Ich kratzte mir den Kopf. »Darüber müssen wir noch reden. Wir haben jetzt Zeit, uns alle weiteren Pläne in Ruhe zu überlegen.«

Der Abschied von Alaska lag mir wohl doch stärker auf der Seele, als ich selbst zugeben wollte.

Eine leichte Brise kam auf. Wir setzten Segel und atmeten auf, als der Motor schwieg und uns mit einem Mal die Stille des Meeres umfing. Nur das leise Plätschern der Bugwelle war noch zu hören. »Höchste Zeit, daß wir segeln«, sagte ich erleichtert. »So bald können wir nicht mehr nachtanken. Wer weiß, wozu wir die Maschine noch brauchen?«

»Meinetwegen hättest du den Motor schon früher abstellen können«, meinte Angelika. »Ich habe es nicht eilig, von Alaska fortzukommen. Außerdem brauche ich sowieso ein paar Tage, um mich an *Solveigs* Bewegungen zu gewöhnen.«

Genau ein Jahr war es her, seit wir die Küste Alaskas zum ersten Mal erblickt hatten. Früh um drei Uhr, in der Morgendämmerung, war der Mount Edgecombe mit seinem schneebedeckten Gipfel in Sicht gekommen. Am selben Tag noch waren wir in den Sitka-Sund eingelaufen. Damals standen wir, bei aller Freude über die gelungene Überquerung, noch ganz unter dem Eindruck eines unheimlichen und beängstigenden Zwischenfalls: Nördlich von Hawaii, nachts, waren wir wie von Zauberhand durch ein unbekanntes Hindernis zum Stehen gebracht worden. Trotz des kräftigen Windes, vor dem wir mit etwa fünf Knoten gesegelt waren, machte das Boot plötzlich keine Fahrt mehr. Als ob uns eine riesige unsichtbare Hand wie ein Spielzeug festhielte, standen wir im Seegang, mit windgefüllten Segeln, unbeweglich mitten auf dem Ozean! Wir glaubten damals, jeden Augenblick aufwachen und feststellen zu müssen, daß alles nur ein Traum gewesen war. Statt dessen taumelten wir schlaftrunken an Deck, bargen die Segel und stellten dann zu unserer Verwunderung fest, daß wir uns ebenso plötzlich und ohne erkennbaren Grund wieder bewegten. Das Boot trieb auf einmal dwars durchs Wasser. Ohne richtig an einen Erfolg zu glauben, setzten wir wieder Segel – und siehe da, die *Solveig* nahm Fahrt auf, als sei nichts geschehen!

Fast ein Jahr sollte es dauern, bis wir uns diesen un-

Der Seegang im Golf von Alaska ließ uns kaum zur Ruhe kommen, und der wechselhafte Wind verlangte ständig Segelmanöver. Kälte erschwerte uns die Arbeit an Deck.

heimlichen Zwischenfall erklären konnten. Im Fischereiblatt Alaskas las ich zufällig eine dicke Überschrift: »Treibnetze japanischer Piraten plündern unseren Lachsbestand«. Da fiel es mir wie Schuppen von den Augen: Ein Treibnetz mußte es gewesen sein, in dem wir uns damals verfangen hatten! Deshalb war auch nirgends ein Schiff zu sehen gewesen ...
Diese unkontrollierten Netze treiben selbständig im Ozean und werden erst einen halben Tag später per Funkortung oder nach Sicht von einem Fischdampfer wieder angesteuert und aufgeholt. Und selbst wenn ein Fischdampfer damals in der Nähe seines Netzes gewesen wäre, so hätte er auf keinen Fall Lichter gezeigt, denn er wollte ja in der amerikanischen Fischereizone um Hawaii nicht gesehen werden. Das Fischen von Lachsen in fremden Gewässern und auf hoher See ist illegal.

»Rettet die Delphine«: Wie alles begann

»Hoffentlich geraten wir nicht wieder in ein Treibnetz«, sagte ich zu Angelika und hatte damit offenbar ihre Gedanken erraten. »Darüber wollte ich gerade mit dir sprechen«, sagte sie. »Ich habe Angst, daß wir wieder in einem Netz hängen bleiben, aber wenn es geschieht, dann hoffe ich, daß wir den japanischen Fischdampfer zu Gesicht bekommen, damit wir ihn fotografieren können.«
Ich schüttelte den Kopf. »Stell' dir das nicht zu leicht vor. Aus der Nähe gelingt es uns bestimmt nicht. Die wissen doch, daß sie gejagt werden, daß die Amerikaner verzweifelt Beweise suchen, um diplomatischen Druck auf Tokio ausüben zu können. Also haben die japanischen Kapitäne entsprechende Anweisungen bekommen. Die würden uns am Ende eher erschießen, als ein aussagekräftiges Foto – etwa mit Netz – zuzulassen.«
Aber die Gefahr für das Boot ging mir nicht aus dem Kopf. Schon in einem Rundfunkinterview in Ketchikan hatte ich darüber berichtet: »Wenn es damals stürmisch gewesen wäre, vielleicht mit zehn Meter hohen Seen, wie es hier öfter vorkommt, dann hätten wir uns aus dem Netz nicht mehr befreien können. Die Brecher hätten das Boot zerschlagen, hätten es vielleicht zum Sinken gebracht. Bei schlechtem Wetter

Ein Delphin spielt vor dem Bug der *Solveig*. Seine Verletzungen stammen wahrscheinlich von einem Treibnetz.

möchte ich keinem Treibnetz begegnen. Es ist schon absolut kriminell, was die Japaner da machen. Diese riesigen Netze ohne Warnung auszulegen ... Ein kleines Boot kann so hilflos darin hängenbleiben wie ein Fisch!«

Zorn über die Gefahr, in die wir geraten waren und wieder geraten konnten, hatte mich veranlaßt, jede nur mögliche Information über Treibnetze einzuholen. Und dafür war Ketchikan genau der richtige Ort. Dort, nur wenige Meter von unserem Liegeplatz entfernt, befand sich das Büro der SEACOPS, einer schlagkräftigen Organisation mit weltweiten Verbindungen, die von der Lachsindustrie Alaskas finanziert wurde. Ihre Aufgabe bestand darin, Informationen über den Einsatz von Treibnetzen im Nordpazifik zu sammeln. Von den Japanern wurden – und werden wahrscheinlich noch immer – etwa die Hälfte der Lachse, die, aus den Flüssen Alaskas kommend, ihre Wanderung über See antreten, mit diesen teuflischen Netzen weggefangen. Von Jahr zu Jahr werden mehr junge Lachse aus Zuchtbeständen ausgesetzt, und dennoch kommen immer weniger in die Flüsse Alaskas zurück. Da es in Japan und anderen Ländern Asiens keinen Lachs gibt, war es für SEACOPS nicht schwierig, den Nachweis zu erbringen, daß die Japaner illegal Lachs fischten und an verschiedenen Plätzen Hunderttausende von Tonnen jährlich auf dem Weltmarkt anboten.

Bei diesen Recherchen erfuhr ich auch zu meinem und Angelikas Entsetzen, daß in den Treibnetzen jährlich als »Beifang« von Thunfisch Millionen Seevögel, Robben, Schildkröten und vor allem Delphine zugrunde gehen. Völlig nutzlos ersticken oder ertrinken diese zum Teil seltenen und wertvollen Tiere in den feinen Maschen der Nylonnetze. Ihre Kadaver werden von den Fischern in die See zurückgeworfen und nur die Thunfische verwertet. An die zehn Millionen Delphine wurden so in den letzten Jahren im Pazifik ein Opfer dieser verantwortungslosen Fangmethode. Kein Wunder also, daß wir während der zweimonatigen Überfahrt nach Alaska keinen einzigen Delphin mehr gesehen hatten. Wie oft waren dagegen die menschenfreundlichen Tiere auf meinen früheren Reisen vor

dem Bug geschwommen und hatten mich mit ihren akrobatischen Spielen erfreut!
Mir kam eine Idee. »Nach unserer Rückkehr sollten wir eine Organisation gründen und die Nachricht von diesem kriminellen Fischfang in Deutschland verbreiten.«
Angelika sah mich traurig an. »Und wie willst du gegen die Treibnetze kämpfen? Dahinter stehen doch riesige japanische, koreanische und andere internationale Firmen.«
Damit hatte sie natürlich recht (Frauen können so wunderbar pragmatisch sein). Trotzdem formte sich ein Plan in meinem Kopf. »Ich werde die Menschen in Deutschland auffordern, zunächst auf den Kauf von Thunfisch zu verzichten. Es geht doch beim Fang mit Treibnetzen um Geld, um viel Geld! Ohne Rücksicht auf vernichtetes Leben soll damit billiger gefischt werden. Aber wenn der Umsatz von Thunfisch zurückgeht, werden die Konservenfabriken schon reagieren.«
Angelikas Augen leuchteten auf. »Ja, laß uns dafür sorgen, daß diese Massentötung von Delphinen aufhört! Du mußt es zumindest versuchen, versprich es mir.«
Und das tat ich dann auch. »Aber so eine Organisation bedeutet viel Arbeit«, gab ich ihr zu bedenken. »Ich werde kaum noch Freizeit für uns beide haben. Ist dir das klar?«
Tapfer antwortete sie: »Wir haben jahrelang auf den Meeren soviel Freude und solch großartige Erlebnisse gehabt. Jetzt haben wir die Verpflichtung, auch etwas für das Meer und seine Tiere zu tun.«
So kam unser Entschluß zustande, unser Wissen um das Verbrechen an wehrlosen Tieren, das sich täglich auf hoher See ohne Zuschauer ereignet und deshalb unerkannt geblieben ist, den Menschen in Deutschland mitzuteilen. Es kann einfach nicht angehen, daß aus Profitgründen Millionen frei lebender Kreaturen sinnlos vernichtet werden. Wir haben große Probleme mit Umweltschäden allerorten. Wir haben auch das Problem der Tierversuche. Hier wie da ist der Verzicht auf eingefahrene Produktionsmethoden sehr schwierig und mit deutlichen Einbußen an Lebensqualität verbunden oder mit einem Ansteigen der Arbeitslosenzahlen. Aber bevor wir derartige Opfer bringen, sollten wir erst einmal auf Waren verzichten, die nicht gerade lebenswichtig sind – solange ihre Herstellung vom unnötigen Tod hunderttausender Tiere begleitet wird. Die Devise muß also lauten: Schluß mit den Treibnetzen, Schluß mit der computer- und funkgesteuerten Parforcejagd auf den Weltmeeren! Zurück zur klassischen Fischerei! Oder würden wir mit Hightech-Waffen auch in unseren Wäldern alles töten, was darin lebt, nur um Rotwild zu erlegen?

Wassereinbruch im Schiff

Wegen der schwachen Brise hatten wir gegen Abend erst die Hälfte der Dixon Entrance hinter uns, dieses gefürchteten Zugangs zum Golf von Alaska. In der Nacht würde der Wind ganz einschlafen. Sollten wir dann stundenlang zwischen felsigen Inseln treiben oder den Motor starten und dabei unseren knappen Treibstoff verbrauchen? War es nicht besser, einen Ankerplatz zu suchen, solange das noch möglich war? Außerdem waren wir beide ziemlich müde. Ich zeigte Angelika die Seekarte. »Was meinst du dazu, wenn wir bei Kap Chacon noch eine Nacht ankern? Dort ist ein geschützter Platz, eine schöne Bucht. Von da aus können wir morgen früh schnell die offene See erreichen. Vielleicht ist dann der Wind auch besser.«
Angelika stimmte rasch zu. Wir änderten unseren Kurs auf das Kap zu, hinter dem wir einen Ankerplatz fanden, der geschützt genug war, um uns bei gutem Wetter eine Nacht ruhig schlafen zu lassen.
Quietschend und knarrend holte die Winsch am nächsten Morgen die Kette vom 30 Meter tiefen Felsgrund auf. Der Elektromotor hatte diese Arbeit seit acht Jahren wohl tausendmal geleistet, doch nun protestierte er dagegen mit einem häßlichen Geräusch. Der Grund war nicht Abnützung, sondern Korrosion durch Salzwasser. Das dicke Öl im Gehäuse konnte den Auflösungsprozeß nicht mehr aufhalten. Wie lange würde der Motor noch seinen Dienst tun? Nun, für die nächste Zeit brauchten wir keinen Anker mehr! Wir fühlten uns frisch und erholt, wollten endlich auf die offene See hinaus. Ein wenig kräftiger wehte es als gestern, wenn auch aus wechselnden Richtungen. Dieser Golf von Alaska! Wir wollten ihn schnell hinter uns bringen und endlich in südlicheren Breiten segeln. Hier mußten wir für jede Stunde ohne plötzlichen Starkwind dankbar sein.
Ich machte es mir im Cockpit gemütlich, denn für den richtigen Kurs sorgte der Autopilot. Nur ab und zu holte ich die Schoten dichter oder fierte aus. Etwas

Als uns noch einmal Delphine begegneten, waren wir verstört, hätten am liebsten geschrien: »Haut ab! Schwimmt ganz weit weg! Die Schiffe bringen euch nur Unglück!«

Dünung lief uns entgegen, der Steven tauchte tiefer ein, gelegentlich schoß Wasser über das Vorschiff. Wir hatten den offenen Golf erreicht. Da hörte ich Angelika plötzlich aufgeregt rufen: »Wir haben eine Menge Wasser in der Bilge! Unten läuft ein richtiger Bach!«

Ich sprang den Niedergang hinunter. Tatsächlich: Die Menge Wasser, die da hin und her schwappte und schließlich im Sumpf unter dem Motor verschwand, war beachtlich! Wo, um alles in der Welt, konnte das Wasser so plötzlich einsickern? Vergeblich versuchte ich herauszufinden, wo die Brühe herkam. Doch halt! Vielleicht hatten wir kein Leck, sondern ein Reservekanister mit Wasser lief aus? »Zieh mal ein Bodenbrett hoch, ich will probieren«, bat ich Angelika. Mit der Hand schöpfte ich und trank. »Es ist Salzwasser, reines Salzwasser!« stellte ich erschrocken fest.

Fieberhaft räumten wir Flaschen und Konservendosen unter den Kojen aus, trockneten den Boden mit Lappen, aber sofort war die Nässe wieder da. Kein Zweifel, wir hatten ein Leck! Wie konnte ich eine solche Schwachstelle im Bootskörper übersehen haben? Ausgerechnet diesmal, wo ich doch soviel Zeit gehabt hatte, jede Ecke zu überprüfen? Ich hatte irgendwie versagt.

Angelika, bleich und traurig, nannte die mögliche Konsequenz: »Wir müssen zurück nach Ketchikan oder schnellstens in einen Hafen Kanadas!«

War das wirklich notwendig? »Ein paar Tage können wir mit dem Motor die Akkus nachladen, damit die Pumpe Strom hat«, meinte ich schwach.

»Und am Ende haben wir keinen Diesel mehr«, gab Angelika zu bedenken. »Außerdem kann die Pumpe verstopfen oder das Leck größer werden, was dann? Die Strecke, die wir vor uns haben, ist einfach zu weit, um mit einem solchen Handicap zu segeln.«

Es sollte sich bald zeigen, wie recht sie hatte. Die Automatik der Bilgenpumpe arbeitete hervorragend; sowie das Wasser unten im Sumpf eine bestimmte Höhe erreicht hatte, schaltete sie sich ein. Aber das geschah jetzt immer häufiger, alle zwei bis drei Minuten. Welch eine Niederlage! Mir war schlecht. Es meldeten sich die üblichen Magenschmerzen. Mein Kopf war so voller Gedanken, daß ich nicht mehr ordentlich überlegen konnte. Da kroch ich nun am Boden herum, in dem schönen, großen Boot, das schon einen Tag nach der Ausfahrt leck war. Nicht leckgeschlagen, nein, einfach undicht geworden – bei bestem Wetter! Es war geradezu demütigend.

Der Seegang wurde stärker, und offenbar drang dadurch noch mehr Wasser ein. Was würde erst bei Sturm geschehen? Angelika arbeitete wie besessen, nahm die Bodenbretter der Reihe nach heraus und versuchte, so gut es ging, in dem rollenden Boot mit Schwamm und Lumpen das Wasser einzudämmen. Warum machte sie mir keine Vorwürfe? Es war doch alles meine Schuld!

Unermüdlich trockneten wir mal das eine, mal das andere Abteil in der Bilge aus, damit wir endlich die Richtung, aus der das Wasser eindrang, finden konnten. In meinem kleinen Boot von früher, da wäre es noch leicht gewesen, Übersicht zu gewinnen. Aber unser neues Boot war groß und hatte viele durch Berge von Vorräten unzugängliche Stellen.

»Bist du sicher, daß der Geber des Echolots völlig dicht ist?« fragte Angelika. »Du hast dafür doch den Schiffsboden durchbohrt?«

»Unmöglich, daß da Wasser durchkommt. Ich habe die Öffnung von außen und innen zugespachtelt.« Aber ich sah doch zur Sicherheit genau nach. »Hier ist es ringsum trocken!« rief ich vom Vorschiff. »Aber ich will die Toilette noch einmal ganz genau überprüfen.« Immerhin sind schon mehr Yachten durch eine versehentlich geöffnete Kloschüssel gesunken als durch Stürme. Ich kenne Segler, die lieber ganz auf ein Pumpklosett verzichten, als sich auf die ihrer Meinung nach unnötige Gefahr einzulassen. Lieber machen sie sich die Mühe, mit einer Pütz Wasser heraufzuholen und damit zu spülen.

Am Boden hinter unserer Toilette lief tatsächlich ein dickes Rinnsal an der Wandung herunter! Die Schläuche und Pumpen aber schienen dicht. War ein Seeventil durch Korrosion beschädigt? Ich prüfte die Ventile: auch in Ordnung! Dann schoß mir plötzlich ein Gedanke durch den Kopf: Hinter der Toilette, in einer Art Schrank, war von der Bauwerft der Fäkalientank eingebaut worden, den wir aber in all den Jahren nie benützt hatten. Während des Winters in Alaska, wir waren für einige Wochen nach München zurückgeflogen, hatte ich einen jungen Seemann auf der *Solveig* wohnen lassen und ihm den Auftrag gegeben, bei Gelegenheit den Fäkalientank auszubauen. Sollte er einen Fehler gemacht haben? Ich riß den Schrank auf und sah, nachdem ich Bretter, Reinigungsmittel und Konserven herausgeholt hatte, die Ursache des Unheils: Der Junge hatte den Schlauch zum Auslaß des Tanks einfach mit dem Messer abgeschnitten, ohne danach den Schlauch oder den Auslaß wieder zu verschließen. Diese wichtige Arbeit hatte er einfach vergessen! Dieser Schlauch von drei Zentimeter Durchmesser bildete jetzt eine Öffnung, durch die das Wasser ungehindert eindringen konnte, sowie das Boot stark krängte oder im Seegang arbeitete. Schwapp, schwapp, spritzte es aus dem Schlauch in die Höhe, jedesmal wenn der Bug in eine Welle eintauchte.

Gerade noch rechtzeitig hatten wir die Gefahr bemerkt. Ich stolperte über die herausgerissenen Bodenbretter nach achtern in die Werkstatt und suchte einen passenden Korken. Davon hatte ich immer eine Tüte voll in allen Größen an Bord. Der Schaden ließ sich jetzt in wenigen Minuten beheben. Der abgeschnittene Schlauch war mir im Hafen nicht aufgefallen, denn ich hatte nie die Bretter in diesem Schapp entfernt. Wie konnte ein Seemann nur so leichtsinnig handeln! Aber wir kannten die Antwort: Der sympathische Junge, ein Träumer und Wirrkopf, hatte sich durch Rauschgift um den Verstand, um Beruf, Freundin und Einkommen gebracht.

Als wären wir aus einem bösen Traum erwacht, sah die Welt jetzt wieder freundlicher aus. Wir hatten beide ganz schön Angst gehabt. Dabei hatten wir noch nicht einmal bedacht, daß der noch mäßige Wassereinbruch bei viel Wind oder gar Sturm um so vieles stärker geworden wäre, daß die Leistung der Pumpe nicht ausgereicht hätte, die Bilge leer zu saugen. Dann aber hätten wir das Leck auch nie finden können.

Mit Funk und Radar gegen Kollisionen

Voll Dankbarkeit für den glimpflichen Ausgang des riskanten Zwischenfalls setzten wir uns ins Cockpit, um frische Luft zu atmen. Die See lief ziemlich durch-

Wäre Dämmerung oder gar Nacht gewesen – ich hätte geglaubt, ein Geisterschiff zu sehen. Das Auftauchen der *Esmeralda* mitten auf dem Pazifik war ein überwältigendes Schauspiel.

einander. Quer anrollende Wellen schnitten in die Schaumkronen der Windsee und lieferten sich bösartige Gefechte. Dabei schoß die Gischt senkrecht in die Höhe, mit einem harten Geräusch, das mich oft aufschrecken ließ. Etwas taumelnd, vielleicht noch verunsichert nach der eben überwundenen Gefahr, mühte sich die *Solveig* tapfer auf dem Weg nach Süden ab. Nun war unsere »kleine Welt«, wie wir das Familienleben auf engstem Raum nannten, wieder in Ordnung. In meine Gedanken kehrte langsam Ruhe ein.
An Backbord war Langara, die nördlichste der Queen-Charlotte-Inseln Kanadas, inzwischen im Dunst verschwunden. Wie gut, daß wir diese Nacht zwischen den hohen Felsen von Kap Chacon geankert hatten! So waren wir wenigstens ausgeruht und kräftemäßig in der Lage gewesen, die Lecksuche durchzuhalten, die mit dem Aus- und Umräumen so vieler schwerer Gegenstände einhergegangen war. Angelika war noch immer verunsichert, aber auch überglücklich, daß die Panne so schnell beseitigt werden konnte. Sie hatte ernsthaft den Abbruch der Überfahrt befürchtet. Ich aber war ärgerlich auf mich selbst. Warum nur hatte ich nicht wenigstens einmal jeden einzelnen Auslaß, Schlauch oder Seehahn im Hafen genau überprüft? Die meisten hatte ich nachgesehen, aber eben nicht alle. In einem Boot dieser Größenordnung sind die Möglichkeiten, wo überall Wasser eindringen kann, theoretisch beschränkt – praktisch aber sehr zahlreich. Größte Angst hatte mir der Gedanke gemacht, daß durch ein Lösungsmittel, etwa Aceton, ein Schlauch oder die Bordwand selbst beschädigt sein könnten. Auch ausgelaufene Batteriesäure hätte verheerende Folgen gehabt.
Um so mehr sonnten wir uns jetzt im Licht des Erfolgs. Um diesen zu feiern und unseren Nerven etwas Gutes zu tun, bereitete Angelika eine besondere Mahlzeit. Trotz der harten Bewegungen des Bootes schaffte sie es, in der Pantry springend, sich festklemmend, mit Töpfen und Pfannen jonglierend, ein richtiges Menu aufzutischen. Es gab ein herrlich gebratenes Filet vom Elch, dazu Nudeln und eine feine Bratensoße mit Zwiebeln und Kräutern.
»Nur gut, daß uns keiner sieht, wie wir hier schlemmen«, meinte Angelika angesichts der reich gefüllten Teller. Fast schämten wir uns, daß es uns so wohl erging.
»Wir brauchen uns nicht zu schämen«, tröstete ich sie. »Genießen wir die guten Stunden. Es wird bald genug wieder schwerer werden.«
Das Wetter war gerade eben so ruhig, daß Angelika nicht seekrank wurde. In wenigen Tagen würde sie sich vollends an die oft heftigen Bewegungen des Bootes gewöhnt haben, aber zunächst machte ihr große Müdigkeit das Leben noch sauer.
Dafür blieben wir wenigstens vorläufig von Nebel verschont. Nebel ist Angelikas größter Schrecken. Sie hatte in Ketchikan eigenhändig den Radarreflektor, den wir lange Zeit nicht mehr benützt hatten, wieder am Besanmast befestigt. Dieser Reflektor ermöglicht es einem großen Pott oder einem Fischdampfer, auch eine kleine Yacht auf dem Radarschirm zu erkennen. Aber nur, wenn erstens das Radargerät eingeschaltet ist, wenn zweitens auf der Brücke des Schiffes jemand

Wache geht und wenn drittens diese Wache angestrengt auf den Bildschirm sieht. Leider ist dies nur zu oft nicht der Fall. Fischer haben in der Regel ohnehin andere Sorgen. Die müssen nämlich arbeiten. Und auf den großen Pötten gibt es eine Menge Unterhaltung, die bedeutend interessanter ist, als dauernd das wochenlang leere Radarbild zu betrachten. Ich möchte nicht wissen, wie viele Kollisionen oder Strandungen zum Beispiel der Erfindung des Videogeräts zuzuschreiben sind. Aber man kann auch Kaffee trinken, sich unterhalten, Bücher lesen, mit Karten oder Würfeln spielen ... Das sind keine Vermutungen, ich weiß es aus eigenem Augenschein. Und Angelika weiß es auch. Mühelos könnte ich einige Seiten füllen mit Geschichten von Kollisionen großer Schiffe, die trotz Radar durch Leichtsinn gesunken sind oder eine Yacht versenkt haben.

Schon in der ersten Nacht auf See, gegen zwei Uhr, begegnete uns ein Fischdampfer, der mit seinem Scheinwerfer die Wasserfläche ableuchtete. Ob er uns gesehen hatte? Wir blieben nicht lange an Deck, nachdem die Lichter achteraus verschwunden waren. Es war kalt, besonders nachts, viel kälter als an der Küste. Wir sehnten uns nach den südlichen Breiten.

»Wann, glaubst du, werden wir in den Passat kommen?« fragte Angelika am folgenden Tag.

Eisiger Wind pfiff mit Stärke fünf, wir waren schnell, konnten aber hoch am Wind nur mit Mühe einen Kurs von 240 Grad steuern. Also mehr West als Süd.

»In etwa vierzehn Tagen könnten wir südlich von 30 Grad die Passatzone erreichen«, meinte ich vorsichtig, denn ich wagte es nicht, jetzt schon eine Voraussage zu machen. Was würde uns der Golf von Alaska wettermäßig noch für Überraschungen bescheren? Wir waren ständig auf einen plötzlichen Angriff des Windes gefaßt.

Um nicht überrumpelt zu werden, hörten wir, eigentlich eher Angelika, die Wettervorhersagen für unser Seegebiet, die der Kurzwellensender WWV in Hawaii ausstrahlte. Und nachts war erstaunlicherweise gerade hier auch die Deutsche Welle besonders gut zu empfangen. Da Angelika ab Mitternacht in der Regel die Wache übernahm, erfreute sie mich am Morgen mit deutschen Nachrichten, die sie auf Kassette überspielt hatte. Im übrigen hatten wir nicht viel zu lachen, denn der Seegang ließ uns kaum zur Ruhe kommen, und der wechselhafte Wind verlangte ständig Segelmanöver. Die kosteten uns viel Kraft.

Am 25. Juli, eine Woche nach der Ausfahrt, konnte ich eine frohe Botschaft verkünden. »Merkst du was?« fragte ich grinsend. »Der Wind hat gedreht! Wir können jetzt 180 Grad, direkt nach Süden steuern.«

Angelika war überfroh, denn ihr legte sich die Kälte richtig aufs Gemüt. Aber von nun an ging's bergab, im guten Sinn. Die *Solveig* lag endlich wieder ruhiger. Ich beschäftigte mich intensiv mit meinem Laptop-Computer, versuchte ein Logbuch als Programm vorzubereiten. Angelika kochte vor lauter Freude über den Wetterwechsel wieder ein Festessen. Wir hatten in den Tagen vorher nur »von der Hand in den Mund« gelebt: Dabei hielten wir ein Schüsselchen in der Hand, löffelten es aus, tranken dann hinterher. Die Teller abzustellen, war nicht mehr möglich gewesen. Nun feierten wir mit Spaghetti, Putenbrustwürfeln und dem letzten frischen Kopfsalat aus Ketchikan das Hoch und die günstige Brise. Aber nur ein paar hundert Meilen westlich von uns wütete ein Sturm in Orkanstärke. Über 100 km Windgeschwindigkeit meldete Hawaii, Zugrichtung Nordnordost. Wenn der Orkan seine Richtung beibehielt, würden wir verschont bleiben.

Angelika hörte nachts nicht nur Kurzwelle, sondern hatte aus Sicherheitsgründen stets auch den UKW-Seefunk eingeschaltet. So registrierte sie häufig, viel zu häufig, in der Nähe die Gespräche asiatischer Fischer. Die Reichweite unseres UKW-Geräts betrug zehn bis fünfzehn Seemeilen, also grob gesprochen, so weit das Auge reicht. Die Fischdampfer mußten sich deshalb in bedrohlicher Nähe befinden, zumal wir inzwischen ja wußten, daß ihre Netze bis zu 60 Kilometer lang waren. Dachten wir nun darüber nach, wie ungeheuer weit die Fläche des Pazifiks sich ausdehnt und wie selten wir einem Frachter begegneten – vielleicht einmal im Monat –, dann mußte eine kaum vorstellbare Zahl von Fischdampfern auf dem Ozean tätig sein. Die Tatsache, daß nur nachts gesprochen und folglich auch gefischt wurde, war für uns der Beweis, daß es sich um Treibnetz-Fischer handelte.

Es ist eindrucksvoll und erschreckend, über kriminelle Fangmethoden in dieser oder jener Druckschrift zu lesen und die Zahlen von millionenfachem Tiermord zu erfahren. Es ist aber ein ganz anderes Erlebnis, sozusagen hautnah mit den fischenden, tötenden Fahrzeugen

Es ist merkwürdig, wie schnell das Gefühl für Zeit verlorengeht, wenn eine gewisse Eintönigkeit des Wetters die Sinne einlullt und um das Boot herum nichts Wesentliches geschieht.

in Berührung zu kommen, die Stimmen der Männer im Lautsprecher zu hören und noch dazu durch ihre Netze unmittelbar selbst bedroht zu werden.
Nur einmal begegnete uns bei Tage eine Gruppe von Delphinen. Wie war Angelika früher freudig an Deck gesprungen, um die Spiele der munteren Tiere zu beobachten! Diesmal aber waren wir traurig und verstört, hätten am liebsten geschrien: »Haut ab! Schwimmt weit weg! Laßt euch nie mehr in der Nähe eines Schiffes sehen!« Ohnmächtige Wut, Hilflosigkeit und Verzweiflung brachten unsere Gefühle in Aufruhr, mündeten in Zorn- und Rachegedanken. An Deck stehend, stumm zu den spielenden Delphinen blickend, liefen Angelika die Tränen übers Gesicht. Aber es half nichts: Alle Aktivitäten zugunsten der Delphine mußten wir auf eine spätere Zeit verschieben.
Der gemeldete Orkan war tatsächlich nach Norden abgezogen und würde uns nicht mehr treffen. Im Gegenteil: Schon während einiger Tage war der Wind langsam schwächer geworden und drohte nun, uns ganz im Stich zu lassen. Statt dessen zog Nebel heran. Schubweise hüllten uns die grauweißen Bänke ein. Sie bildeten sich so rasch, daß die Sicht von einer Minute zur anderen verlorenging. Aus Angst vor einer Kollision schaltete Angelika nun auch tagsüber das UKW-Gerät ein, über das wir in Abständen Warnungen durchgaben: »Deutsche Yacht auf Kurs soundso ... Position ... Kann uns jemand hören?« Das sollte uns davor schützen, plötzlich den Bug eines Schiffes in nur wenigen Metern Entfernung aus dem Nebel auftauchen zu sehen. Aber die japanischen Fischer verstanden – entgegen internationaler Gepflogenheit und der Vorschriften für den Seefunk – kein Wort Englisch und schon gar nicht den französischen Code für Warnmeldungen. Sie hätten nicht einmal einen SOS- oder Maydayruf beantwortet.
Wir nützten das ruhige Wetter für ausgiebige Mahlzeiten, lange Gespräche über den in der Welt herrschenden Geist oder Ungeist, und ich tüftelte weiter an meinem Computer. Den Golf von Alaska würden wir bald verlassen, dann kam der nächste Abschnitt der Überfahrt bis Hawaii. Von Hawaii führte unser Kurs zum Äquator, und schließlich kam als letzte Etappe das Stück vom Äquator zu den Salomonen.
Es ist merkwürdig, wie schnell das Gefühl für verronnene Zeit verlorengeht, sobald eine gewisse Eintönigkeit des Wetters die Sinne einlullt und rund um das Boot nichts mehr geschieht. »Wie lange sind wir jetzt eigentlich unterwegs?« fragte Angelika. »Das weiß ich auch nicht, muß mal nachrechnen.« Ich stellte fest, daß ich meine Aufzeichnungen für ein paar Tage unterbrochen hatte. Anhand von kleinen Begebenheiten versuchten wir, bestimmte Vorfälle den einzelnen Tagen zuzuordnen – vergeblich. »Also vorgestern haben wir doch gegen Mittag die große Fock geborgen und die Genua gesetzt?« – »Nein, das war gestern!« – »Bist du sicher? Gestern hast du doch ganz groß gekocht, das wäre bei dem Segelwechsel nicht möglich gewesen.« – »Doch, doch, wir haben erst viel später gegessen.« So konnte in unserer Erinnerung ein Tag glatt verlorengehen.
Die Wellen des Golfs von Alaska verloren allmählich ihre graugrüne Farbe, immer stärker trat ein bläulicher Schimmer hinzu, und die dunklen Wolken ließen manchmal einen Sonnenstrahl durchblitzen, der silbrige Reflexe auf den Kämmen der Wogen hervorrief. Diese Reflexe waren manchmal so intensiv, daß wir glaubten, den weißen Schaum einer Sturmbö auf der Wasserfläche zu erkennen.

Eine Boje mitten im Ozean

Am 30. Juli empfing uns ein strahlend blauer Himmel. Wir hatten den 40. Breitengrad überquert, befanden uns auf der Höhe von San Francisco. Angelika saß stundenlang im Cockpit, um die Sonne zu genießen. Seit meinen schweren Hautschäden im Gesicht verzichtete ich auf solche Abwechslung, streckte mich lieber auf der Koje aus und las in einem Buch.
Die leichte achterliche Brise war ganz dazu angetan, unsere Stimmung in ein Hoch zu versetzen. Jetzt freuten wir uns richtig auf die Tropen, auf die palmenbestandenen Inseln mit ihren weißen Stränden. Wieder einmal hatte ein neuer Abschnitt unserer Reise begonnen. Bereits auf einer Breite von 37 Grad Nord setzte starker Ostwind ein. Sollten wir schon hier den Passat erreicht haben? Das wäre zu schön gewesen, um wahr zu sein. Ich zog mich an dem Gedanken hoch. »So etwas ist immerhin möglich«, überlegte ich. »Oder zumindest könnte uns der Ostwind treu bleiben, bis wir den eigentlichen Passat zu fassen bekommen.« Auch Angelika begeisterte sich an dieser Vorstellung, und so ertrugen wir die schlaflose Nacht leichter, die uns bevorstand. Denn am Abend legte der Wind zu auf Stärke sechs, die See ging unverhältnismäßig hoch, und es

wurde ausgesprochen ungemütlich. *Solveig* rollte in der Nacht so heftig, daß ein Schapp mehrmals aufflog und verschiedene Schachteln auf Angelikas Kopf fielen. Darob war sie persönlich beleidigt, empfand sie die Schachtelwürfe doch als direkten Angriff auf ihre Gesundheit! Die Arme blutete aus mehreren Wunden an Kopf und Stirn. Ich fühlte mich ein wenig schuldig, denn es wäre meine Sache gewesen, dafür zu sorgen, daß die Schachteln nicht herausfallen konnten.

Der Ostwind blieb uns natürlich nicht treu, die Windrichtungen begannen schon einen Tag später zu wechseln, und die See lief wüst durcheinander. Zeitweise frischte der Wind bis Sturmstärke auf und ließ dann wieder nach, so daß das Boot in der aufgeworfenen Dünung herumtanzte wie ein Korken. Am 5. August sichteten wir eine Boje. Kursänderung! Wir wollten uns das Ding genauer ansehen.

Die Boje hatte etwa eineinhalb Meter Durchmesser, war zwei Meter hoch und trug eine Antenne. Nach unten, in die See, verlor sich eine dicke Trosse in der Dunkelheit der Tiefe. Die Antenne ließ mich vermuten, daß es sich um ein Treibnetz handelte. Vielleicht eines jener »Geisternetze«, die, von Fischdampfern absichtlich verlassen oder versehentlich verloren, jahrelang im Ozean treiben und weiterfischen.

Dieselbe Angelika, die mir in Alaska nicht erlaubt hatte, auf Wanderungen ein Gewehr zum Schutz gegen Bären mitzunehmen, schrie jetzt nach einer Handgranate! Ich mußte fast lachen, denn selbst eine Handgranate hätte die schwere Boje nicht zerstört. Wir hatten natürlich auch keine an Bord, obwohl dies angeblich die beste Verteidigung gegen Piraten sein soll. So mußten wir uns damit begnügen, die Boje zu filmen und zu fotografieren.

Auf unserem Spezial-Echolot mit Bildschirm, das wir eigens wegen der Treibnetze angeschafft hatten, konnten wir deutlich breite, dunkle Streifen erkennen, die einen Haufen toter Fische im Netz vermuten ließen. Mit hängenden Köpfen gingen wir wieder auf unseren alten Kurs. »Wenn das noch ein paar Jahre so weitergeht, werden die Ozeane sterben«, sagte ich traurig. »Das muß unabsehbare Folgen haben.«

»Ich könnte vor Wut heulen, wenn ich an all die Delphine denke, die in den Netzen verenden!« Angelika hatte nasse Augen.

»Es sind nicht nur die Delphine, die uns allen verlorengehen«, sagte ich, gequält von der Vision eines völlig verödeten Meeres. »Da waren früher so oft Goldmakrelen, etwa einen Meter groß, in den herrlichsten Farben leuchtend. In den 70er Jahren haben sie mein Boot noch tage- und wochenlang begleitet. Und wo sind sie jetzt? Auch Haie sind selten geworden, ebenso die bunten Pilotfische, die immer um den Bug spielten.«

Treibnetzboje der Japaner – mitten im Pazifik. Jährlich gehen als Thunfisch-Beifang Millionen von Seevögeln, Robben und vor allem Delphine jämmerlich in diesen Netzen zugrunde.

Flaute bei Hawaii

Wieder fühlten wir uns machtlos gegen diese Feldzüge der Vernichtung. Doch der Ozean vertrieb uns die düsteren Gedanken. In den nächsten Tagen folgten Wolkenbrüche, Sturmböen, Wind aus allen Richtungen;

das hielt uns in Atem. Dazwischen Flauten, in denen das Boot hemmungslos, weil ohne Halt durch Segel oder Fahrt, auf den Wellen dümpelte. Meine ständige Beschäftigung war die Navigation. Jeden Tag trug ich mindestens einmal unsere Position in die Karte ein. Eigentlich in zwei Karten: in eine Übersichtskarte des gesamten Nordpazifik – der Seemann nennt sie »Übersegler« – und in eine zweite Karte mit größerem Maßstab, die nur das Seegebiet von Südalaska bis Hawaii umfaßte. Auf dieser Karte durften die Striche, die ich mit Farbstift einzeichnete, etwas länger sein.

Zufrieden betrachtete ich die zurückgelegte Strecke: Es war schon ein ganz schönes Stück, das wir über den Golf von Alaska und den Nordpazifik geschafft hatten! Aber es sollte noch lange dauern, bis wir die »Linie«, wie die Engländer den Äquator nennen, kreuzen würden. Von 35 Grad Nord bis null Grad (jedes Grad hat 60 Seemeilen) waren es 2100 Meilen, und dazu kamen noch etliche Meilen, die wir nach Westen machen wollten, um die Salomo-Inseln wieder zu erreichen, von denen wir im vorigen Jahr aufgebrochen waren.

Das große Erlebnis auf unserer Fahrt nach Süden war nun nicht etwa der befürchtete Sturm, sondern eine wochenlange Flaute, die uns dort festhielt, wo wir es am wenigsten erwartet hatten: im Raum von Hawaii, in der vermeintlich windsicheren Passatzone! Das Wetter wurde, je näher wir der Inselgruppe kamen, immer sonniger, immer ruhiger.

Abends saßen wir im Cockpit, Angelika mit einem Glas Wein in der Hand, der Skipper mit einem Stück Schokolade. Die Sonne senkte sich langsam dem Horizont zu. Am Himmel hatten sich einige Wolken gebildet. Wir versuchten uns in Voraussagen: »Hinter der nächsten Wolkenwand wird sie verschwinden und nicht mehr zu sehen sein«, hoffte Angelika, denn sie wußte, ein glutroter Sonnenuntergang war nur allzuoft Künder einer kommenden Windstille. Ich blieb skeptisch: »Ich denke, daß die Wolken noch einmal aufreißen und die Sonne in roter Pracht hinter der Kimm verschwindet. Schon jetzt ist ein rötlicher Schimmer zu sehen, und das deutet auf einen farbigen Untergang.«

Wie auch immer – aufregend schön waren die Sonnenuntergänge auf jeden Fall. Leider wurde mit zunehmender Schönheit der Sonne der Wind entsprechend schwächer, bis er uns etwa 200 Meilen vor den Hawaii-Inseln ganz verließ. Die Temperaturen tagsüber waren nur schwer zu ertragen. Wir verkrochen uns in der Kajüte und mieden jede unnötige Bewegung. Erst gegen fünf Uhr konnte man die Luft wieder atmen. Dann saßen oder lagen wir auf den Teakplanken des Decks und blickten in die grenzenlose Weite, die uns umgab. Die See glänzte wie Metall im langsam abnehmenden Tageslicht, keine noch so kleine Kräuselung ließ eine Brise erhoffen. Nur flache Dünung lief unter dem Boot durch und verursachte ein ständiges Klack-klack-klack in der Takelage, wenn das stählerne Fockfall gegen den Aluminiummast schlug. Klack-klack-klack-klack klingelte es unaufhörlich. Wir fühlten die Unge-

Vorhergehende Doppelseite: Wenn wir nur erst in südlicheren Breiten segeln würden!

Die Sonne senkt sich langsam dem Horizont zu. Am Himmel vollzieht sich ein atemberaubendes Schauspiel. Wir versuchen uns in Wettervoraussagen, denn wir hoffen auf Wind, um der langen Flaute zu entgehen.

duld des Bootes. Es langweilte sich in dem ständigen Auf und Nieder der trägen See, sehnte sich wie wir nach dem Passat. Die Fock lag auf dem Vorschiff bereit, jeden Augenblick gesetzt zu werden, falls ein leichter Luftzug aufkommen sollte, was manchmal gegen Mitternacht für ein paar Stunden geschah. Das Groß ließen wir nach Möglichkeit stehen, denn es dämpfte ein wenig die Schlingerbewegungen. Nur wenn die Dünung, von fernem Wind geschickt, das Boot rollen ließ, wurde das schlagende Segel in den Nähten so beansprucht, daß wir es bergen mußten. Das geschah meistens nachts.

So kam es, daß wir gerade in der Flaute am wenigsten Schlaf fanden. Langsam, mit Etmalen oft unter 30 Seemeilen, näherten wir uns dennoch den Hawaii-Inseln. Sollten wir den Rest Diesel einsetzen und mit Motorkraft Honolulu ansteuern? Die Verlockung war groß, da wir ja ohnehin durch die anhaltende Flaute viel Zeit verlieren würden. Aber wir widerstanden der Versuchung. Zwei Gründe waren dafür maßgeblich: Ein Aufenthalt von nur ein bis drei Tagen würde uns keine Gelegenheit geben, das Hafengebiet zu verlassen und irgend etwas von den Naturschönheiten Hawaiis zu sehen. Die Inseln waren außerdem teuer für Yachten, Liegeplätze knapp und möglicherweise überhaupt nicht zu bekommen.

Fast bereuten wir später unseren Entschluß, denn wie mit Leim angeklebt blieben wir über eine Woche lang bei der Inselgruppe hängen, sahen sogar manchmal die Umrisse ihrer Berge. Die Gewässer um die Inseln sind großenteils militärisches Sperrgebiet, und ich mußte befürchten, daß wir in den Bereich der amerikanischen Radarüberwachung geraten könnten. Dann würde am Ende noch ein Schnellboot auf uns zuschießen, um uns zu verwarnen oder eine Geldstrafe zu kassieren. Wir mußten weiter! Wir rechneten aus, daß noch genügend Diesel im Tank war, und starteten für 24 Stunden den Motor, um die Inselkette hinter uns zu bringen.

Endlich im Passat!

Als ganz leichte Brise zunächst, dann aber zusehends kräftiger, setzte endlich der Passat ein, und wir segelten mit allem Tuch, das wir hatten, nach Südwesten. Von jetzt an ging es wirklich vorwärts! Mehrmals hintereinander schafften wir Etmale von 140 Seemeilen und mehr, unsere absoluten Rekorde. Bereits am 13. August kreuzten wir den Wendekreis, waren somit wieder in den Tropen. In dieser Jahreszeit steht die Sonne knapp nördlich des Äquators lange senkrecht über dem Scheitel. Die Hitze wurde zur Qual. Nur abends gab es Abkühlung auf 30 Grad, und erst dann brachte Angelika es über sich, den Petroleumherd anzuzünden, um eine warme Mahlzeit zu kochen.

Eine Routineprüfung, wie ich sie täglich an den meisten Geräten, Pumpen, Wantenspannern, Bolzen und Schäkeln vornahm, zeigte mir, daß die Halterung des Wellengenerators wieder locker war. Er lief ja nicht nur, wenn wir motorten, sondern während der ganzen Zeit. Die hohe Geschwindigkeit, mit der wir gesegelt waren und noch immer segelten, hatte ihn zu stark belastet. Nun mußte ich bei erdrückender Hitze, nackt natürlich, mehrere Stunden im Motorraum arbeiten, um die kaum zugänglichen Bolzen wieder nachzuziehen. Angelika reichte mir immer neue Tücher, mit denen ich mir den Schweiß abwischte, der mir die Augen verklebte. Es würde nicht das letzte Mal sein, daß mir auf See diese üble Montage bevorstand. Wir stellten deshalb Überlegungen an, wie wir später eine dauerhafte Lösung für dieses Problem finden konnten.

Angelika erinnerte sich: »Bei Tulagi war doch die kleine Werft der Mission mit dem netten Neuseeländer als Konstrukteur. Du kennst ihn auch. Die haben einen sehr guten Mechaniker und eine voll ausgebaute Werkstatt. Ich war oft dort, wenn ich dich anrief, als du in München warst.«

Richtig! Das war wohl die beste Möglichkeit, eine feste Verstrebung für den Generator anfertigen zu lassen. So reifte unser Entschluß, auf jeden Fall die Salomonen und speziell Tulagi anzusteuern, um dort die benötigten Teile in Auftrag zu geben.

Der Passat ist immer wieder ein Erlebnis, für jeden Segler. Ganz sicher war er aber eine Sensation für die Besatzungen der Windjammer, bei denen das Umtrimmen der riesigen Segel, das berüchtigte »Alle-Mann-Manöver«, noch viel anstrengender war als für uns die Wende oder der Segelwechsel auf unserer modernen Yacht. Was ist nun so besonders an diesem Wind der tropischen Meere?

Der Passat legt sich in die Segel und treibt das Boot, Tag und Nacht, mit ziemlich gleichmäßiger Geschwindigkeit über die von weißen Schaumkämmen bedeckten Wogen. Die Windrichtung bleibt beständig, manchmal über Wochen oder sogar Monate. Der

Kurs, einmal mit der Windfahnensteuerung oder dem Autopiloten richtig eingestellt, bedarf keiner Korrektur. Die Segel, vom Wind prall gefüllt, stehen ruhig und werden nur wenig durch Flattern oder Schamfilen beansprucht. Im Passat kann der Segler auf viel Freizeit rechnen. Er kann verschiedenen Beschäftigungen nachgehen, kann lesen oder einfach nur seine Gedanken ordnen.

Reines Schönwettersegeln also? Nicht immer. Auch in den Passatzonen gibt es Tage oder sogar Wochen mit kräftigem Regen. Es sind kurze, sehr heftige Schauer, die manchmal sogar Sturmstärke erreichen, vor allem aber den Wind völlig umdrehen. Man muß sich dann überlegen, ob man eine Weile in die falsche Richtung segeln will, wie ich es oft getan habe, als ich allein die Ozeane überquerte, oder ob man die Mühe auf sich nimmt, die Segel zu bergen und nach kurzer Zeit wieder zu setzen.

Besonders nachts kann dieses Spiel Übermüdung und Verzweiflung verursachen. Solche Schauer mit Windstärken bis 35 Knoten machten auch uns das Leben für einige Tage recht schwer. Aber wir waren gut gestimmt, denn wir kamen rasch vorwärts. Als die Schauer allmählich aufhörten und die Sonne von morgens bis abends schien, erlebten wir wieder Segeltage von unbeschreiblichem Zauber. Blauer Himmel, weiße Wölkchen und die ersten Tropikvögel, die neugierig das Boot umkreisten, ließen uns die Welt in hellstem Licht sehen. »Ich bin so glücklich, daß ich diese Tage erleben darf!« freute sich Angelika. »Wir haben bisher auf unserer Weltumsegelung nicht oft Passat gehabt.« Das stimmte, denn unsere Routen lagen meist außerhalb der Passatzonen, oder wir waren gegenangesegelt wie auf der Fahrt nach Alaska.

Angelika legte sich oft an Deck, an einen möglichst schattigen Platz, und las ein Buch. Wenn sie »mal eben« nach oben ging, ohne mich zu verständigen, war ich einige Male tief erschrocken, weil sie auf Rufen nicht antwortete. Es war mein Alptraum, den ich auch tatsächlich mehrfach geträumt hatte, mich plötzlich allein zu finden, weil Angelika durch eine unbedachte Bewegung über Bord gefallen war. Deshalb hatten wir einander geschworen, niemals das Cockpit zu verlassen, ohne dem anderen Bescheid zu geben. Wir machten das richtig feierlich, mit Handschlag, damit keiner von uns meinen sollte, er könne in einem scheinbar ungefährlichen Augenblick diese Abmachung brechen.

Ohne zu klagen überstand Angelika eine schmerzhafte Schwellung am rechten Fuß. Aber sie brauchte während einiger Tage Ruhe für das Bein. Wir meinten, es käme von der Überlastung beim Kochen, wenn sie sich nur mit den Füßen abstützen konnte, um die Hände frei zu haben. Ich übernahm die Haushaltsarbeit und behandelte ihren Fuß mit Einreibungen.

Noch zweimal konnten wir Etmale von 145 Seemeilen verbuchen. Was für ein Wetter! Die *Solveig* flog mit Höchstfahrt nach Südwesten. Wir näherten uns dem Äquator, und ich begann Hochrechnungen anzustellen, wann wir in den Salomonen ankommen würden. 1900 Seemeilen lagen am 20. August noch zwischen uns und unserem vorläufigen Ziel, dem Hafen Honiara auf der Insel Guadalcanal. »In drei Wochen können wir ankommen«, verkündete ich froh am Kartentisch, doch Angelika brach nicht in Jubelrufe aus. Sie ließ sich von Wunschzeiten nicht mehr so leicht beeindrucken. »Das wäre schön«, meinte sie nur. »Dann hätten wir für die Fahrt nach Süden 53 Tage gebraucht, genauso lange wie voriges Jahr nach Norden.«

»Ja«, gab ich kleinlaut zu, »eben doch eine ziemlich lange Zeit, wenn man bedenkt, daß wir nach Alaska immer gegen den Wind segeln mußten und diesmal den Passat mit uns hatten. Aber die lange Flaute bei Hawaii und der schwache Wind im Golf von Alaska haben uns viele Tage gekostet.«

Das gute Wetter hielt an, ohne Unterbrechung strahlte die Sonne vom blauen Himmel. Die kleinen Passatwolken warfen kaum Schatten. Während Angelika oft stundenlang im Cockpit saß und die See betrachtete, den Flug der Vögel beobachtete, hielt ich mich weiterhin lieber unter Deck auf. Meine Hautschäden waren inzwischen so gefährlich, daß ich regelrecht Schmerzen bekam, wenn ich meinte, wenigstens im Schatten des Spritzverdecks ein paar Stunden draußen aushalten zu können. Ich hatte dann eine Woche oder länger an den Folgen zu leiden. Nur wenn ein Tropik- oder ein Sturmvogel über den Masten kreiste, dann rief mich Angelika herauf, damit ich mich mit ihr freute, denn auch der Besuch von Seevögeln war in den letzten zehn Jahren immer seltener geworden.

Begegnung mit einem Großsegler

Eines Tages, es war nach dem Mittagessen, saß Angelika wieder im Cockpit und schrieb in ihr Tagebuch. Ich wollte sehen, wie es ihr ging, und stieg zwei Stufen des

Unter vollen Segeln entschwand die *Esmeralda,* ein chilenisches Segelschulschiff, allmählich unseren Augen – wie die Vision eines längst vergangenen Zeitalters der Seefahrt.

Niedergangs nach oben. Von hier konnte ich das Boot und die See überblicken. Gerade wollte ich zum Sprechen ansetzen, als ich hinter Angelikas Kopf plötzlich vier Masten sah, die turmhoch in den Himmel ragten! Es ist schwer, sich so einen Eindruck an Land vorzustellen, wo ständig Bäume, Häuser, Fahrzeuge zu sehen sind. Wir hatten, seit die Berge Alaskas im Dunst verschwunden waren, nichts mehr gesehen außer Wasser und Wolken. Nun konnte ich im ersten Augenblick gar nicht sprechen, sondern zeigte nur mit dem Arm: Angelika solle sich umdrehen! Ich war mir noch nicht sicher, ob die vier Masten wirklich zu einem Schiff gehörten oder ob ich nur einer Täuschung aufgesessen war. »Da!« sagte ich, denn Angelika verstand meine Handbewegung nicht sofort. »Da schau! Hinter dir! Schau mal!«

Angelika war sprachlos. Da hielt ein Schiff auf uns zu, ein viermastiger Großsegler, etwa hundert Meter lang. Die Masten waren wie Kirchtürme so hoch. Wäre jetzt Dämmerung oder gar Nacht gewesen, vielleicht ein Regenschauer niedergegangen – ich hätte geglaubt, den Fliegenden Holländer zu sehen. Das Auftauchen dieses Schiffes war absolut bühnenreif. Ein einmaliges, in unserer Lage geradezu überwältigendes Erlebnis. In der Karibik etwa, zwischen den Inseln, kann man auf die Begegnung mit einem Oldtimer gefaßt sein. Einige der alten Segler werden dort im Chartergeschäft eingesetzt. Aber hier, mitten auf dem Pazifik? Hier käme doch selbst eine *Gorch Fock* kaum jemals hin. Wir aber erlebten, daß dieses prächtige Schiff auf uns zusteuerte!

Die Crew der *Solveig* war völlig verwirrt. »Wir müssen unsere Flagge setzen!« – »Wir müssen Funkverbindung aufnehmen!« – »Wir müssen uns überhaupt erst mal anständig anziehen!« Denn das wüste Räuberzivil, das wir uns als Kleidung angewöhnt hatten, taugte bestimmt nicht für dieses bedeutsame Rendezvous. Prompt fühlte sich Angelika vollkommen verunsichert. »Was soll ich denn bloß anziehen?« Ich glaube, in diesem Moment meinte sie wirklich, daß sie überhaupt nichts zum Anziehen hätte. Wir riefen durcheinander, traten uns auf die Füße, rissen Schubladen auf und konnten nichts finden.

Als wir endlich mit Fernglas, Flagge und Flaggenstock, Mütze, Hemd und Hose bewaffnet wieder im Cockpit erschienen, war das Schiff schon auf wenige hundert Meter herangekommen. Was für ein Anblick! Sonst habe ich nicht viel übrig für das Funkgerät, aber jetzt sprang ich zum UKW-Telefon, sprach mit einem der Offiziere und hörte, daß wir der *Esmeralda* begegneten. Ich sah die Flagge Chiles am Heck.

Nun sprach Angelika über UKW mit der Brücke der *Esmeralda*. Immer wieder andere Offiere kamen ans Funkgerät. Wir erfuhren, daß sich der Großsegler auf dem Weg nach Neuseeland befand. Aufgeregt stolperte ich zum Bücherschapp, holte den »Weyer« heraus und fand darin die Angaben über das chilenische Schulschiff: Länge 94 Meter, Breite 13 Meter, Tiefgang 7 Meter, Besatzung 270 Mann, davon 100 Kadetten, Verdrängung 3 000 Tonnen. Gebaut im spanischen Cadiz. (Zum Vergleich unser deutsches Schulschiff *Gorch Fock:* Länge 89 Meter, Verdrängung 1800 Tonnen).
Die Kadetten waren in weißer Uniform an Deck angetreten, die Schiffssirene ertönte, der Kapitän und die Offiziere grüßten von der Brücke, als das Schulschiff mit langsamer Fahrt neben der *Solveig* aufkam. Über Funk wurden wir vom Kapitän an Bord eingeladen. Dafür aber war der Wind zu stark, ich konnte die *Solveig* nicht einfach sich selbst überlassen. Um uns dennoch eine Freude zu machen, ließ der Kapitän ein Beiboot aussetzen. Gebannt beobachteten wir das Manöver, das durchaus nicht einfach war. Es gab ein ziemliches Durcheinander, bis schließlich ein junger Offizier und vier Kadetten im Kutter saßen und auf die *Solveig* zuhielten. Die Handhabung der Riemen fiel ihnen nicht leicht, doch daran mochten auch die Wellen schuld sein, auf denen ihr Boot tanzte. Erst als sich der Kutter unserer Bordwand näherte, merkten auch wir, wie hoch die See ging. Es bedurfte mehrerer Versuche, bis es den Chilenen gelang, so nahe an unser Boot heranzukommen, daß sie zwei Flaschen *Esmeralda*-Wein herüberreichen und zwei *Solveig*-Bücher in Empfang nehmen konnten.
Die Burschen im Kutter schienen genauso verlegen und verblüfft zu sein wie wir bei diesem Treffen auf dem unendlichen Ozean. Was mochten sie von der *Solveig* und ihrer Crew denken, deren Auftauchen ihnen soviel Mühe und Arbeit verursacht hatte? In unserer bisher totalen Einsamkeit hatte der ganze Vorgang für Angelika und mich etwas absolut Unwirkliches. Angelika hielt die Weinflaschen in der Hand und rief aufgeregt: »Nur gut, daß wir den Wein haben, sonst glaubt uns niemand diese Geschichte!« Tatsächlich dürfte die Wahrscheinlichkeit eines zufälligen Treffens auf See nahe dem Äquator mit einem Oldtimer wesentlich geringer sein als eins zu zehn Millionen.
Unter vollen Segeln entschwand das imposante Schiff allmählich unseren Blicken wie eine Vision aus dem längst vergangenen Zeitalter der Seefahrt. »Kneif' mich mal, damit ich weiß, daß ich wach bin«, murmelte Angelika. Wir trimmten die Segel und gingen wieder auf Kurs – Richtung Salomonen, unsere Trauminseln, auf die wir uns von Tag zu Tag mehr freuten.
Die Datumslinie lag voraus: Achtung mit der Navigation, ein Tag geht verloren! Wo er geblieben war, dieser Tag? Wir überquerten zum letzten Mal auf dieser Reise die von Menschen erdachte Linie und diskutierten so eifrig wie beim ersten Mal die rechnerischen Zusammenhänge unserer Zeiteinteilung. Ein paar Tage später waren wir nicht nur bei der Datumsgenze angekommen, sondern näherten uns auch der viel wichtigeren, weil natürlichen Linie, die die Erdkugel in zwei Hälften teilt: dem Äquator.
Das bekamen wir deutlich zu spüren, denn der Passat hatte seinen letzten Atemzug getan, und wir lagen bei glühender Hitze unter der erbarmungslosen Äquatorsonne. Nun mußten wir die gefürchteten Doldrums durchqueren. Der Rest Diesel im Tank – wir hatten ihn aufgehoben, um hier mit dem Motor jeden Tag ein Stück nachhelfen zu können – verschaffte uns die Möglichkeit, wenigstens keine Nulldistanzen verzeichnen zu müssen. Wir krochen langsam weiter, die Tankanzeige näherte sich dem Reservebereich. Pechschwarzes Gewölk zog auf. Wolkenbrüche, wie es sie nur in den Tropen und mit dieser sintflutartigen Wucht nur am Äquator gibt, hüllten uns in dichte Vorhänge aus Wasser.
»Wie kann sich nur soviel Wasser in den Wolken sammeln?« fragte ich mich verblüfft. Die Welt um uns schien am hellen Mittag in Dunkelheit zu versinken. Dann, auf einmal, hörten die Unwetter schlagartig auf, es zeigte sich blauer Himmel, und eine freundliche Brise verhalf uns zu schneller Fahrt. Achteraus war der schwarze Wolkenstreifen noch einige Stunden zu sehen, aber wir hatten die Doldrums hinter uns gelassen. Wir waren im Südostpassat!

Das Atoll

Die Seekarte mit den Eintragungen der letzten Wochen lag ausgebreitet auf dem Kartentisch. Ich saß davor, schwitzend, nur mit Shorts bekleidet. Neben mir lehnte sich Angelika an meine Schulter, sie trug ein T-Shirt und hielt sich am Handläufer des Niedergangs fest. Draußen sang der Wind sein Lied in der Takelage, die See brodelte und warf schäumende Gischt gegen die Bordwand. Bei jedem Anprall einer größeren Welle erzitterte das Boot und rollte von einer Seite zur anderen, pflügte aber unbekümmert Meile für Meile über die bewegte See.

Wir hielten Lagebesprechung ab. Ich sah auf zu Angelika, ihr Kopf war ganz nahe an meinem Gesicht. »Noch 1 200 Seemeilen bis zu den Salomonen«, rechnete ich. »Und unser Dieseltank ist praktisch leer. Ich weiß nicht, ob wir zwischen den Inseln der Salomonen, wo ja meist kein Wind ist, ohne Motor durchkommen. Dort gibt es nirgends Kraftstoff, das wissen wir. Morgen sind wir in der Nähe von Tarawa, der Hauptinsel von Kiribati ...«

Angelika fiel mir ins Wort: »Du willst sagen, wir sollten auf Tarawa unterbrechen?«

»Vielleicht sollten wir das. Was meinst du?«

»Ist denn die Einfahrt in die Lagune tief genug und einigermaßen sicher vor Korallenriffen? Und vor allem: Hast du eine genaue Karte?«

Ich zögerte. »Eine Seekarte des Atolls habe ich nicht, aber einen kleinen Plan aus einem Reiseführer. Im Seehandbuch stehen Anweisungen für die Einfahrt. Zusammen sollte das ausreichen, damit wir in den Hafen finden. Die großen Riffe und das Fahrwasser in der Lagune sind durch Seezeichen markiert.«

Angelika wünschte sich eine Unterbrechung des Törns offenbar ebenso sehr wie ich und war auch begierig, ein echtes Atoll kennenzulernen. »Wenn du meinst, wir könnten es riskieren, dann wären ein paar Tage Zwischenaufenthalt schon angenehm. Und auch günstig zum Absenden von Post.« Ich nickte, und Angelika fuhr begeistert fort: »Dann kann ich den Kühlschrank wieder in Betrieb nehmen und frische Lebensmittel besorgen.«

Seit Wochen hatten wir keine Butter mehr, und das letzte Ei hatten wir auch schon vor längerer Zeit gegessen. Wir waren uns deshalb bald einig, daß wir diesem Atoll, das zu den schönsten der Südsee zählen sollte, einen Besuch abstatten würden. Mit Sicherheit konnten wir dort unseren Tank auffüllen, denn Tarawa hatte einen Hafen mit regem Verkehr. Nebenbei wollten wir uns auf der Insel ein wenig umsehen. Das waren wahrhaft herrliche Vorstellungen für zwei Menschen, die sechs Wochen auf dem Ozean verbracht hatten und sich nach ein paar Tage Ruhe sehnten. Alles schien einleuchtend und leicht machbar. Dennoch sollte die Ansteuerung des Atolls Tarawa ohne Seekarte zu einer Angstfahrt für uns werden.

Wo bitte geht's in die Lagune?

Ein Atoll ist ein unregelmäßig geformter Kranz von Korallenriffen auf dem Gipfel eines versunkenen Vulkans, ein riesiges Gebäude aus lebenden und toten Kleintieren, das in Millionen von Jahren gewachsen ist und Jahr für Jahr dem Ansturm der Wellen standhält. Teile der Riffmauer sind mit einer dünnen Schicht Erde bedeckt und bilden so einen schmalen Streifen Landes. Wie kein anderes ist dieses Land der zerstörerischen Gewalt von Wasser und Wind ausgesetzt. Doch schon seit undenklichen Zeiten haben sich Menschen auf solchen Häufchen Erde mitten in der unendlichen Wasserwüste des Ozeans festgekrallt, haben dort eine bleibende, wenn auch äußerst zerbrechliche Heimat gefunden.

Kräftiger Südostpassat brachte uns bereits in den frü-

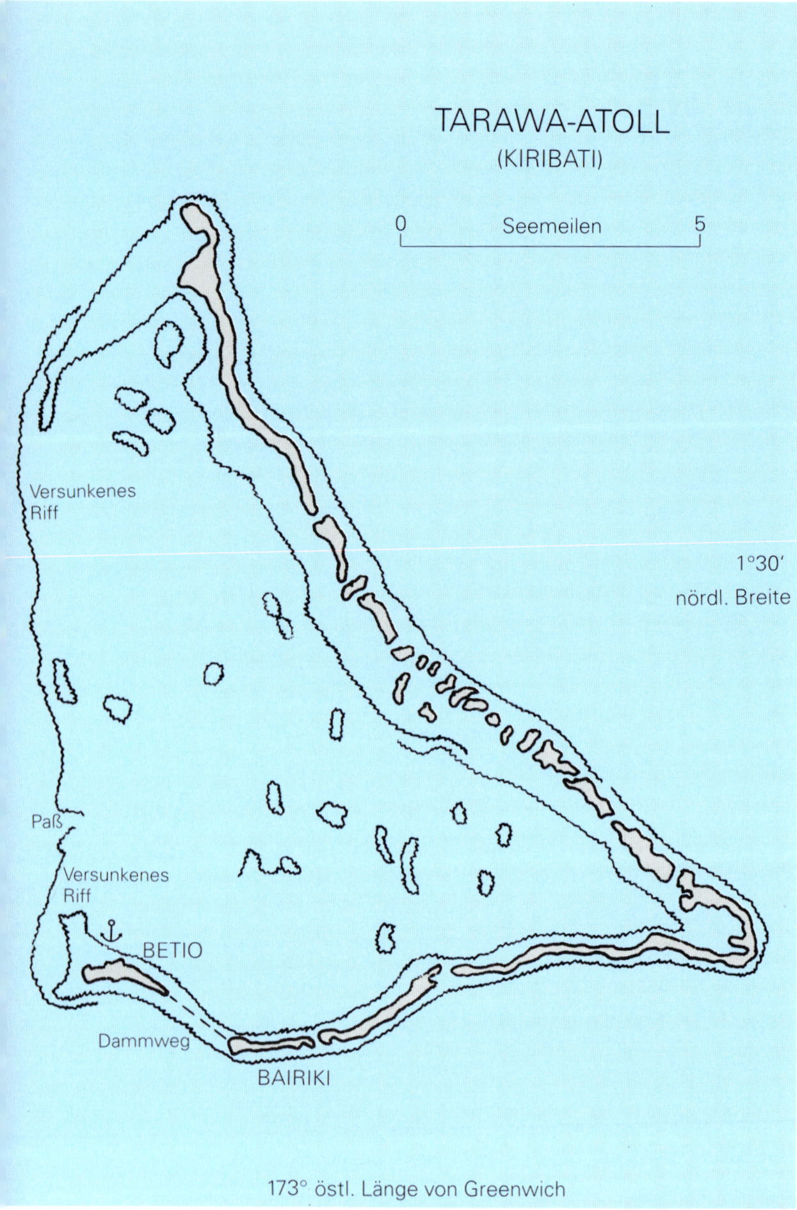

Viele Stunden segelten wir an der langgestreckten Inselkette entlang, bis wir endlich die Einfahrt in die Lagune fanden.

hen Morgenstunden des folgenden Tages in Sichtweite des Atolls. Natürlich frischte der Wind jetzt noch weiter auf, nachdem wir uns entschlossen hatten, die Fahrt zu unterbrechen. Aber wir blieben bei unserem Plan. Zu sehr freuten wir uns auf einen Hafen, auf frische Lebensmittel. Wir hatten keinen Willen mehr zum Durchhalten. Und warum auch?

Im ersten Tageslicht erkannten wir schon deutlich die dunklen Palmwipfel der Inseln an Steuerbord voraus. Wir glaubten, innerhalb weniger Stunden in der Lagune zu sein, ankern und schlafen zu können. Doch weit gefehlt! Die Inseln auf einem Atoll sind zwar flach, aber Tarawa erhebt sich an einigen Stellen zwei bis drei Meter über den Meeresspiegel. An diesen Stellen hatten wir die Wipfel der Kokospalmen gesehen. Je näher wir nun der vermeintlichen Südspitze der Insel kamen, um so weiter dehnte sich vor uns der Strand ihres flacheren Teils, der vorher noch hinter der Kimm verborgen gewesen war. Die Fahrt entlang dem Ostriff wollte kein Ende nehmen. Immerhin, wir segelten schnell mit frischem Südostwind im Rücken, und ich versprach Angelika: »In zwei Stunden werden wir die Südspitze gerundet haben.«

Vorher aber war noch einmal ein Riff zu umfahren, das sich drei Kilometer weit vom Strand ins Meer hinauszog: eine weitere Stunde. Und immer noch ging es entlang der Südküste. Erst an der Westseite des Atolls sollte sich eine breite Senke in der Riffmauer öffnen, die den Schiffen sichere Einfahrt in die Lagune ermöglichte. Das Seehandbuch (Pacific Islands Pilot Band II) sagt über Tarawa: »Das Atoll besteht aus einer Kette von Inseln auf der Ost- und Südseite und aus einem gesunkenen Riff an der Westseite. Die Inseln sind zum Teil mit Wäldern aus Kokospalmen und dichtem Gebüsch bedeckt ... Bei der Ansteuerung von Osten her und der Umfahrung der Südküste muß die Südostspitze in weitem Abstand passiert werden, da sich dort eine starke Strömung teilt, deren einer Teil nach Norden und der andere nach Westen setzt.«

Nach vier Stunden hatten wir endlich den Südteil der Insel umrundet und sahen das freie Wasser, das wir für die Öffnung in der Riffmauer hielten. Sowohl die Brandung, die auf dem versunkenen Riff stand, als auch die geringe Wassertiefe, die wir auf dem Echolot ablesen konnten, zeigten uns aber deutlich, daß wir die Einfahrt in die Lagune noch immer nicht gefunden hatten. Wir steuerten weiter nach Nordosten, nun gegen den Ostwind und gegen den Seegang. Vorbei war die flotte Fahrt! Nur quälend langsam kamen wir vorwärts und brauchten nochmals zwei Stunden, um in den Paß zur Lagune zu gelangen.

Innerhalb der Lagune sollte das Fahrwasser mit Tonnen markiert sein. Aber die Entfernungen waren so groß, die Lagune dehnte sich so unendlich weit, daß wir zunächst keine der Tonnen sehen konnten. Später stellte sich heraus, daß mehrere dieser Seezeichen fehlten. Bei Windstärke sechs konnten wir auf eine Distanz von zwei bis drei Kilometern eine kleine Ton-

In einer blutigen Schlacht hatte 1943 ein US-Landungskorps das Atoll zurückerobert. Als Zeugen der Schlacht finden wir am Strand schwere Küstengeschütze.

ne im Seegang ohnehin kaum ausmachen. »Ich segle jetzt mal in der angegebenen Richtung von 110 Grad weiter, und du versuchst, die rot-weiße Tonne zu erkennen, die irgendwo voraus auftauchen müßte«, rief ich Angelika zu.

»Paß auf, daß wir nicht auf flaches Wasser geraten, wir haben nur noch fünf Meter unter dem Kiel. Wir sind nicht im Fahrwasser. Jetzt sind es nur noch viereinhalb Meter!« schrie sie aufgeregt, ohne den Blick vom Echolot zu wenden.

Wohin sollte ich steuern? Ich wollte mich durchmogeln. »Bei dreieinhalb Metern ändere ich den Kurs, vorher nicht. Kannst du die Tonne noch nicht ausmachen?«

»Ich sehe jetzt eine, aber die ist anscheinend schwarz. Die Sonne steht entgegen, ich kann die Farbe nicht erkennen.«

Ich griff zum Fernglas, suchte die von Angelika beschriebene Tonne. Ja, da war sie! Aber rot-weiß? Wir liefen mit Motor direkt gegen Wind und Seegang, Sprühwasser flog uns ins Gesicht, ließ die Augen schmerzen und verklebte die Frontlinse des Fernglases. Das Ruder war schwer zu halten, jede Welle drückte den Bug zur Seite. »Übernimm du für einen Moment das Ruder!« rief ich. »Ich muß mal in die Karte sehen.«

Ich sprang hinunter zum Kartentisch. Tatsächlich, da war auch eine schwarze Tonne eingezeichnet, ein paar hundert Meter entfernt von der rot-weißen. Sie sollte die andere Seite des Fahrwassers markieren.

»Ich weiß, welche Tonne wir sehen«, verkündete ich,

wieder oben angelangt. »Unser Kurs ist in Ordnung. Nur noch eine halbe Stunde, dann können wir nach Süden halten, und es wird leichter mit dem Seegang.«
So eine Pleite! Da hatten wir gehofft, schnell auf einen ruhigen Ankerplatz zu kommen, und mußten uns nun gegen diesen üblen steilen Seegang bei zunehmendem Wind durch die Lagune kämpfen. Weit, weit voraus sahen wir Palmwipfel und Funkmasten. Dort mußte der Hafen sein.
Sieben Stunden, nachdem wir Tarawa zuerst gesichtet hatten – inzwischen war es drei Uhr nachmittags geworden –, ließen wir endlich vor der Einfahrt zum inneren Hafen den Anker fallen.
Wir waren von der langen Zeit auf See, der schlaflosen Nacht vor der Ankunft, von Sonne, Wind und Salzwasser völlig zermürbt. Nur ein Gedanke beherrschte uns: endlich schlafen!

Menschen zwischen Tradition und Technologie

Die Kiribati-Inseln gehören geographisch zu Mikronesien. Die Bevölkerung ist durch Zuwanderer von Samoa und Tonga aber stark mit Polynesiern vermischt. Politisch ist Kiribati (gesprochen: Kiribas) ein selbständiger Staat mit etwa 58 000 Einwohnern auf 33 Inseln. Die Landfläche beträgt insgesamt 822 Quadratkilometer, einschließlich der kleineren, unbewohnten Inseln. Diese Eilande verteilen sich über eine Wasserfläche von sage und schreibe drei Millionen Quadratkilometer Ozean! Was Wunder, daß die »I Kiribati«, wie sich die Einwohner nennen, hervorragende Seeleute waren und sind.
Die Hamburger Reederei Columbus Line hat zusammen mit einer britischen Reederei und den Vereinten Nationen eine Seefahrtschule auf Tarawa eingerichtet. Unter deutscher Leitung werden darin jährlich 180 junge I Kiribati ausgebildet. Die Schule ist ein großer Erfolg. Über 1000 Absolventen dienen inzwischen auf Schiffen aller Nationen und schicken jedes Jahr zusammen 800 000 Dollar von ihrem Gehalt in die Heimat zurück. Dieses Geld ist ein entscheidender Faktor für die Handelsbilanz des kleinen Inselstaates, besonders wenn man bedenkt, daß die gesamte Ausfuhr an Kopra – getrockneter Kokosnuß – nur etwa dreimal soviel erbringt. Die Vermittlung von Wissen und technischem Können ist gewiß der beste Weg für eine sinnvolle Entwicklungshilfe.
Kiribati leidet im übrigen an den gleichen Problemen, die allen Atollen der Südsee gemeinsam sind: die schmale Landfläche auf dem Riffsaum erlaubt keine Erweiterung der Dörfer und keinen Anbau von Wäldern oder Fruchtbäumen. Es gibt so gut wie nichts, was die Bewohner verkaufen könnten, um importierte Waren zu bezahlen. Aber diese Waren sind nun einmal da – und sie verlocken zum Kauf. Großfirmen und Regierungen der Industrienationen haben es glänzend verstanden, bei den Menschen selbst der kleinsten Südseeinseln einen kaum zu stillenden Hunger nach Zivilisationsgütern zu wecken. Nicht zuletzt wurde dieser Hunger angeregt durch die hohen Zahlungen an Entwicklungshilfe und Entschädigung, die Großbritannien aufgrund des Unabhängigkeitsvertrags überwies. Hierzu gehörten auch die Ausgleichszahlungen für die Benutzung der Weihnachtsinsel als Atombomben-Testgebiet durch England und die USA in den Jahren 1956 bis 1962. Die Weihnachtsinsel – Christmas Island oder Kiritimati – ist die größte reine Koralleninsel der Welt und nimmt allein schon über die Hälfte der 822 Quadratkilometer von Kiribati ein.
Die Namensgleichheit mit der Weihnachtsinsel im Indischen Ozean führt zu Verwirrung. Vor einigen Jahren hatte ich zufällig im ZDF einen Kultur- und Naturfilm über die andere, zu Australien gehörende Weihnachtsinsel gesehen. Sie ist gebirgig und dicht bewaldet. Man versäumte in diesem Film nicht, die übliche, fachmännisch klingende Kritik an den Zuständen auf der Insel zu üben, und behauptete schließlich in aller Breite und unter Anführung der verheerenden Folgen, die Atomversuche hätten auf Christmas Island im Indischen Ozean stattgefunden! Mir wurde damals klar, wie dürftig das Wissen deutscher Institutionen mit kulturellem und politischem Anspruch über die Südsee in Wirklichkeit ist. Es kann mich daher nicht erstaunen, daß die deutsche Entwicklungshilfe, obwohl beträchtliche Summen eingesetzt werden, von wenigen Ausnahmen abgesehen auf den Inseln kaum wahrgenommen wird.
Der Hafen von Tarawa, in den wir noch am Abend verholten, weil er uns einen gut geschützten Liegeplatz bot, war sauber und in seiner ganzen Anlage, ebenso wie die Häuser und Gärten der auf Tarawa lebenden Einheimischen, von einladender Romantik. Schon bei unserem ersten Spaziergang nach der Einklarierung

bewunderten wir die gepflegten Gärten, in deren Grün sich die offenen Hütten versteckten. Es waren Hütten ähnlich denen auf Samoa, meist ohne Wände und Türen und offen für jedermann, der auf der Dorfstraße entlanging. Eines dieser mit Pandanusblättern gedeckten Häuschen war immer noch hübscher als das vorige.
Als krasse Gegensätze dazu fanden wir, zum Teil von Pflanzen überwuchert, klobige Betonklötze der japanischen Eroberer, Bunker aus dem Zweiten Weltkrieg, deren meterdicke Mauern allen Stürmen der Zeit bisher standgehalten hatten. In der tropischen Landschaft standen sie als unheimliche Fremdkörper zwischen Sträuchern, Blumen und Palmen.
In einer blutigen Fünf-Tage-Schlacht hatte 1943 ein Landungskorps der U.S. Marines die Insel von den Japanern zurückerobert. An die 4 000 Japaner verteidigten damals erbittert das Fleckchen Land, das keine 300 Meter breit ist.
Als Zeugen der Schlacht standen etliche schwere Küstengeschütze auf dem weißen Sandstrand. In der klaren Brandung lagen noch immer Reste von Zielgeräten, Granaten und Transportern.
Ratlos stapften wir durch Sand und Brandung, denn wir konnten das gewaltige Kriegsgerät, die hoch in die Luft gereckten Geschützrohre, mit dem Zauber der Südsee nicht in Einklang bringen. Noch viel weniger schafften das offenbar die Insulaner selbst.
Das Leben auf den Inseln war durch den Krieg nachhaltig und für alle Zukunft verändert worden. Die fremden Armeen mit ihren Flugzeugen, Kriegsschiffen, Panzern und Fahrzeugen, mit Kühlschränken, Fernrohren, automatischen Gewehren und seltsamen Uniformen kamen auf diese Inseln wie die Bewohner eines anderen Sterns. Das geruhsame Leben, die in Jahrtausenden gewachsene Weltanschauung der Südseeinsulaner, ihre Beziehung zum Meer, zu Pflanzen und Tieren wurden durch die buchstäblich vom Himmel geworfene Kriegsmaschinerie für immer zerstört. Was vermochten ihre Gebete, ihre Priester, ihre Geister und Götter im Kanonendonner und Bombenhagel eines amerikanischen Großangriffs auszurichten?
Heute leben die Atollbewohner in steter Sorge um eine ungewisse Zukunft und im krassen Spannungsfeld von alter Tradition und modernster Technologie. Auf der einen Seite sahen wir in der Lagune mit Bast gebundene Auslegerboote, die unter Segeln auf und ab kreuzten, um mit dem Angelhaken ein paar Fische aus dem Wasser zu ziehen. Zur gleichen Zeit bunkerte ein japanischer Fischdampfer am neu erbauten Landungskai Treibstoff und Wasser: ein Fabrikschiff, das nicht nur Unmengen dunkelbrauner Ölbrühe stundenlang in das hellgrün leuchtende Lagunenwasser pumpte, sondern das auch mit modernsten Sauggeräten in kürzester Zeit Tausende von Fischen und was sonst an Ge-

Verrostete Mechanik – einst hochwertiges Gerät. An die 4000 Japaner verteidigten damals erbittert das karge Fleckchen Land im großen Ozean gegen die Amerikaner.

tier in den Riffen lebt, in seinen Tank zu ziehen vermag. Und unsere Telefonate führten wir bei INTEL, die auf der Insel eine Telekomstation mit weltweiter Verbindung über Satelliten gebaut haben.
Wie wird der Weg dieser Mini-Inseln ins nächste Jahrtausend aussehen? Ihre Menschen sind genügsam, aber sie haben keine Anbaumöglichkeiten für Früchte, keine Bodenschätze, ja nicht einmal genügend Wasser. Jedes Haus sammelt Regenwasser in einer Zisterne. Da sich das karge Land auf dem Riffsaum meist nicht mehr als zwei Meter über den Meeresspiegel erhebt, kann ein Sturm oder Orkan die ganze Insel überfluten. Da es aber auch keine Flüsse oder Bäche gibt, die in die Lagune münden, blühen die Korallenbänke zu einmaliger Schönheit auf. Das Seewasser in der Lagune leuchtet in allen Schattierungen von hellstem Grün bis zu tiefstem Blau, je nach Wassertiefe und Sonnenstand und je nachdem, welche Korallen oder Pflanzen unter dem Spiegel der klaren See leben. Die Lagune eines Atolls bietet zu jeder Tageszeit ein neues, prächtiges Farbenspiel.
Mit großer Sorgfalt bauen die Mikronesier ihre Hütten, zieren die Gärten mit Blumen und Sträuchern. In der Freizeit sind Musik, Tanz und ein gelegentliches Kanurennen die beliebtesten Vergnügungen. Abwechslung bietet daneben der abendliche Schwatz in einer offenen Hütte, in der sich der ganze Familienklan und die Nachbarschaft versammelt.
Wir hatten die *Solveig* neben einem kleinen Segelboot an einem Ponton vertäut. Der Tidenhub war erheblich, und bei Niedrigwasser berührte unser Kiel bereits den Grund. Ich mußte Tag und Stunde unseres Auslaufens im voraus berechnen, denn erst einen Monat später hätten wir sonst den Hafen wieder verlassen können. In der Zwischenzeit hätte das Hochwasser nicht ausgereicht, um mit der *Solveig* über die Barre zu segeln. So lag der Zeitpunkt für die Abfahrt fest, und wir mußten unsere Besorgungen entsprechend beschleunigen.
Unsere wichtigste Aufgabe in den drei Tagen, die uns zur Verfügung standen, war natürlich das Bunkern von Diesel. Ich hatte gehofft, daß wir an der Pier eine Tankstelle finden würden. Leider mußten wir aber eine ganze Aktion in Gang setzen: im Büro der Mineralölgesellschaft die benötigte Menge Diesel angeben, bezahlen und einen Tankwagen bestellen, der uns den Kraftstoff zum Boot fahren sollte. Der Tankwagen kam jedoch einen Tag später als vereinbart und hatte zunächst nicht einmal geeignete Schläuche dabei, um den Saft in unser Boot zu pumpen. So richtig grotesk wurde der Ablauf aber erst dadurch, daß sich die Tanks der Ölgesellschaft und das Büro direkt gegenüber unserem Liegeplatz befanden.

Die Korallenprinzessin

Unsere schmucke Yacht war eine Attraktion für die Dorfbewohner, besonders für die Jugend. Von früh bis spät standen Kinder und Erwachsene an der Pier, spielten oder sprangen dicht neben dem Boot ins Wasser. Jede unserer Bewegungen wurde beobachtet, mit Bemerkungen begleitet, und von Zeit zu Zeit brachen alle Umstehenden in schallendes Gelächter aus. Wir fühlten uns, zumindest im Cockpit, wie auf einem Marktplatz zur Schau gestellt. Das Lachen der Polynesier war aggressiv, und wir spürten an ihrem ganzen Verhalten, ähnlich wie in Samoa, daß früher jede Abweichung von den Gebräuchen der Insel zu ernsten Kontroversen geführt haben mußte.
Um so größer war meine Verblüffung – ich habe wirklich mehrmals hingesehen, ob es keine Sinnestäuschung war –, als nachmittags plötzlich ein bildhübsches blondes Mädchen an der Pier vor der *Solveig* stand und mich in bestem Schwyzerdütsch ansprach, als sei es die selbstverständlichste Sache der Welt, daß eine Schweizerin auf dieser weltentlegenen Insel spazierenging. Wir luden sie an Bord ein und hörten von ihr die abenteuerliche Geschichte, wie sie auf dieses Atoll gekommen war. Bee war gerade achtzehn Jahre alt und verlebte durch Vermittlung ihres Vaters, der als Kapitän auf einem großen Frachtschiff fuhr, einen viermonatigen »Studienurlaub« als Gast einer polynesischen Familie. Ihr Vater hatte auf einer seiner Reisen die Familie kennengelernt und seine Tochter auf dem Schiff eines Kollegen in die Südsee fahren lassen. Ein großartiger Vater – und eine selbstbewußte, großartige Tochter! In zwei Wochen würde sie in ihre Heimat nach Winterberg bei Zürich zurückkehren. Allein schon die Nennung der Schweizer Ortsnamen und ihr strahlendes Gesicht, umrahmt von langem Blondhaar, ließen sie in dieser Umgebung wie einen bunten, fremden Schmetterling erscheinen.
Bee hatte sich von Anfang an völlig in das Leben ihrer einheimischen Gastgeber integriert und so die Gewohnheiten und Ansichten der Polynesier, im Guten

wie im Schlechten, kennengelernt. Daß sie sich inzwischen auf die Heimkehr freute, war ihr deutlich anzumerken, und der unerwartete Besuch von *Solveig* und ihrer Crew war für sie sicher genauso beeindruckend wie für uns eine hübsche Schweizerin auf diesem Korallenhaufen im Pazifik.

Die drei Tage auf Tarawa vergingen sehr schnell. Gern wäre ich noch etwas geblieben, wenn auch nicht vier Monate wie unsere Korallenprinzessin Bee. Hier empfand ich wieder einmal deutlich, wie aufregend und interessant es ist, eine Insel anzusteuern, mich dort eine Weile aufzuhalten und dabei immer zu wissen, daß ein Boot im Hafen liegt, mit dem ich jederzeit das nächste Ziel ins Auge fassen kann. Mit glücklichem Lächeln stand Angelika neben mir, als ich die *Solveig* aus dem Hafen manövrierte und sogleich die tiefste Stelle über der Barre fand, die wir dann auch ohne Schwierigkeit passierten. Der Passat hatte inzwischen etwas nachgelassen, wehte aber noch immer stetig genug, um uns in den nächsten Tagen Etmale von jeweils mehr als 120 Seemeilen zu bescheren.

»Wir müssen uns allmählich entscheiden, ob wir von den Salomonen aus direkt weiter über Australien in die Heimat segeln wollen – oder ob wir noch ein Jahr in der Südsee bleiben können.« Das sagte ich mit bekümmertem Gesicht, und Angelika saß schweigend vor mir, die Hände auf den Tisch gestützt. Ich glaubte sonst immer zu wissen, was sie sich wünschte, aber diesmal schienen mir ihre Gedanken undurchsichtig.

»Das mußt du letzten Endes selbst entscheiden«, sagte sie langsam. »Glaubst du denn, daß du in der kurzen Zeit, die uns für die Überholung der *Solveig* noch bliebe, das Boot wirklich in den Topzustand bringen könntest, den es für die sechsmonatige Fahrt ums Kap der Guten Hoffnung haben sollte?«

»Ich denke schon. Aber wir wären dann natürlich bereits am Beginn dieser wahnsinnig langen Fahrt sehr müde und zerschlagen.« Mir ging noch ein anderer Gedanke durch den Kopf. »Wir haben uns fest entschlossen, keine weitere Weltumsegelung mehr zu beginnen. Da wäre es doch wunderbar, wenn wir noch ein Jahr in der Südsee verbringen können.« Angelika lauschte weiter aufmerksam meinem lauten Nachdenken. »Es wäre ein toller Abschluß der Weltumsegelung, gerade weil es die letzte sein soll. Wir könnten noch einmal in aller Ruhe eine Reihe besonders inter-

Tarawa – ein Atoll der Gegensätze. Die Japaner sind zurückgekehrt: Am neu erbauten Landungskai bunkert ein japanischer Fischdampfer Treibstoff. Dabei pumpt er seine Ölbrühe aus der Bilge in das hellgrün leuchtende Wasser der Lagune.

Nachmittags stand plötzlich ein bildhübsches blondes Mädchen an der Pier von Tarawa und sprach mich in bestem Schwyzerdütsch an: die Korallenprinzessin Bee aus Winterberg bei Zürich.

essanter Inseln besuchen. Auf Owa Raha zum Beispiel hat doch dieser Hamburger Abenteurer Henry Küper gelebt. Vielleicht treffen wir Nachkommen von ihm, er hat damals eine Häuptlingstochter geheiratet.«
»Das war in den zwanziger Jahren«, erinnerte sich Angelika. Wir hatten schon bei unserem ersten Aufenthalt in den Salomonen die Spuren des deutschen Abenteurers suchen wollen, unseren Plan damals aber aus Zeitmangel aufgeben. »Meinst du, wir können unsere Verpflichtungen zu Hause noch ein Jahr hinausschieben?« fragte sie zweifelnd.
Als ich schwieg, stand Angelika auf und holte einen Topf aus dem Schapp. »Jetzt koche ich uns erst mal ein Abendessen. Hast du Lust auf Reis mit Spargel aus der Dose?«
Auf Reis hatte ich immer Lust, das wußte sie. »Aber kannst du denn bei dem Seegang Reis kochen?«
Sie lachte. »Das geht sehr gut, auch wenn das Boot so weit auf dem Ohr liegt wie jetzt. Es ist ja nur ganz wenig Wasser im Topf.«
Unsere Entscheidung über die Heimfahrt wurde noch einmal vertagt.

Heimkehr in die Salomonen

Wieder erlebten wir einige Tage traumhaft schönen Segelns. Bei solchem Wetter – blauem Himmel, weißen Wölkchen und leichtem Seegang – fanden wir das Leben herrlich. Wir bewunderten nachts das Sternenmeer am Firmament und warteten auf Sternschnuppen, bei deren Aufglühen wir uns einen wichtigen Wunsch ausdachten. Er würde in Erfüllung gehen – diese Hoffnung trug entscheidend zu unserer guten Stimmung bei. Von Tarawa aus hatten wir unsere Post nach Honiara bestellt, dem Haupt- und Einklarierungshafen der Salomonen. Dort würden wir erst einmal die Nachrichten aus der Heimat lesen und danach weitere Pläne schmieden.
Wir überquerten den Äquator, ohne viel Aufhebens davon zu machen. Ein wenig wollte ich aber doch feiern, und da die See ziemlich ruhig war, buk ich Pfannkuchen: mit frischen Eiern von Tarawa, einer Orangenmarmelade für die Füllung und zuletzt ein paar Tropfen Rum über die gerollten Eierkuchen. Schließlich wurde das Ganze auch noch flambiert! Wir vergaßen dabei nicht, auch Gott Poseidon einen Schluck Rum zu spendieren, denn wir waren in einen neuen Bereich seines gewaltigen Imperiums eingedrungen: in den Südpazifik.
Vielleicht war nun Zeus ergrimmt, daß wir nicht auch seiner gedacht hatten. Jedenfalls überfielen uns Gewitter, Wolkenbrüche und Sturmböen mit Windgeschwindigkeiten bis 70 Stundenkilometer. Zwei Tage dauerten die Turbulenzen, dann stellte sich wieder bestes Passatwetter ein. Das freute uns besonders, weil wir so Angelikas Geburtstag feiern konnten, ohne ständig Segel setzen und bergen zu müssen.
Am 13. September, in den Morgenstunden, schälten sich langsam die Umrisse der tausend Meter hohen Berge von Malaita aus dem Dunst. Ich werde diesen Anblick nie vergessen. Für mich war es nach einem Jahr Abwesenheit von den Salomonen eine Art Heimkehr. Hier hatte ich das Gefühl, alles zu kennen, jeden Felsen, jedes Riff, obwohl das natürlich eine grobe

Übertreibung war. Wenn ich drei oder vier von 2000 Riffen kannte, so war das schon viel. Aber beim Anblick von Malaita stieg einfach ein Gefühl in mir auf, als käme ich nach Hause.
Auch Angelika war sehr aufgeregt, und es konnte uns beiden jetzt nicht schnell genug gehen. Als der Wind bei unserer Annäherung an die Berge schwächer wurde, ließen wir den Motor helfen, damit wir auf jeden Fall vor Einbruch der Dunkelheit die Nordspitze von Malaita runden konnten.
Hier hatten wir die weite Fahrt nach Alaska vor fünfzehn Monaten begonnen. Wir waren beide in glücklicher Stimmung, voll froher Erwartung. »Weißt du noch, wie wir voriges Jahr um dieses Kap gesegelt sind und dann gleich am nächsten Tag in das scheußliche Wetter gerieten? Und diese unendliche Strecke bis Alaska lag damals noch vor uns!« Mit einem Seufzer der Erleichterung, daß dieser Teil der Reise erfolgreich beendet war, erinnerte ich Angelika an die bangen Stunden bei der Ausfahrt. »Aber heute könnte das Wetter nicht besser sein. Ich hätte mich den verstreuten Riffen hier nicht gern bei Regen oder viel Wind genähert.«
Um vier Uhr nachmittags schäumte vor uns die Brandung. Wir segelten in 50 Meter Abstand an der Riffmauer entlang und sahen bereits zwei Stunden später die Küste Malaitas achteraus wieder kleiner werden. Leicht hätten wir jetzt vor Auki, der nördlichsten Ortschaft von Malaita, in einer wunderbar geschützten Lagune ankern können. Aber unser Erscheinen wäre dort nicht unbemerkt geblieben, zu viele Menschen kannten unser Boot. Wir mußten auf jeden Fall erst im Haupthafen Honiara bei Zoll, Polizei, Immigration und Gesundheitsamt einklarieren. Wir waren nicht mehr in Alaska, hier hatten wir es – wir konnten ein Lied davon singen – mit kleinlichen, unerfahrenen und schwierigen Behörden zu tun. Es drohten hohe Geldstrafen oder sofortige Ausweisung. Wir hatten Segler getroffen, die ohne Angabe von Gründen schon nach wenigen Tagen die Inseln wieder verlassen mußten. Andererseits war es uns mit etwas Bemühung und Geschick, vielleicht auch in Kenntnis der Empfindlichkeiten, schon voriges Jahr gelungen, über sechs Monate bleiben zu dürfen. Und wir wollten diesmal wieder eine längere Aufenthaltserlaubnis beantragen. Der Umgang mit den offiziellen Behörden und den halboffiziellen Häuptlingen der einzelnen Gebiete dieser Inselgruppe ist ein Teil des großen Abenteuers. Wir konnten niemals vorher wissen, mit welchen Schwierigkeiten man uns konfrontieren würde. Jeder Landgang war – so oder so – Erlebnis und Risiko.
Die Salomonen erstrecken sich östlich von Neuguinea in einer Doppelkette von sechs großen Inseln nach Südosten. Die kleinen mitgerechnet, sind es 992 Inseln. Auf der einen Seite wird die Doppelreihe der Inseln vom Pazifik begrenzt, auf der anderen Seite von der Salomo-See. In der Mitte zwischen den Inselreihen befindet sich eine Art Binnenmeer, genannt der »Slot« (Schlitz), durchzogen von unendlich vielen Korallenriffen und Sandbänken. In ihrer Längsausdehnung sind die Inseln über eine Entfernung von 1700 Kilometern auseinandergezogen und bedecken eine Wasserfläche von 800000 Quadratkilometern. Die Bundesrepublik Deutschland, ohne die neuen Bundesländer, dehnt sich vergleichsweise nur über 248000 Quadratkilometer.

Nächtliche Höllenfahrt

Unser erster Ankerplatz sollte bei Anuha sein, einer kleinen Insel, die wir besonders liebten und vor deren Küste wir am nächsten Morgen eintreffen wollten. Dort würde sich niemand Gedanken machen, ob wir einklariert hatten oder nicht. Wir wollten uns erst einmal ausschlafen, das Boot aufklaren und die Segel ordentlich verstauen. Aber jetzt war es erst 18.00 Uhr, wir würden also viel zu früh dort ankommen. Wo sollten wir während der Nachtstunden bleiben? Ich überlegte: »Bis Anuha sind es noch 25 Meilen, also höchstens sechs Stunden Fahrzeit. Wenn wir über nacht mit Motor weiterfahren, sind wir noch bei Dunkelheit vor der Insel und mitten in den Riffen. Lassen wir das Boot aber hier treiben, rollt es so, daß wir nicht schlafen können.«
Angelika war erschrocken. »Können wir nicht irgendwo an der Küste von Malaita ankern?«
»Das geht nicht. Außerhalb der Lagune ist es zu tief, und hinter dem Riff sehen uns die Leute auf jeden Fall. Außerdem ist es zu spät, wir kämen vor Dunkelheit gar nicht mehr nach Malaita zurück.«
Wir steckten in einer richtigen Klemme. Natürlich – es war ja auch der Dreizehnte. Um so vorsichtiger wollte ich sein. »Ich fahre jetzt unter Motor ganz langsam weiter, gerade so, daß das Boot Richtung auf Anuha behält. Und wenn wir doch zu früh ankommen, dann las-

sen wir uns eben ein oder zwei Stunden treiben. Die See ist ja fast so ruhig wie ein Teich.«

Aber es war die Ruhe vor dem Sturm, und den Teich sollten wir bald ganz anders kennenlernen. Quälend langsam tuckerten wir in pechschwarzer Nacht über das unheimlich stille Wasser. Nichts war zu sehen. Die Küste von Malaita war längst hinter der Kimm versunken. Da es im allgemeinen in den Salomonen keine Elektrizität gibt, sind die Dörfer nachts ohne jedes Licht. Auch die Sterne waren plötzlich verschwunden, eine Wolkenwand hatte den Himmel überzogen. Es war so still, daß ich das unangenehme Gefühl hatte, die ganze Welt ringsum müßte vom Dröhnen unseres Motors geweckt werden. Nur im Wasser sahen wir Tausende leuchtender Punkte – Kleinlebewesen –, dazwischen Bahnen wie der Schweif eines Kometen, wenn ein größerer Fisch vorbeischoß und Millionen kleinster Partikel zum Glühen brachte.

Plötzlich zuckten Blitze über den Himmel. Zunächst war es nur fernes Wetterleuchten, doch dann kam das Gewitter näher. Für Bruchteile einer Sekunde sah ich Berge vor uns, die Inseln der Gela-Gruppe. »Wo sind wir eigentlich genau?« rief ich in die Kajüte, denn Angelika saß am Kartentisch.

Immerhin hatten wir einen Satnav, ein Satelliten-Navigationsgerät mit ziemlich genauer Anzeige. Aber manchmal dauerte es drei oder vier Stunden, bis er eine neue Position errechnen konnte. So war es natürlich auch heute. »Die letzte Position ist noch vom Nachmittag, aber nach dem, was er mit unserer Geschwindigkeit geloggt hat, sind wir schon ziemlich weit. Wir müssen bereits vor der Küste von Gela sein.« Angelika gab keinen weiteren Kommentar, ein Zeichen, daß sie äußerst besorgt war.

»Ich stelle den Motor ab!« rief ich kurzentschlossen. Mir war nicht gerade wohl. Die Blitze zuckten immer greller, der Donner war jetzt zu hören und kam näher. Mit einem Schlag wurde es ruhig um uns, als der Motor sein letztes »Pahff...« ausgehaucht hatte. Sofort begann *Solveig* hemmungslos zu rollen, in der Kajüte unten hörte ich Gegenstände zu Boden fallen. Kein Laut von Angelika, die offenbar damit beschäftigt war, loses Besteck und herausgefallene Büchsen aufzuheben. Dann erschien ihr Kopf im Niedergang. »Was ist mit dem Wetter?«

»Vielleicht haben wir Glück, und das Gewitter zieht vorbei.« Aber wir hatten kein Glück. Zwei oder drei Gewitter sammelten sich über uns. Wir kannten diese nächtlichen Überfälle, an den Ankerplätzen hatten wir sie manchmal erlebt. Aber da waren wir jeweils durch eine Riffmauer vor den Wellen geschützt gewesen, die der plötzlich aufkommende Sturm vor sich hertrieb. Diesmal waren wir auf offenem Wasser.

Wir hörten den Regen kommen, er prasselte auf die Wasserfläche wie ein Bach, der über Felsen stürzt. »Jetzt geht's gleich los!« rief ich noch. Dann klatschte das Wasser wie aus Eimern an Deck, und gleichzeitig setzte die erste Bö ein. *Solveig* legte sich auf die Seite. »Da ist dein Ölzeug! Zieh es schnell an!« Angelikas Stimme war heiser, sie warf mir die Klamotten zu.

Nach zehn Minuten wurde der Seegang so stark, daß Wasser über Deck schlug und durch den Niedergang in die Kajüte prasselte. Das Boot begann quer zu treiben, ziemlich schnell. Wir hatten 40 Knoten Wind, fast Stärke acht. Wohin ging die Reise – auf irgendeine Küste zu? Auf ein Riff? Das fehlte noch, nach 5000 Seemeilen Ozeanüberquerung in der letzten Nacht der Überfahrt hier zwischen den Inseln das Boot verlieren! Aufgeregt rief ich: »Wir müssen Segel setzen! Ich muß das Boot steuern können, sonst weiß ich nicht, wohin wir geraten!« Ich war jetzt nervös und hatte plötzlich Angst. Ganz häßliche, bohrende Angst.

Angelika stand schon an Deck und bemühte sich, das Großfall am Segel einzuschäkeln. Jede kleinste Routinearbeit kann unter solchen Umständen schwierig werden oder mißlingen. Ich startete den Motor, ging in den Wind und fierte die Großschot. Angelika war schon an der Winsch, flatternd und knallend stieg das Segel am Mast in die Höhe. Das Boot stabilisierte sich, nahm Fahrt auf. Ich stellte den Motor wieder aus, wir wollten ja langsam vorankommen.

»Welchen Kurs willst du steuern?« fragte Angelika.

»So hoch am Wind, wie es geht, dann kommen wir irgendwie Richtung Anuha. Aber die Küste von Gela ist nicht mehr weit, lange dürfen wir so nicht segeln.«

Angelika stellte sich vorne an den Bugkorb und versuchte, die Dunkelheit mit ihren Augen zu durchdringen, um vielleicht die Brandung auf einem Riff noch rechtzeitig zu erkennen. Das schien mir ziemlich hoffnungslos, denn die ganze See war mit weißem Schaum bedeckt. Da würde sich eine Brandung kaum mehr abheben.

Müdigkeit drohte uns zu überwältigen. Es wurde Mitternacht, und die Gewitter schienen unbeweglich über uns zu hängen. Die See im »Slot« hatte sich zu beachtlicher Höhe aufgebaut. Doch wir mußten aushalten,

Anuha, eine der landschaftlich schönsten Tropeninseln in der Südsee, Schauplatz von Intrigen und enttäuschten Hoffnungen.

den Morgen abwarten. Mehrfach änderte ich den Kurs, um keinem der Riffe und keiner Insel, die uns umgaben, zu nahe zu kommen. Endlich bekamen wir eine Position vom Satnav. Es war fünf Uhr, aber noch stockdunkel.

Anuha ist der Küste von Gela vorgelagert, und Gela selbst besteht aus einer Gruppe von Inseln, die dicht beieinander liegen, getrennt durch mehrere schmale, von Korallenriffen abgeschirmte Durchfahrten. Es war unmöglich, vor dem vollen Tageslicht, das wir frühestens um sieben Uhr erwarten durften, in die Einfahrt zur Lagune von Anuha zu steuern. In den zwei Monaten auf dem Ozean war es uns niemals so schlimm ergangen wie in dieser letzten Nacht.

Endlich tauchten die markanten Umrisse der Hügel von Gela in der Dämmerung auf. Rasch wurde es heller, und bald erkannten wir auch den vertrauten Bergkamm der kleinen, so reizvollen Insel Anuha. Eine verschleierte Sonne ging über Strand und Palmen auf, als wir endlich den Anker in den Sand der Lagune fallen ließen. Wir ankerten auf drei Meter Tiefe, so nahe dem Strand wie eben möglich. Das Wasser war nicht klar wie sonst. Durch das Unwetter war Schlamm aufgewirbelt, abgerissene Blätter und Äste schwammen umher.

Bevor wir uns endlich zum Schlafen niederlegten, wollte Angelika die Ankunft noch feiern. Rund 12000 Seemeilen waren wir von hier aus in den hohen Norden und wieder zurück gesegelt. Zweimal über den Äquator, zweimal über die Datumslinie. Nun war dieser »Abstecher« erfolgreich beendet, aber die Angst der Nacht steckte mir noch in den Knochen und minderte meine Freude. Angelika lud alles auf den Frühstückstisch, was Platz darauf hatte: Rühreier mit Shrimps, Leberpastete, Ölsardinen, Marmelade, Honig, Orangensaft und Tee. Wie wir in die Koje kamen, weiß ich nicht mehr. Wir schliefen, von der sanften Welle der Lagune gewiegt, bis in den späten Tag hinein.

Brandstiftung im Paradies

Anuha war für uns immer eine Art Ferienidyll gewesen. Aber wenn man nach Jahren – oder auch nach nur einem Jahr, wie in unserem Fall – an einen Platz zurückkehrt, mit dem sich besonders schöne Erinnerungen verbinden, und den man so wiederzufinden glaubt, wie man ihn verlassen hat, muß man wohl immer auf eine Enttäuschung gefaßt sein.
Als wir, am späten Nachmittag aufgewacht, von der Plicht aus einen ersten prüfenden Bick zum Strand hinüber warfen, merkten wir, daß sich etwas verändert hatte. Der Strand war nicht gesäubert wie früher; Holzstücke, Laub und Zweige lagen darauf verstreut. Die kleine Hütte, die den Fluggästen als Warteraum gedient hatte, sah verfallen aus. Sie gehörte zu der kurzen Graspiste, nur wenige Meter hinter dem Strand, die den Flugzeugen der heimischen Fluggesellschaft als Landebahn gedient hatte. Es war ein Kunststück für die Buschpiloten, hier bei Seitenwind sauber aufzusetzen, was nicht bei jedem Wetter gewagt werden konnte. Wir hatten immer Spaß daran gehabt, die kleinen Maschinen zu beobachten, wie sie auf die schmale Piste einschwebten und dann leicht schwankend auf dem holprigen Grasboden ausrollten.
Etwas unsicher kletterten die Gäste dann aus der Maschine, sahen sich um, wagten es meist nicht, die drei Schritte zum Strand hinunter zu gehen. Gehorsam setzten sie sich auf die lange Bank unter dem Dach der offenen Hütte. Besonders wichtige oder mutige Herren sprachen ein paar Worte mit dem Piloten, die Damen zogen verstohlen Spiegel und Puderdose aus der Handtasche und suchten Halt in dem Gefühl, daß ihr Aussehen den Luftsprung gut überstanden hatte. Sie waren nach dem Zwölf-Minuten-Flug von Honiara, vielleicht ohne es zu wissen, in einer neuen, fremden Welt gelandet und warteten nun auf die Dinge, die mit ihnen geschehen sollten. Lange dauerte es nicht, dann kam von der Lagune her ein merkwürdiges Fahrzeug, scheinbar aus dem Nichts, mit lautem Gebrumm auf den Strand zu geschwommen. Es sah aus wie die Kreuzung zwischen einem Hausboot und einer Eingeborenenhütte. Zwei große Pontons trugen eine Plattform, auf der aus Holz und Palmblättern ein Sonnendach errichtet war. Am Heck des Fahrzeugs waren zwei gewichtige Außenborder angebracht, die von einem Einheimischen recht und schlecht bedient wurden.
Mit Schwung fuhr er sein Doppelrumpfboot auf den Strand, zwei weitere kräftige braune Burschen sprangen ins Wasser und schoben die Pontons so hoch auf die Sanddüne, daß die Herrschaften später trockenen Fußes einsteigen konnten. Sobald die fünf oder sechs Passagiere mit ihrem Gepäck Platz genommen hatten, vollzog sich der gleiche Vorgang in umgekehrter Richtung. Die Motoren wurden wieder angeworfen, meist schon da, wo das Wasser erst knietief war, so daß die Propeller den Sand aufwühlten und der gequälte Motor angstvoll aufschrie. Die Einheimischen waren nachher stolz, wenn sie dennoch das Fahrzeug auf tiefes Wasser brachten, und lachten triumphierend: »Der Maschine haben wir mal wieder gezeigt, wer der Stärkere ist!«
Nichts von alledem war heute geschehen. Wir hatten zwar geschlafen, aber ein Flugzeug oder die starken Außenborder hätten uns doch wecken müssen. Was war aus dem Hotel geworden? Es lag auf der anderen Seite der Insel, hinter der Landzunge, wo früher immer das Hausboot verschwunden war. »Anuha Island Resort«, so nannte sich die großzügige Anlage, hätte der attraktivste Urlaubsplatz für Touristen in den Salomo-Inseln werden sollen. Und wir hatten auch keinerlei Zweifel gehabt an dem Erfolg dieses Millionenprojekts. Das Eiland war das landschaftlich schönste Tropenparadies, das wir seit Jahren gesehen hatten: schneeweißer Korallensand dehnte sich rund um die ganze Insel, Palmen und riesige Laubbäume beugten sich schatten-

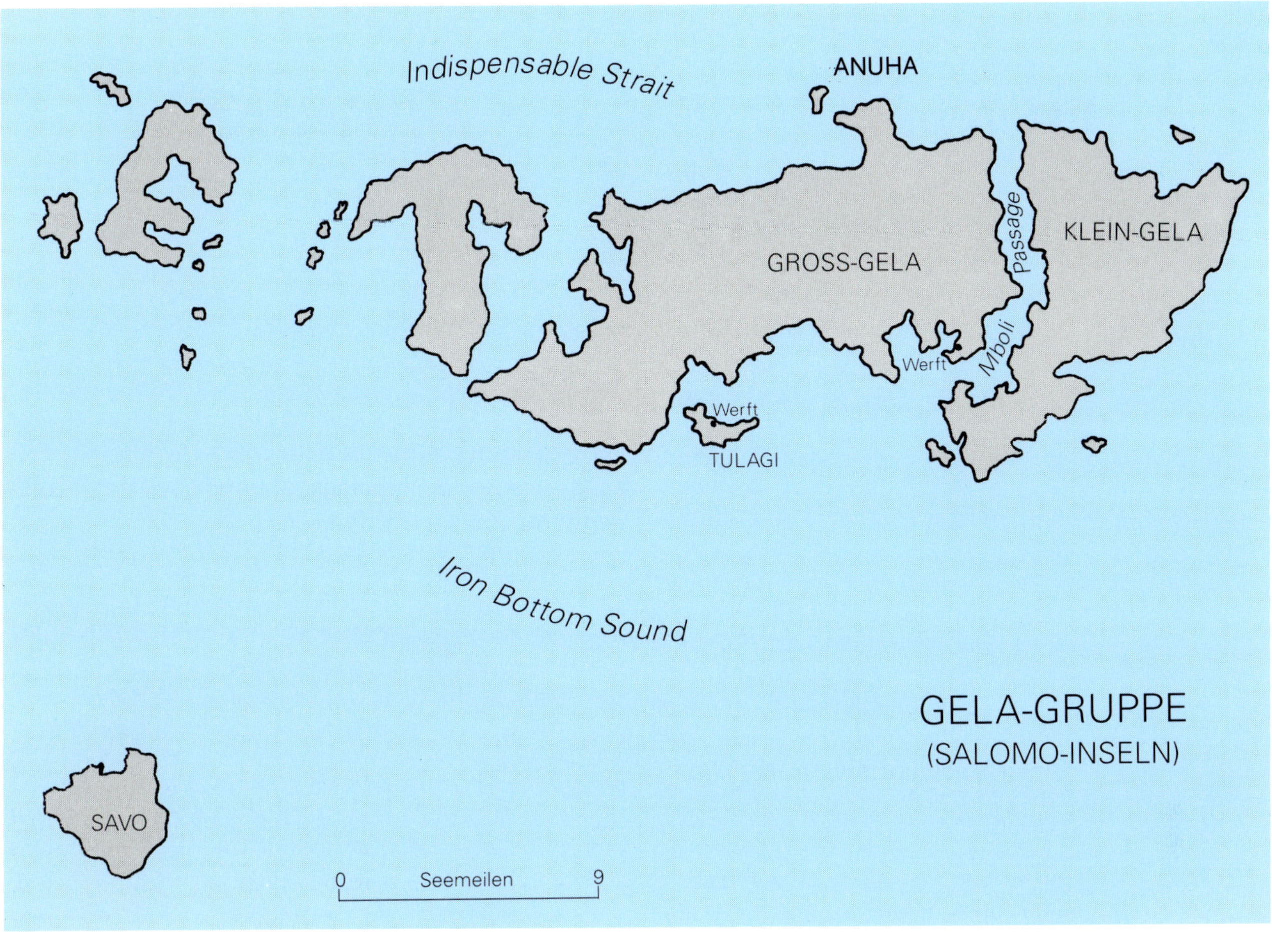

Die Gela-Gruppe, 30 sm nördlich der Hauptinsel Guadaloanal.

spendend über den Strand. Ein Kleinod inmitten einer tiefblauen Lagune.

Für das Hotel selbst waren mit viel Liebe und Aufwand zwanzig kleine Hütten gebaut worden, ganz im einheimischen Stil und aus den gebräuchlichen Materialien der Inseln. Aus Holz konstruiert war auch die Hotelhalle, mit Palmblätterdach und nach allen Seiten offen. Eine lange Theke diente als »Empfang«. Daneben lag ein ähnlicher Raum, als Speisesaal eingerichtet. Ein Swimmingpool und mehrere Motorboote für Wasserski, dazu Surfbretter, Segeljollen und Tauchgeräte vervollständigten das Freizeitangebot.

Anuha war beeindruckend schön. So schön, daß wir Freunden in Deutschland dieses Hotel für einen Südseeurlaub empfehlen wollten, obwohl die Preise saftig waren. Wir beschlossen, noch am Nachmittag das Schlauchboot aufzublasen und am nächsten Morgen eine Rundfahrt um die Insel zu unternehmen.

Enttäuschte Hoffnungen

Trotz der langen Pause sprang der Außenborder beim ersten Zug an, und wir begannen die Fahrt über eine der schönsten Lagunen, die man sich vorstellen kann. Wir brauchten nur ins Wasser zu blicken und konnten unter uns eine Landschaft von Korallengärten und weißem Sand, von bunten Fischen und Pflanzen vorbeiziehen sehen. Das Wetter hatte sich wieder beruhigt, Sonnenreflexe spielten auf den Wellen und ließen die Welt im hellsten Licht erstrahlen.

»Ich denke, wir sollten auf jeden Fall versuchen, noch ein Jahr in der Südsee zu bleiben, statt jetzt Hals über Kopf weiter zu segeln. Aber wir müssen uns trotzdem auf die Weiterfahrt vorbereiten, falls sich zwingende Gründe ergeben, noch dieses Jahr nach Europa zurückzukehren.«

Folgende Doppelseite: Anuha – das verlassene Ferienparadies. Es wurde ein Opfer von Intrigen und falschem Ehrgeiz.

Ich hatte nur laut gedacht, aber Angelika ging sofort auf meine Überlegungen ein: »Wer sollte uns zwingen, eine Weiterfahrt über 20000 Seemeilen anzutreten, für die wir uns in der kurzen Zeit vielleicht nur ungenügend rüsten können?«
Aber dies war nicht der Augenblick, unsere Rückfahrt weiter zu erörtern. Wir hatten inzwischen die Landzunge gerundet und dabei einen Blick auf die kleine Flugzeugpiste werfen können. Das Gras war hoch gewachsen, der Windsack zerrissen, Reste des Tuchs hingen schlaff herunter. »Die werden doch nicht ihre Drohung wahr gemacht haben?« murmelte ich kopfschüttelnd.
Vor unserer Abfahrt im vorigen Jahr hatte uns ein Angestellter des Hotels erzählt, daß der Manager Streit hätte mit den Einheimischen auf Anuha. Diesen seien die Anlagen zu groß geworden, das Hotel hätte die ganze Insel vereinnahmt, und sie drohten, die Gebäude anzuzünden, wenn die Hotelverwaltung nicht ihren Wünschen entspräche. Wir hielten das Gerücht damals für reichlich übertrieben. Sollte das Unglaubliche am Ende doch geschehen sein?
Allmählich näherten wir uns dem Strand des Hotels. Hinter dem dichten Laub der Bäume war noch nichts zu erkennen. Aber die Boote lagen alle am Strand, auch das Hausboot war auf den Sand hochgezogen, und die Außenborder waren abmontiert. Ich schwenkte das Schlauchboot ein, fuhr bis auf flaches Wasser, kippte dann den Motor hoch. Das letzte Stück zum Ufer wateten wir und befestigten die Fangleine am tiefhängenden Ast eines breiten Laubbaums. Langsam, fast feierlich gingen wir auf das Hotelgelände zu. Da waren Blumen, ein gepflegter Weg, Tische, Stühle, aber kein Gast. Gespenstische Stille lag über der Terrasse. Empfangshalle, Speisesaal und Nebengebäude waren zum großen Teil niedergebrannt. Entsetzt sahen wir uns um. In einem Schaukasten hing noch ein verblichener Plan der Insel, auf dem die Attraktionen der Hotelanlage eingezeichnet waren. Ein junger Australier kam auf uns zu. Er erkannte uns wieder, erinnerte sich an die *Solveig.* »Was ist denn hier geschehen? Ist das Hotel etwa abgebrannt?« fragte ich überflüssigerweise.
»Traurig, nicht wahr?« Er deutete mit dem Kopf in die Runde. »Wir hatten uns viel Mühe gegeben, die Bauarbeiten waren gerade fertig geworden. Nun sitze ich hier alleine und halte Wache, damit vom verbliebenen Inventar nichts verschwindet.«
»Was soll denn weiter aus dem Hotel werden?« erkundigte sich Angelika.
»Das weiß noch niemand. Es laufen Verhandlungen zwischen den Geldgebern in Australien und der Provinzverwaltung.« Müde fügte er hinzu: »Ich bin froh, wenn ich hier wieder wegkomme. Ich halte die Stellung schon seit sechs Monaten, ganz allein bis auf eine einheimische Köchin, die vom Dorf herüberkommt und ein bißchen putzt. In drei Wochen werde ich endlich abgelöst.«
Wie konnte dieses glänzende Hotelprojekt so jämmerlich enden?
Zufällig hatte ich schon vor mehr als einem Jahr mit den Hauptbeteiligten des Projekts Gespräche geführt. Schon damals ergab sich für mich ein ziemlich klares Bild der Lage, beispielhaft für ähnliche Investitionen in der Südsee. Eine australische Finanzgruppe hatte zunächst mit der Regierung der Salomo-Inseln in Honiara, dann mit den Grundbesitzern, dem Häuptlingsklan auf Anuha, einen anscheinend brauchbaren Pachtvertrag für den größten Teil der Insel geschlossen. Man hatte die üblichen Verpflichtungen übernommen: die willigen Arbeitskräfte von Anuha und den umliegenden Inseln zu beschäftigen, das kleine Dorf auf der Insel an Elektriziät und Wasserleitung zu beteiligen und auch sonst neben der Pachtzahlung eine Menge zu tun, um den etwa 100 Einwohnern das Leben zu erleichtern. Beide Seiten erhofften sich goldene Zeiten.
Wir wissen in Deutschland, wie gefährlich es ist, zu hochgespannte Erwartungen zu wecken. In der Südsee geschieht das ständig, denn die Inselbevölkerung hält die Europäer noch immer für fähig, jedes gewünschte Wunder zu wirken. Auch von uns wurde das erwartet – und manchmal gelang es uns sogar. Dann entwickelten wir ein entsprechend »wunder«-bares Verhältnis zu den Einwohnern.
Doch mit zwanzig Angestellten und ebenso vielen Gästen aus völlig verschiedenen Kulturkreisen sind Wunder unmöglich zu bewirken und Pannen kaum zu vermeiden. So kam, was kommen mußte, nur in diesem Fall besonders schnell. Zunächst merkten die Insulaner, die als Arbeitskräfte eingestellt wurden, zu ihrem nicht geringen Schrecken, daß sie tatsächlich – und sogar pünktlich – arbeiten sollten. Sie verstanden die Welt nicht mehr: Das war doch *ihre* Insel – oder? Sollten sie jetzt dienen? Man stelle sich vor, ein Gutsbesitzer verkauft sein Land und wird dann als Knecht beim neuen Besitzer angestellt. Das läuft auch bei uns nicht

SOLOMON Star

HOTEL MENDANA
MORNING TEAS
9.30 am - 12 noon Mon - Fri
Enjoy a mid-morning break on the Raratana Terrace with views of the yachts at anchor and the floridas on the horizon.

NO.302 13 MAY, 1988 P.O. BOX255 HONIARA, SOLOMON ISLANDS TELS: 22062/22913 40c.

ROW OVER ANUHA ERUPTS AGAIN

The owners and Management of Anuha Island Resort are holding negotiations with the authorities of the Central Province Assembly and the landowners today over a dispute of the Pacific Resorts Limited's lease of Anuha Island.

The Manager of the Anuha Island Resort, Mr. Gordon McKissack, told Solomon Star that the business of the Resort is still going on while negotiations are proceeding.

But in a letter to the Anuha Island Resort Management, the Central Provincial Assembly authorities said that the business must be suspended while negotiations are carried out with the landowners.

Solomon Star could not get the Premier of the Province in time, to comment.

The Pacific Resorts Limited is the Solomon Islands company which holds a legally binding lease over the land upon which the Anuha Island Resort is constructed. At the end of February this year, the ultimate control changed.

The Anuha Island Resort Management told Solomon Star they were dismayed and greatly disappointed to find that there was considerable suspicion surrounding the company, and conflict with landowners regarding the lease.

"Since taking control, we have gone to great lengths to identify the laws and regulations of the Solomon Islands and to comply with them.

"We are told that this may not have previously been the case and, of course, we do not seek to avoid our responsibilities for the company's prior activities," said the Management.

"We the new people, acknowledge and respect the sovereignty of the beautiful Solomon Islands, and wish to operate as happy, respectable citizens with regard to the Melanesian way," the Management said.

The Management said that one of their objectives is to understand the feelings and wishes of the landowners and to resolve what has been an uneasy association, for the future, to benefit all parties.

The Management said that for the last six weeks, they have made constant efforts to convene a meeting with landowners at their (landowner's) convenience, to resolve the matter.

"It is with great sadness that we hear they are not prepared to talk with us at all, as we believe the problem can be resolved," said the Management.

"We can be and will be good business neighbours, employers and tenants, if we may be allowed to get on with operating our resort," the Management said.

Eine der vielen Zeitungs-Schlagzeilen über die später gescheiterten Verhandlungen zur Klärung der Eigentumsfragen zwischen Hotelgesellschaft und Einwohnern von Anuha.

gut. So aber ist es überall in der Südsee mit Kauf- oder Pachtverträgen. Die Eingeborenen sind nämlich der festen Überzeugung, daß ihnen, Vertrag hin oder her, die Inseln für immer gehören, auf denen sie seit 5000 Jahren leben. Und sie erwarten eine entsprechende Behandlung.

Auf Anuha waren aber, um das Unglück voll zu machen, außer dem Hotelmanagement und den Dorfbewohnern noch ein Missionar und ein holländischer Koch an den Intrigen beteiligt. Und die Australier hatten vergessen, auch die Provinzregierung einzuschalten und an den Einnahmen zu beteiligen.

Der Missionar (ein biederer Salomo-Insulaner, kaum des Schreibens mächtig) fühlte sich als das eigentliche Oberhaupt der Insel, denn so war es doch seit Urzeiten mit den Priestern gewesen. Nicht im Traum hatten die australischen Finanzherren daran gedacht, sich für ihre Pläne auch die Zustimmung des Pfarrers zu sichern, obwohl sie ihm durch den Pachtvertrag letztlich seine Macht, seine Pfründe genommen hatten.

Der holländische Koch, neben Empfangsdame und Manager einer der drei Angestellten weißer Hautfarbe, freundete sich mit dem Missionar an. Er glaubte – das hatte er mir damals selbst gesagt –, daß er das Hotel allemal besser leiten könne als die Australier und den Missionar später jederzeit überspielen könne.

Man wurde also gemeinsam tätig. Der Koch sammelte Material, wo und wie oft die Hotelleitung gegen einen Paragraphen des Pachtvertrags verstoßen hatte; die internen Vorgänge waren ihm ja bekannt. Als Gegenleistung für seine Spähertätigkeit sollte der Koch später vom Missionar und den Dörflern mit der Leitung einer neu zu gründenden Hotelgesellschaft betraut werden. Zunächst versuchten die Verschwörer, das australische Management mit Drohungen zur Aufgabe zu zwingen. Als dies mißlang, sollte der Pachtvertrag vor Gericht in Honiara für ungültig erklärt werden. Als Folge flog der Koch raus und wurde später sogar des Landes verwiesen. Aber auch der Missionar kam mit dem Prozeß nicht zum gewünschten Erfolg. Die Anwälte der Finanzgruppe waren stärker – und wohl auch formal im Recht. Es folgten viele Gehässigkeiten und Bedrohungen von beiden Seiten, bis im Mai 1988 die Hotelanlagen plötzlich in Flammen standen. Die Täter konnten und durften nie ermittelt werden.

Wer in der Südsee, besonders in den Salomonen, als Europäer mit seinem Kapital Geld verdienen will, begeht einen großen Fehler oder muß über außergewöhnliche Beziehungen zu multinationalen Imperien verfügen. Fern der Hauptstadt Honiara allerdings können selbst diese sich nicht durchsetzen. Die Bevölkerung jeder Insel trifft ihre eigenen Entscheidungen im Familienverbund, dem »Wantok«. Wantok ist ein Pidginbegriff, abgeleitet vom englischen »one talk«, eine Sprache. Unter den 200 000 Einwohnern der Inseln werden nämlich an die 80 verschiedene Sprachen gesprochen, auf Malaita allein schon vier. Diese und andere Eigentümlichkeiten machen den besonderen Charakter der Salomo-Inseln aus, sind aber für einen Fremden nicht leicht zu durchschauen. Sie führen schnell zu gefährlichem Zwist und haben dafür gesorgt, daß sich die Inseln bis heute den Anstürmen des Massentourismus erfolgreich widersetzen konnten. Für den Segler bedeuten deshalb Namen wie Malaita, Makira, Gela, Owa Raha oder Owa Riki noch immer ein Risiko, aber auch Abenteuer, Romantik und Südseezauber.

Eiland unterm Kreuz des Südens

Wir nahmen Abschied von unserem australischen Freund, denn allzu lange durften wir uns ohne Einklarierung auch hier nicht aufhalten, und machten uns auf den Sechs-Stunden-Törn von Anuha nach Honiara, den ich immer besonders geliebt habe. Die Route führt zunächst entlang der Steilküste von Gela und dann im Zickzack zwischen ausgedehnten Korallenriffen, gesäumt von malerischen Wiesen, Wäldern und Dörfern, in die schmale Durchfahrt zwischen Groß- und Klein-Gela, zwei Inseln, die zusammen die Gela-Gruppe bilden.
Diese Durchfahrt ist ein landschaftlicher Höhepunkt. Zu beiden Seiten sieht man Hügel und Berge mit dichtem tropischem Regenwald, hier und da unterbrochen von Lichtungen. An den Berghängen stehen vereinzelt Hütten, umgeben von Gärten und Wiesen. Der Verkehr von Ort zu Ort, von Haus zu Haus, findet mit Kanus statt, die bis zu 15 Meter lang sind und sechs oder mehr Personen befördern können. Ein kleineres Einbaum-Kanu besitzt eigentlich jeder, Frauen und Kinder eingeschlossen. Es dient wie bei uns das Fahrrad zur Bewältigung kürzerer Wege und kann eine ganze Menge Gemüse und Früchte aufnehmen, die nach des Tages Arbeit von den Gärten und Feldern in die Dörfer gebracht werden.
Manchmal begegneten uns ganze Familien in ihren Kanus, die, eine hinter der anderen, fröhlich nach Hause paddelten. Es war so still in diesem flußartigen Fahrwasser, daß wir neben dem Gekrächz der Kakadus und den Schreien der Urwaldvögel ihre Stimmen bereits hörten, bevor das Kanu hinter einer Biegung in Sicht kam. Etwa in der Mitte der 15 Kilometer langen Passage weitet sich das Fahrwasser zu einem See, dort liegt eine kleine Felseninsel, hinter deren steil abfallendem Hang wir besonders gern geankert hatten. Auch diesmal ließen wir an dieser Stelle das Eisen fallen, auf einer Tiefe von zehn Metern.
Nachdem der Motor abgestellt war, umfing uns eine Stille, die in der Luft zu hängen schien wie ein Netz, das uns umfangen hielt und gleichzeitig abschirmte gegen die Einflüsse der Außenwelt. Ab und zu hörten wir ein Rascheln im Mangrovengebüsch, das von einem Reiher oder einem Krokodil herrühren mochte. Die in den Tropen so frühe Dämmerung brach bald herein, und allmählich verstummten auch die Vögel. Die Äste der Urwaldriesen, deren Wurzeln sich zwischen den Felsen vor uns eingekrallt hatten, standen als gigantische Silhouetten vor dem Abendhimmel. Die ersten Sterne leuchteten auf. Von ferne hörten wir den leisen Paddelschlag eines Kanus, dessen Besitzer sich bei Nachbarn oder bei der Arbeit im Garten verspätet haben mochte und nun müde der heimatlichen Hütte zustrebte.
»Schau dir diesen Himmel an! Hast du schon irgendwo mehr Sterne gesehen?« fragte ich flüsternd. »Da, über uns, das Kreuz des Südens!«
Unsere Blicke verloren sich staunend und nachdenklich im Schwarzblau eines Tropenhimmels, der über dieser von Wäldern und Hügeln umschatteten Wasserfläche besonders leuchtend und plastisch hervortrat. »Heute nacht werden wir gut schlafen. Hier haben wir nichts zu befürchten, keinen Wind, keine Welle.«
Wir wachten erst auf, als uns die Morgensonne schon auf den Bauch schien. Die Vögel in den Wäldern ringsum hatten längst ihr vielstimmiges Konzert angefangen. Mit lautem Platsch sprangen Fische da und dort auf der Flucht vor einem Angreifer hoch in die Luft und dann ins Wasser zurück.
Nach kurzem Frühstück paddelte Angelika zur Insel und löste vom Dingi aus unsere Heckleine, die wir am

In der Mbolipassage: Eines der typischen Familien-Dörfer mit Wohnhaus auf Stelzen. Die Passage zwischen den Inseln von Gela wird hauptsächlich von einheimischen Kanus befahren.

Vorabend um einen der weit ausladenden Äste eines Baumes geschlungen hatten. Knurrend und quietschend holte die Winsch die Kette vom Grund; ich hob den Anker an Deck, und wir steuerten weiter durch die grüne Tropenlandschaft. Abwechselnd standen wir am Ruder und unterhielten uns über die Planung für die nächsten Tage. »Wenn wir am Ende wirklich in wenigen Wochen die Rückfahrt nach Europa antreten, brauchen wir unbedingt vorher einen neuen Antifouling-Anstrich«, meinte ich. »Wir haben zwar noch keinen Bewuchs, aber das Boot ist seit der Überholung in Ketchikan jetzt drei Monate im Wasser, und wir können unmöglich mit dem Rest Farbe eine Sieben-Monats-Fahrt nach Emden beginnen. Vielleicht sollten wir bei der Werft in Tulagi fragen, ob der Slip in den nächsten Tagen frei wird, und uns für die Bootsüberholung anmelden.« Angelika meinte auch, daß Fragen ja nichts schaden könne.

Die Wasserfläche weitete sich, die Wassertiefe nahm ab, und wir mußten ein besonders tückisches Riffgebiet durchqueren, was unsere ganz Aufmerksamkeit beanspruchte. Bald näherten wir uns dem südlichen Ausgang der Durchfahrt. Vor uns lag die Insel Tulagi mit all ihren Werkstätten und Werften. Tulagi ist der beste Naturhafen im zentralen Bereich der Salomonen und war bis zum Zweiten Weltkrieg auch das Verwaltungszentrum der Inselgruppe. Zwischen Japanern und Amerikanern hart umkämpft, wurde die kleine Ortschaft so gründlich zerstört, daß ein Wiederaufbau nicht lohnte. Das nur 40 Kilometer entfernte Honiara, auf der anderen Seite des Sundes an der Küste von Guadalcanal gelegen, hat günstigeres, weil trockeneres Klima und bietet auf seiner offenen Reede mehr Ankerplatz für große Frachtschiffe. Vor allem aber liegt Honiara nahe einer ausgedehnten Ebene, auf der die Amerikaner bereits ein für schwere Transportflugzeuge brauchbares Rollfeld angelegt hatten.

Der sterbende Hafen

Das Hafengebiet von Tulagi war in der Folge völlig vernachlässigt worden. Nur ganz wenige Seezeichen oder Tonnen wurden noch ausgelegt, zum Teil durch private Initiative, um die Riffe oder die Wracks aus der Kriegszeit zu markieren. Was die Amerikaner und Engländer an nautischen Zeichen errichtet hatten, verkam langsam durch Rost und sonstige Beschädigungen. Selbst auf die Leuchttürme in den Seekarten kann man sich nicht mehr verlassen. Die Navigation in den Gewässern der Salomonen ist ein echtes Abenteuer. Und ausgerechnet hier wird von jeder ankommenden Yacht eine »Leuchtfeuergebühr« von 100 US-Dollar kassiert! Auch diese Gebühr hält natürlich viele Segler vom Besuch der Inseln ab; und das wiederum kommt der Unberührtheit der Natur zugute.

Wir verminderten die Umdrehungen der Maschine und lavierten uns vorsichtig durch das Gewirr der kleinen Inseln und Riffe, bis wir das tiefe Wasser vor den Werftanlagen erreicht hatten. Auch diese Werften stammten noch von den Amerikanern und wären, hätte man sie funktionsfähig erhalten, genau das gewesen, was wir als Entwicklungshilfe bezeichnen: nämlich Anlagen im Wert von vielen Millionen Dollar, durch deren Betrieb die Bevölkerung der Inseln ein gutes Einkommen hätte erwirtschaften können. Es waren die einzigen Werftanlagen zwischen Fidschi und Australien, in denen auch größere Schiffe repariert werden konnten. Jetzt aber müssen die größeren Einheiten, auch die der Salomonen, für eine Überholung bis nach Australien fahren. Doch solche Überlegungen liegen den Insulanern fern. Und vielleicht ist es sogar gut so.

Wir paddelten mit dem Dingi zum Ufer, wateten an Land und marschierten ins Büro der Verwaltung. Zu unserem Erstaunen standen wir bald einem freundlichen, sehr tatkräftigen australischen Manager gegenüber, der uns erklärte, daß wir den Slip sofort haben könnten. »Das möchte ich eigentlich gar nicht«, erklärte ich etwas verlegen. »Wir wollten uns nur erkundigen, ob es überhaupt geht, und später wiederkommen, nachdem wir einklariert haben.«

»Wenn ihr euer Boot überholen wollt, dann solltet ihr das sofort machen. Ich höre in drei Tagen hier auf, der Betrieb wird wieder von Einheimischen übernommen. Laßt die Einklarierung vorläufig hier vom Zoll machen und fahrt später nach Honiara.« Das klang fast wie ein Befehl. Was es bedeutete, wenn ein Insulaner den Betrieb leitete, hatten wir im vorigen Jahr nur zu deutlich zu spüren bekommen. Und das wußte auch der Australier. Verbittert erkärte er uns: »Die haben mich geholt, weil der Laden tief in den roten Zahlen steckte. Kaum eine Maschine war noch brauchbar. Jetzt funktioniert wieder alles, wir machen erstmals Gewinn, und nun setzt die Regierung denselben Einheimischen auf den Posten, der vorher den Betrieb runiniert hat. Bald ist wieder alles verwahrlost ...«

Wir erkannten die Gunst des Schicksals, warfen uns nur einen Blick zu, und ich antwortete: »Verstehe. Wann können wir aus dem Wasser?«

Es dauerte ein paar Minuten, bis die Tide ausgerechnet und das Team eingeteilt war. Dann hieß es: »Okay, morgen um elf.« Damit war die Sache geklärt. Etwas verwirrt und aufgeregt pullten wir zur *Solveig* zurück. Nun mußten wir alles Gerät, das wir für die Überfahrt gebraucht hatten, verstauen und stattdessen die Werkzeuge, Schleifmaschinen, Farbtöpfe und Pinsel für den neuen Unterwasseranstrich bereitlegen. Wegen Zoll und Einklarierung hatte ich keine Bedenken mehr. »Wenn der Leiter der Werft erklärt, daß wir eine Reparatur brauchen, ist für die Behörde in Honiara alles in Ordnung«, folgerte ich.

Unter der Kontrolle des Managers lief das Aufslippen am nächsten Tag ohne Probleme. Ich machte mich noch am Abend daran, die Welle auszubauen, um ein neues Lager einzusetzen. Das ließ sich aber nicht bewerkstelligen, ohne gleichzeitig den Motor anzuheben, eine Arbeit, die ich nur mit einem Fachmann angehen konnte. Es war Mitternacht geworden, ich war müde, und im Dunkeln rutschte ich auf einem Balken des Slipwagens aus und verstauchte mir den Fuß. Zusammen mit Angelika hatte ich ein festes Arbeitspensum zu bewältigen, wenn wir nach zwei Tagen wieder zu Wasser wollten. Deshalb blieb mir während der Bootsüberholung keine Zeit, mich zu schonen. Ich humpelte auf dem anderen Bein und zog mir dadurch eine Sehnenentzündung zu, an der ich für Wochen zu leiden hatte.

Im Lauf des Vormittags erschien der Zollbeamte von Tulagi, stellte einige Fragen und ließ uns ein Formular ausfüllen. Damit hatten wir für die Behörde das Nötige getan. Nach zwei Tagen rollte *Solveig* auf dem alten Slipwagen über die holprigen Schienen ungebremst ins Wasser. Sechs Mann waren damit beschäftigt, das Boot vom Wagen zu ziehen. An beiden Seiten der Slipanlage ragten Eisenteile aus geborstenem Beton und verfallenen Maschinen hervor, auch unter Wasser, alles Reste aus der Kriegszeit, die zu entfernen bislang niemand für nötig befunden hatte. Natürlich gab es da die eine oder andere Schramme an der Bordwand. Aber das alles gehörte zu unserem Risiko. Zu unserem Risiko gehörte auch, daß im Büro der Werft eine weit überhöhte Rechnung ausgestellt wurde, die wir auch bezahlt hätten, wäre nicht der australische Ex-Manager so nett gewesen, noch einmal ins Büro zu gehen und den Betrag nachzurechnen.

Am Hafen von Tulagi verrosten Baumaschinen, die nicht mehr repariert werden können. Es fehlen Werkstätten mit Fachkräften sowie Ersatzteile.

Wir bleiben in den Salomonen

Die dreistündige Überfahrt nach Honiara wurde bei strahlender Sonne und mit dem gründlich überholten Boot zu einer reinen Vergnügungstour. Unsere *Solveig* war wieder in bestem Zustand – ein beruhigender Gedanke. Mit meinem Fuß würde ich schon klarkommen.

Auf die Liegezeit im Hafen von Honiara freuten wir uns weniger, denn seine offene Reede ist zwar für Containerschiffe brauchbar, für alle kleinen Boote aber wegen der ständig heranrollenden Dünung unangenehm oder sogar gefährlich. Dennoch: Auch Honiara war für uns ein Stück Heimat geworden, in die wir nun zurückkehrten. Das kam uns so recht zu Bewußtsein, als wir die vertrauten Konturen der Berge und später die Gebäude der kleinen Hauptstadt über der Kimm auftauchen sahen.

Um Honiara und die Insel Gaudalcanal tobte 1942 die schwerste Schlacht des Krieges im Pazifik. Die Ortschaft wurde durch die sechs Monate dauernden Kämpfe so vollständig zerstört, daß die Amerikaner nach dem endlichen Sieg eine neue Stadt errichten mußten. So bietet Honiara heute ein typisch amerikanisches Bild: Eine breite, gerade Hauptstraße mit nur wenigen Querstraßen zieht sich 20 Kilometer lang an der Küste hin. Ein zentraler Platz als Mittelpunkt des Stadtlebens ist nicht zu erkennen. Für die Fremden ist das Zentrum dort, wo sich die einzige First-Class-Herberge der Salomonen befindet, das weit über die Inseln hinaus bekannte Hotel Mendana. Für die Einheimischen ist wohl eher das Viertel der Banken und Supermärkte oder der Schiffsanleger beim Markt attraktiv.

Australien, England, Neuseeland und natürlich Japan unterhalten ständige diplomatische Vertretungen in

Honiara, dessen Name sich von dem Begriff Na-ho-niara ableitet, was in der Eingeborenensprache »dem Ostwind und dem Südostpassat ausgesetzt« bedeutet. Welch wunderbare Naturverbundenheit drückt sich darin aus!
Im europäischen Sinn ist Honiara eine Kleinstadt geblieben. Die Menschen sind gemütlich, klatschsüchtig und wissen nur wenig von der übrigen Welt. Wir hatten uns indessen so an das Dorfleben in den Salomonen gewöhnt, daß uns Honiara im Gegensatz dazu immer als Großstadt erschien, vor deren Menschenmenge und Verkehr wir uns jedesmal fürchteten, wenn wir zum Vorratskauf, wegen eines Bankgeschäfts oder wegen Postabholung für eine Weile dort ankerten.
Vorsichtig und langsam steuerte ich das Boot zwischen den nicht markierten Riffen auf seinen Ankerplatz vor dem Hotel Mendana. Die Lage der einzelnen Untiefen war mir nicht mehr genau in Erinnerung. Angelika stand am Bug und winkte mich aufgeregt an den gefährlichen Korallenköpfen vorbei. Sie haßte diesen Ankerplatz neben dem Point Cruz, weil er so wenig Schutz bot. Aber der Platz hat Tradition: Am 12. Mai 1568 landete hier der spanische Entdecker Mendana, errichtete auf der Landspitze ein Kreuz, sprach ein Gebet und nahm die ganze 160 Kilometer lange Insel für die spanische Krone in Besitz. Seither ist, außer dem Bau des Hotels, in dieser Bucht nicht allzuviel geschehen.
Es war schon fast ein Kunststück, zwischen den Riffen einen erträglichen Liegeplatz zu finden. Beim ersten Landgang stellten wir fest, daß die kleine Holzbrücke vor dem Hotel, die früher ein bequemes Aussteigen aus dem Dingi ermöglicht hatte, bei einem Sturm schwer beschädigt worden war. Wir konnten zwar die Fangleine noch an einem übriggebliebenen Pfosten befestigen, mußten aber durch das Wasser waten, um an den Strand zu kommen. Es ist traurig mitanzusehen, wie in den Inseln gut gemeinte und gut gebaute Einrichtungen überhaupt nicht gepflegt werden und mit der Zeit rettungslos vergammeln.
Zoll- und Immigrations-Formalitäten gingen ohne Probleme vonstatten, zumal ich inzwischen mein neues Buch in Händen hatte und bei den Behörden die darin enthaltenen farbigen Bilder von den Salomonen vorzeigen konnte. Manch einer der Beamten, der mit verschlossenem Gesicht an seinem Schreibtisch saß, taute auf, wenn ich ihm mein Buch reichte, auf dessen Fotos er Freunde oder Verwandte wiedererkannte, vielleicht auch nur ein Boot oder eine Hütte. Sofort entspannten sich seine Gesichtszüge, und ein privates Gespräch knüpfte sich an, das die weiteren Verhandlungen erleichterte. Zum Abschied hieß es dann: »Wenn ihr irgendwelche Schwierigkeiten habt, kommt zu mir, ich helfe euch gern.«
Bald hatten wir Helfer überall. In einem Land, in dem der Familienklan, der »Wantok«, soviel gilt, sind persönliche Beziehungen von größter Wichtigkeit. Da-

Wir erlebten an den Stränden kleiner Inseln glückliche Tage in Sonne und Freiheit, fern vom Streß der Hauptstadt Honiara.

mit wuchs unsere Hoffnung, daß wir wieder eine mehrmonatige Aufenthaltsgenehmigung erhalten würden und noch ein Jahr in der Südsee bleiben konnten.

Zunächst aber schickten wir einen langen Brief mit unseren Zukunftsplänen und Vorschlägen für die Verlängerung der Weltumsegelung als Fax nach Hause. Bereits zwei Tage später hielten wir die positive Antwort in Händen. Die organisatorische Erleichterung, zum Beispiel auch bei der Bestellung von Ersatzteilen, die der Faksimile-Briefverkehr für uns Segler in Übersee gebracht hat, läßt sich mit wenigen Worten gar nicht schildern. Da bei weitem nicht alle Pazifikinseln über Kabel mit den Kontinenten verbunden sind, hat gerade hier der Einsatz von Nachrichtensatelliten zu einer grundlegenden Verbesserung, sogar Neuformung der Kommunikation geführt. Früher war ein Brief oft zehn bis vierzehn Tage unterwegs gewesen, und selbst bei postwendender Antwort hatte es dann vier Wochen gedauert, bevor wir die heiß ersehnte Nachricht lesen konnten.

Leichtfüßig vor Freude, wanderten wir trotz der lastenden Schwüle mit unserem Fax vom SOLTEL-Büro zurück zum Hotel Mendana und gönnten uns dort ein gemütliches Abendessen. Angelika begrüßte die Einladung ihres Käptns mit besonderer Freude, denn Kochen, Tischdecken und Geschirrspülen waren für sie auf dem unruhigen Ankerplatz eine echte Plage. Von der Terrasse des Hotels aus konnten wir die Masten der *Solveig* sehen, die unaufhörlich hin und her pendelten.

Unsere Anträge auf einen Halbjahres-Aufenthalt wurden anstandslos und in kürzester Zeit genehmigt. Wir konnten deshalb mit der Vorbereitung unserer mehrmonatigen Abenteuerfahrt zu einigen entlegenen und wenig bekannten kleinen Inseln und Lagunen beginnen. Tag für Tag durchstöberten wir die drei Supermärkte der Stadt, um jede nur denkbare Bereicherung für unseren Speisezettel an Bord zu holen. Das Angebot an Konserven war nicht überwältigend, aber doch ausreichend.

Schwierigkeiten bekamen wir in völlig unerwarteter Form: Mineralwasser war von einem Tag zum anderen nicht mehr lieferbar! Angelika klapperte unermüdlich die kleinsten Läden ab, um irgendwo noch eine versteckte Flasche aufzutreiben. Bis zum weit entfernten Stadtteil Chinatown führte ihre Suche nach dem für uns so notwendigen Getränk. »Was meinst du«, fragte sie mich eines Abends, »wenn ich zum Mendana hinüberfahre, dort an der Bar einen Drink nehme und versuche, dem Barmann ein paar Flaschen Sodawasser zu entlocken?«

Ich fand die Idee gut, und tatsächlich kam Angelika eine Stunde später mit fünf kleinen Flaschen Sodawasser zurück. Sie wiederholte den Trick an den folgenden Abenden, und wir fragten uns schon, ob das Hotel einen riesigen Vorrat an Sodawasser hatte. Oder war der Barmann so hilflos, daß er seine Reserven außer Haus verkaufte? Letzteres war der Fall. Nach einer Woche ging sein Bestand zu Ende, und das Hotel konnte seinen Hausgästen keine Longdrinks mehr anbieten. Etwas schlechtes Gewissen hatten wir schon wegen der 50 Fläschchen, die wir auf diese Weise ergattert hatten. Unsere Vorratskäufe waren auf jeden Fall mit schuld daran, daß es in dem 30 000 Einwohner zählenden Honiara bald kein Mineralwasser mehr gab.

Kautabak statt Glasperlen

Ein wesentlicher Teil unserer Einkäufe bestand in der Beschaffung von passenden Geschenken für die Einwohner der vielen Dörfer, deren Besuch wir planten. Bargeld für Tauschware wollten wir nach Möglichkeit vermeiden. Aber womit konnten wir den Einheimischen, die im Kanu zur *Solveig* herauskommen würden, eine Freude machen? Es durfte nicht zu teuer werden, wir mußten aber auch unser Gesicht wahren.

»In erster Linie sollten wir den Kindern etwas schenken«, meinte Angelika. »Für die Erwachsenen finden wir schon überzählige Kleidung oder Fischkonserven. Wir haben auch noch Angelhaken.«

»Gut, das ist ein Anfang. Wir brauchen aber viel mehr, wenn wir wirklich enge Beziehungen herstellen und die Leute bitten wollen, bei unseren Filmaufnahmen mitzuwirken.«

Wir kannten den Ablauf der Formalitäten, die Zeremonie bei der Ankunft vor einem Dorf recht genau: Zunächst kamen ein paar Jungen in ihren Kanus und zeigten uns den ihrer Meinung nach besten Ankerplatz. Später folgten dann ganze Familien, aber auch einzelne Erwachsene oder Kinder. Sie brachten uns zum Willkommen Geschenke oder wollten gleich einen Handel abschließen. Dabei wurden uns Gemüse und Früchte, oft aber auch Muscheln oder geschnitzte Figuren angeboten. Der Kauf oder Eintausch solch angebotener Waren galt als Höflichkeitsgeste, deshalb mußten wir oft Dinge annehmen, die wir gar nicht brauchen konnten oder die viel zu teuer waren. War uns der Mann wichtig – oder der Ankerplatz –, dann mußten wir ihm den Triumph gönnen, uns ordentlich übers Ohr gehauen zu haben.

Genügend Tauschartikel bereitzuhalten, war bei diesen Verhandlungen, die sich oft über Stunden hinzogen, von entscheidender Bedeutung. Es gab allerdings auch freche Burschen, die uns für völlig blöd hielten und denen wir erst einmal mit freundlichen Worten klarmachen mußten, daß wir nicht zum ersten Mal in den Salomos segelten. In manchen Fällen allerdings, wenn eine Einigung absolut nicht gelang, mußten wir dann doch die Flucht ergreifen und den Ankerplatz verlassen. Im Grunde erging es uns nicht viel anders als den ersten Entdeckern in der Südsee. Die völlig verschiedene Lebensauffassung zwischen Europäern und Insulanern hatte schon damals zu ebenso verschiedener Bewertung der Geschenke oder Tauschgegenstände geführt.

Meist waren die Einheimischen dabei die Dummen, wenn die Händler ihnen etwa wertvolle Hölzer oder Grundeigentum für Glasperlen abkauften. Die Zeit der Glasperlen aber ist heute endgültig vorbei, und ein Besucher aus Europa sollte sich eher darauf einstellen, daß er grundsätzlich ein wenig geschröpft wird. Er sollte dies innerlich zu den Kosten der Reise hinzurechnen, die ihm dafür ein einmaliges Südsee-Erlebnis bescheren kann. Andererseits ist es nicht fair gegenüber späteren Besuchern, wenn wohlhabende Yachties oder Fernsehteams aus Bequemlichkeit mit Riesensummen um sich werfen und die Preise dadurch so verderben, daß das Betreten eines derart »verwöhnten« Dorfes überhaupt nicht mehr möglich ist. Wer kann schon 5 000 Dollar für Aufnahmen von ein paar armseligen Hütten hinblättern?

Für uns galt es nun, die richtigen Waren in den Geschäften zu finden. Wir wußten ja selbst schon ein wenig, womit wir Freude bereiten konnten, aber wir zogen in Honiara noch zusätzlichen Rat von Ortskundigen ein. Beliebt sei, so sagte man uns, besonders Tabak; nicht nur in Form von Zigaretten oder Pfeifentabak, sondern auch als zähe schwarze Masse zum Kauen, speziell für die Männer. Dieses für uns ungenießbare Produkt gibt es nur in Melanesien: ein überschwerer Kautabak, der sich im Vergleich zu dem unseren wie Schweröl zu Benzin verhält. Für Frauen und Kinder legten wir einen gehörigen Vorrat an Keksen und Bonbons an. Corned beef und Fischkonserven, Kleiderstoffe, T-Shirts, Sportschuhe, Shorts, Angelschnüre und Angelhaken vervollständigten das Sortiment. Aus Deutschland hatten wir noch Parfümproben, Kämme, Spiegel, Werkzeug sowie überzählige Hemden und Hosen mitgenommen.

Die Werft auf der grünen Wiese

Als wir wieder einmal von einem anstrengenden Einkaufstrip zurückkehrten, kam am Strand ein Herr auf mich zu. Er war groß gewachsen, schlank und trug Shorts und ein Buschhemd. Auf englisch fragte er mich: »Entschuldigung, sind Sie nicht Rollo Gebhard?« Ich war so verblüfft, daß ich meine Antwort stotterte. Er sei Deutscher und hätte mein Buch gelesen über die Inseln, berichtete er, und sei nun gerade hier angekommen, um eine Reise nach Makira und Owa Raha zu unternehmen. Natürlich sprachen wir jetzt deutsch und setzten uns ins Hotel. Bei einem Drink erfuhr ich, daß Hans ein großer Südseekenner war und sich zum Geburtstag diese Reise geschenkt hatte. »Vielleicht treffen wir uns auf Owa Raha, dann feiern wir zusammen an Bord Geburtstag«, verabschiedete ich mich später von ihm.

Allein vier Tage brauchten wir zuletzt, um mit Kanistern nach und nach unsere Wasser- und Treibstofftanks aufzufüllen. Wir mußten die schweren Behälter von der Tankstelle erst zum Strand schleppen, dann durch die Brandung waten und einen nach dem anderen ins Schlauchboot heben. Derart ausgerüstet und in allerbester Laune verließen wir nach vier Wochen das schwüle und heiße Honiara. Mein Fuß war einigermaßen schmerzfrei, allerdings hatte das Kanisterschleppen die Muskulatur erneut belastet.

Zunächst segelten wir nochmals über den Sund nach Tulagi, denn dort, am Eingang zur Mboli-Passage, befand sich die Werkstatt, die wir von früher her kannten. Die schon längst benötigte Halterung für den Wel-

Solveig stand für zwei Tage auf dem alten Slip in Tulagi: Es waren verfallene Anlagen aus dem Zweiten Weltkrieg, der romantischste Werftplatz auf unserer Reise. Und der effektivste, denn das benötigte Ersatzteil war binnen eines Tages fertig.

lengenerator sollte endlich angefertigt werden. Immer wieder hatte ich während der Überfahrt die Bolzen nachziehen müssen, und ständig belastete uns die Sorge, daß eines Tages das Getriebeöl vollständig auslaufen könnte, wenn ein Bolzen herausfiel.
Wir erreichten den Ankerplatz vor der Werft noch am frühen Nachmittag. Man muß solch eine zauberhafte Landschaft selbst gesehen haben, um unsere Begeisterung nachzuempfinden: Werft und Werkstatt lagen zwischen Palmen und Brotfruchtbäumen, mit Sandstrand vor den Werkshallen und klarem, hellgrün leuchtendem Meerwasser neben dem Arbeitsplatz. Die leichte Brandung, die über den flachen Sand schäumte, und die großen Fische, die um die Anlegebrücke schwammen, verstärkten noch den Eindruck, eher in einem Urlaubsparadies als auf einem Werksgelände zu sein. Kinder spielten den ganzen Tag am Strand und im Wasser. Die Arbeiter hatten ihre Hütten auf den Wiesen der Werft bauen dürfen und lebten dort mit ihren Familien. Kein Wunder also, daß alle guter Stimmung waren.
Der Werkmeister kam noch am selben Tag nach Feierabend auf unser Boot, kroch mit mir in den Motorraum und machte sich Notizen über die Maße der benötigten Teile. Und schon am nächsten Tag konnten wir die neue Halterung anschrauben.

Geheimnisvolles Makira

Von Tulagi machten wir mit der *Solveig* einen Ausflug, zu dem ich Angelika angeregt hatte. »In der Bucht da hinten liegen zwei Kriegsschiffe auf Grund, ein Japaner und ein Amerikaner«, erzählte ich. »Diese Wracks möchte ich mir mal ansehen. Es ist gar nicht weit.«
»Davor liegt aber ein großes Riff, das wir erst umfahren müssen, um den Eingang dieser Bucht zu erreichen«, warnte sie. »Du wirst dich wundern!«
Und sie behielt recht. Wir brauchten fast eine Stunde, bis wir die riesige Fläche der nicht enden wollenden Riffe gerundet hatten. Dann steuerte ich mit gedrosseltem Motor in die verschwiegene Bucht. Ringsum dichter tropischer Urwald. Die Sonne brannte heiß, es war still und ein wenig unheimlich. Schon von weitem sahen wir den Bug des gestrandeten Transportschiffes aus dem Wasser ragen. Wir ankerten in der Nähe und kletterten ins Dingi, um an den stählernen Rumpf heranzukommen. Dumpf hallte der Wellenschlag in den dunklen Räumen des Wracks wider. Tiefflieger mochten den Koloß versenkt haben. Vielleicht gibt es nirgends auf der Welt so viele gesunkene Schiffe wie hier zwischen den Inseln von Tulagi und Guadalcanal. Ich dachte an die unbekannten Männer, die auf den Schiffen ihr Leben verloren hatten. Einheimische mieden diese Bucht.
Wir fuhren mit dem Dingi eine Runde um das Wrack und kletterten später sogar an Deck. Ich stieg wieder zurück ins Schlauchboot und rief Angelika zu: »Mach doch von oben ein Foto!«
Angelika griff zur Kamera. In dem Augenblick sah ich eine dicke Spinne, fast so groß wie ein Vogel, auf der Reling dicht neben ihr sitzen. »Vorsicht! Da ist ein Tier neben dir!« rief ich – aber es war zu spät. Angelika schrie auf. Sie war schon gestochen worden. Ihre Schmerzen waren so wild, daß sie zunächst wie gelähmt an Deck saß und vom Wrack nicht mehr herunterklettern konnte. Ich half ihr mit Salbe und einem Verband, stützte sie. Es war eine richtig dumme Situation, in die wir völlig unerwartet geraten waren.

Vandalen an der Wasserleitung

Viel später als gedacht und einigermaßen verstört, kehrten wir auf unseren Ankerplatz vor der Werft zurück. Angelika hatte noch mehrere Tage danach eine dicke Schwellung und üble Schmerzen. Sie selbst hatte das Insekt nicht gesehen; ich wiederum sah das Tier nur für eine Sekunde und aus der Entfernung vom Dingi aus. So haben wir nie erfahren, welches Insekt, Spinne oder Skorpion, ihr diese üble Vergiftung beigebracht hatte.
Trotz Angelikas Behinderung setzten wir die Fahrt fort. Wir hatten in Honiara eine feste Route ausgearbeitet, auf der wir innerhalb der nächsten Monate bestimmte Inseln anlaufen wollten. Für diese Gebiete besaßen wir alles, was es an Kartenmaterial gab. Dazu gehörten auch einheimische Spezialkarten, ohne die man zum Beispiel die großen Lagunen von Malaita nicht befahren kann. Von einigen Inseln beschafften wir uns sogar Landkarten. Zunächst aber suchten wir Ruhe und Erholung, vor allem für Angelika, und welcher Platz wäre dafür geeigneter gewesen als die landschaftlich so reizvolle Lagune von Anuha?
Wieder fuhren wir an den herrlichen Wälder der Mboli-Passage vorbei, zwischen den beiden Gela-Inseln hindurch. Leider sahen wir auch eine große Lichtung, nur mit Baumstümpfen bedeckt, die auf den nächsten Wolkenbruch wartete, der dann die aufgewühlte Erde den Hang hinab in die See spülen würde. Vielleicht war sie ein Vorbote künftiger Tage, an denen die Ufer mit Reihenhäusern für japanische Sommerfrischler bebaut sein würden, während auf den dürren Wiesen da-

hinter höchstens Ziegen weiden konnten. Ob es wohl gelingen wird, solch einen verspäteten Sieg der Japaner zu verhindern?
Wir ankerten diesmal nicht bei der kleinen Felseninsel, sondern schon eine Meile vorher am »Watering Point«. Dort hatten die Amerikaner im Krieg eine Wasserleitung gebaut. Zwölf Kilometer lang, lief das Rohr von einem unterirdischen Fluß im Landesinneren über die steilen Hügel bis zum Ufer und von dort etwa 100 Meter in tiefes Wasser zur Zapfstelle. Hier konnten selbst größere Schiffe ihre Wassertanks füllen. Die Leitung war ein Meisterstück an Pionierarbeit, aber nach dem Krieg nicht mehr gewartet worden und befand sich nun in traurigem Zustand. Besonders brutal wurde sie von den japanischen Fischdampfern der Taiyo Fishing Company behandelt, die ihre dicken Festmachertrossen einfach um die Leitung schlangen, statt die Trosse zum Land hin auszufahren und dort zu belegen. Kam dann ein Windstoß von den Bergen, so rissen die schweren Schiffe von 25 Meter Länge an dem Rohr. Es konnte nicht mehr lange dauern, bis es vollends aus der Halterung gebrochen sein würde. Als wir mit unserem Schlauch Wasser übernahmen, sah ich, daß die Stahlträger, an denen die Leitung befestigt war, bereits abgerissen waren und das Rohr ohne Halt im Wasser taumelte.
Im übrigen war dieser Platz der schönstgelegene »Wasserhahn« der Welt. Am felsigen Ufer standen Urwaldriesen, Mangroven und die verschiedensten Laubbäume dicht an dicht und breiteten ihre Äste so weit über die Wasserfläche, daß wir mit dem Dingi wie durch einen Tunnel fahren mußten, um unseren Fuß an Land zu setzen. Dort versuchten wir einen Aufstieg über die Felsen, denn wir hatten gehört, daß sich weiter oben eine Grotte befinden sollte, in der man schwimmen konnte. Auch gäbe es dort eine fünfzehn Meter hohe Höhle voller Fledermäuse, Skorpione, Wasserfälle und Stalaktiten.
Aber wir schafften es nicht. Der Hang war zu steil, die Hitze zu groß, das Schuhwerk zu dünn und mein Atem zu kurz. Außerdem lag unten die *Solveig* unbewacht, für jeden Neugierigen im Kanu zugänglich. Schließlich befanden wir uns nicht am Vierwaldstätter See. So genossen wir den Tropenzauber im Cockpit unseres Bootes, horchten auf das Geschrei der Kakadus und Papageien und auf das Rascheln des Passats in den Palmblättern. Angelika benützte die unbegrenzte Wasserzufuhr, um unsere Wäsche zu waschen, und bald sah die *Solveig* aus wie ein Zigeunerwagen: kreuz und quer hatte sie Leinen gespannt und Kleidung und Decken zum Trocknen aufgehängt.
Am nächsten Morgen segelten wir in die Lagune von Anuha. Mit Sorgfalt wählten wir unseren alten Ankerplatz vor dem Strand, beim Wartehäuschen der Landepiste. Die Lagune ist groß, jedem Wind ausgesetzt und so tief, daß man gezwungen ist, nahe dem Strand zu ankern. Oft erschrak ich am Morgen, wenn ich den ersten Blick hinauswarf und direkt ins Grün der Palmen sah. Von Stunde zu Stunde änderten sich während des Tages mit dem Sonnenstand die Farben des Wassers. Manchmal stiegen wir auf einen etwa 50 Meter hohen Hügel und hatten von dort freien Ausblick über die Wasserfläche des Sundes, 60 Kilometer bis hinüber nach Malaita.

Freundliche Kannibalen

Unser nächstes Fernziel hieß Star Harbour. Der Name läßt einen Hafen von besonderer Bedeutung erwarten, aber in Wirklichkeit handelt es sich nur um einen gut geschützten Ankerplatz am Ostende der Insel Makira, die mit 126 Kilometer Länge neben Guadalcanal, Malaita, Santa Isabel und Choiseul zu den großen Inseln der Salomonen gehört.
Die Eingeborenen von Makira galten als besonders wild und waren in früherer Zeit durchweg Kannibalen. Zu jedem Fest wurde damals Menschenfleisch angeboten, und gelegentlich wurden sogar die geladenen Gäste selbst verzehrt. Im Unterschied zu den anderen Inselgruppen der Südsee, in denen die Kolonialherrschaft und damit der Einfluß der Missionare schon in der Mitte des vorigen Jahrhunderts bestimmend waren, kamen die Salomonen erst viel später unter europäische Herrschaft. 1899 wurden sie offiziell zum britischen Protektorat erklärt. Und erst zur Zeit meiner Großväter begann die allmähliche Einschränkung und Bekämpfung des Kannibalismus' und der ständigen Überfälle kriegerischer Kopfjäger auf Dörfer und Fischer. Ein bedeutender Missionar, Dr. C. E. Fox aus Neuseeland, hat uns lebendige Berichte aus jener Zeit hinterlassen. Dr. C E. Fox beherrschte die Sprachen der Eingeborenen und betrat 1908 zum ersten Mal die Insel Makira. Er wurde hundert Jahre alt und veröffentlichte 1977 sein letztes Buch.
Fox schrieb über die Sitten auf Makira: »Die Leute

waren wirklich Kannibalen. Sie aßen gern Menschenfleisch, und ein Fest ohne dem war für sie nicht denkbar. Wenn man in jenen Tagen zu den Leuten in den Bergen ging, bekam man Menschenfleisch angeboten. Und es gab am einen Ende der Insel angeblich einen Markt, wo Menschen gemästet wurden für die großen Feste. Aber ebenso fand ich, daß es sehr nette Leute waren. Es ist ein Fehler zu glauben, daß Kannibalen nicht sehr nette Menschen sein können – es ist alles eine Frage des Geschmacks.«
Dies ist typisch britischer Humor. An anderer Stelle erzählt Fox eine Geschichte von Makira, die nicht so lange zurückliegt und zeigt, wie langsam der Übergang von alten Traditionen zu neuzeitlichen Gepflogenheiten vor sich ging – und noch geht. Er hörte von einem Mann namens Sam, der als professioneller Mörder galt.

Am »Watering-Point« in der Mboli-Passage: Wir holten unser Wasser mit dem Schlauchboot. Japanische Fischdampfer belegten ihre Trossen einfach an der Wasserleitung. Bei einem Windstoß hätte das schwere Schiff das Rohr vollends aus der Halterung gerissen.

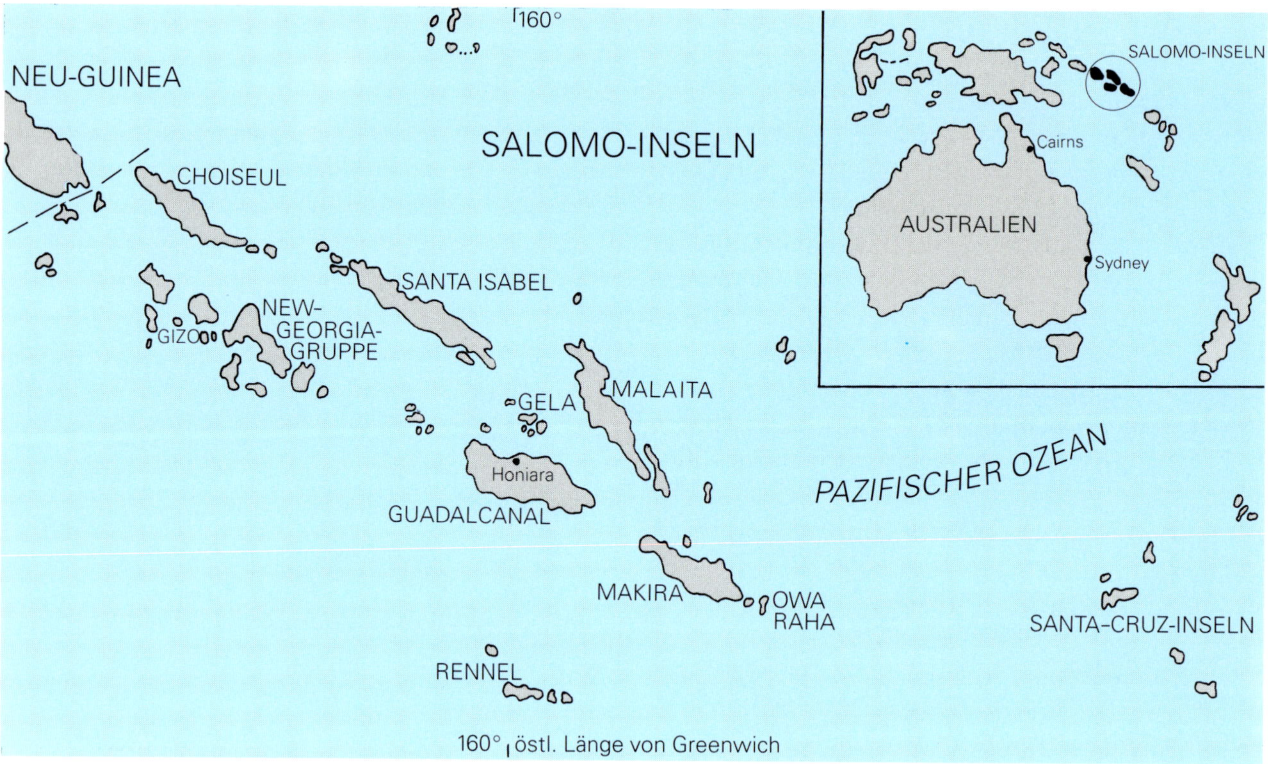

Die Salomo-Inseln erstrecken sich östlich von Neuguinea (Niugini) über ein Gebiet von 30 000 km² Ozean.

Fox war Abenteurer durch und durch und wollte diesen Sam unbedingt kennenlernen. Eines Tages ergab sich dazu Gelegenheit, als er mit einer Gruppe von Männern in einem Kanu an der Küste entlangfuhr. »Da ist Sam!« rief einer. Fox ließ die Männer an Land paddeln und wurde Sam vorgestellt. Nach der Begrüßung fragte Fox, wie Sam seine Arbeit verrichtete. »Oh«, sagte Sam, »das ist ganz einfach. Ich gehe in ein Dorf, wo mich keiner kennt, schließe Freundschaft mit einem Mann und helfe ihm bei der Feldarbeit. Wenn wir dann allein sind und uns niemand sieht, töte ich ihn und lade seinen Körper in mein Kanu.«

»Und wie oft hast du das schon getan?« fragte Fox. Sam kratzte sich am Kopf. »Ich glaube, an die 64mal bis jetzt!« Dann lächelte er Fox an und lud ihn ein, für ein paar Tage sein Gast zu sein.

Fox bedauerte: »Sorry, Sam. Ich habe im Augenblick sehr viel zu tun. Vielleicht ein andermal!«

Sam sei ein »very jolly fellow«, ein sehr fröhlicher Bursche, bemerkt Fox am Ende seiner Erzählung.

Auch sonst herrschten auf Makira rauhe Sitten. Um sich vor Überfällen zu schützen, lebten die meisten Stämme im Inneren der Insel. Erst in diesem Jahrhundert entstanden Siedlungen an der Küste, zu denen auch die kleinen Dörfer um Star Harbour gehören.

Geisterglaube und unzählige Legenden von Dämonen und Zwergen haben sich bis heute erhalten. So soll zuletzt 1969 ein Kakamora auf Makira gefangen worden sein. Es war ein Kakamorakind, das angeblich später wieder entkam. Kakamoras sind so klein wie Zwerge und spielen in der Vorstellung der Einheimischen eine große Rolle. Sie sind nicht gerade bösartig, aber immer zu Schabernack aufgelegt. Wenn eine Muschel verschwunden ist oder eine Frucht, dann, so heißt es, kann man sicher sein, daß ein Kakamora sie gestohlen hat.

Die unheimliche Bucht

Wir hatten in der Lagune von Anuha auf günstiges Wetter gewartet. Heftige Regenschauer mit starken Böen waren in den letzten Tagen über die Insel hinweggefegt. Doch seit 24 Stunden war Beruhigung eingetreten. Die Sonne ging leuchtend rot unter, und so hofften wir, am nächsten Morgen segeln zu können. Um fünf Uhr früh wachten wir auf und machten das

Boot seeklar. Gegen sieben Uhr verließen wir bei ruhigem Wetter die Lagune von Anuha. Es war Mitte Oktober, und wir hatten noch zwei bis drei Monate zuverlässiges Passatwetter zu erwarten. Danach würden wir einen sicheren Hafen anlaufen müssen, um uns vor einem möglichen Orkan zu schützen.

Der Passat stand unserem Südostkurs direkt entgegen, doch bei dem leichten Seegang konnten wir gegenan segeln oder zeitweise den Motor einsetzen. Allerdings hatten wir noch kein festes Tagesziel, als unser geliebtes Anuha hinter einer Biegung verschwand.

»Wo ankern wir während der Nacht? Du willst doch nicht noch einmal im Dunkeln zwischen den Riffen segeln?«

Angelika hatte recht. Allzu viele gute Ankerplätze gab es hier nicht. »Wir wollen gegen Mittag sehen, wie weit wir gekommen sind und welche Insel wir für die Nacht ansteuern.«

So begannen wir eine Fahrt ins Ungewisse, von der wir nicht wußten, wann wir sie beenden würden. Es kribbelte mir im Bauch vor Neugierde, ich fühlte mich leicht und frei. Auch Angelika freute sich auf Ungewohntes, auf täglich neue Ereignisse.

Zunächst segelten wir an der Küste von Gela entlang und später weiter in südöstlicher Richtung auf Malaita zu. In der Lagune dort hätten wir auf jeden Fall einen Ankerplatz für die Nacht gefunden, aber das Wetter war so günstig geworden, daß wir die Fahrt nicht vorzeitig abbrechen wollten. Ich fing an, auf der Seekarte einen Platz an der Küste von Makira zu suchen, den wir auch bei völliger Dunkelheit ansteuern konnten.

»Schau, diese Bucht an der Westspitze von Makira ist sehr tief«, sagte ich zu Angelika. »Dort sind keine Riffe. Ich glaube, in diese Bucht können wir auch bei Dunkelheit einlaufen, schließlich haben wir eine gute Karte.«

Angelika gefiel der Gedanke nicht besonders. »Bist du sicher, daß du die Bucht bei Nacht überhaupt findest?«

»Ja, das bin ich.« Dennoch mußte ich mir innerlich einen Ruck geben, bevor ich den Kurs änderte und auf die Maru Bay zuhielt. Bis dorthin lagen noch über 80 Kilometer vor uns. Ich sah auf die Uhr: Es war gerade Mittag. Vielleicht schafften wir die Strecke in neun Stunden? Riffe lagen nicht auf unserem Kurs.

Aber ich war zu optimistisch gewesen. Der Wunsch, unbedingt das gute Wetter auszunützen, hatte über den Verstand gesiegt. Wir gerieten in eine Gegenströmung und wurden langsamer. Die Insel kam in Sicht, doch was auf der Karte so leicht und klar aussah, war aus der Entfernung, als die Küste wie ein großer grauer Block im Dunst vor uns lag, unmöglich zu erkennen. Wo begann die Westseite? Es gab keine Landmarke, keinen Turm, keine Kirche, keine weißen Häuser. Und auch kein einziges Licht bei Nacht.

Gegen neun Uhr näherten wir uns der Küste. Nur ein schwarzer Schemen war zu sehen, keine Andeutung einer Bucht. Wir nahmen das Fernglas, strengten die Augen an, bis sie schmerzten. Wo war die Bay? Wir steuerten so dicht an der Küste entlang, wie wir es eben wagen durften. Zwei Stunden dauerte unsere Suche. Um elf Uhr glaubte ich, einen Einschnitt zwischen den Bergen zu erkennen, und tastete mich im Zeitlupentempo näher an das Ufer heran. Mal dahin, mal dorthin steuernd, hatten wir endlich kurz vor Mitternacht mit Hilfe des Echolots dicht vor dem Strand einen Platz gefunden, wo wir auf 30 Meter Tiefe ankern konnten. Wir waren völlig erschöpft, fanden aber keinen tiefen Schlaf, denn auf diesem fremden Ankergrund ließ uns eine innere Unruhe immer wieder aufschrecken.

Bei Sonnenaufgang bot sich unseren erstaunten Augen ein enttäuschendes Bild: Die große, hufeisenförmige Bucht war ausgesprochen langweilig. Ringsum schwarzer, steiler Strand, und dahinter sahen wir nur eine Reihe konturloser Hügel. Angelika sprach meine Gedanken aus: »Nichts wie weg hier, bevor noch ein Einheimischer im Kanu kommt und uns in ein langes Gespräch verwickelt.«

Sofort startete ich die Ankerwinsch. Angelika ging aufs Vorschiff, um den Einlauf der Kette zu kontrollieren. Sowie das Eisen oben war, legte ich den Gang ein. Mit Erleichterung sah ich die Bucht hinter uns verschwinden. Lag es an der Stimmung oder an der Landschaft? Es war ein bedrückender Aufenthalt gewesen.

Wir fühlen uns wie Robinson

In mäßigem Abstand segelten wir entlang der Küste von Makira und ankerten nach sechs Stunden etwa in der Mitte der Insel bei Kira Kira, der Provinzhauptstadt. Von Stadt konnte allerdings nicht die Rede sein, ganze tausend Seelen zählte das Dorf, einschließlich der Provinz-Verwaltungsbeamten. Vom Wasser aus entdeckten wir nur wenige, dazu noch im europäischen Stil erbaute Häuser. Deshalb und auch wegen unserer Übermüdung hatten wir keine Lust auf einen

Landgang. Aber gerade dies muß den Argwohn der Polizei erweckt haben. Nach zwei Stunden kam ein etwa 50 Jahre alter Mann zur *Solveig* herausgefahren. Barfuß und nackt bis auf ein Lendentuch, saß er in seinem Kanu und fragte nach unseren Papieren. Ich zögerte, denn er trug keinerlei Dienstabzeichen. Aber sein Auftreten war so bescheiden, so höflich, daß ich ihm Glauben schenkte.
In Kira Kira stand angeblich ein echtes Spukhaus, und zwar die Residenz des früheren britischen Bezirkskommissars aus der Kolonialzeit der sechziger Jahre. Ein hübsches Mädchen hatte sich darin wegen einer Liebesaffäre mit dem Commissioner erhängt. Das Haus stand jetzt leer, denn es hieß, daß die Schöne als Geist Bewohner und Besucher erschrecke. Trotz dieser Attraktion verzichteten wir darauf, das Schlauchboot klar zu machen und an Land zu fahren. Wir wollten weiter nach Star Harbour.
Die Einfahrt in dieses großartige Riff- und Insellabyrinth erreichten wir schon am folgenden Nachmittag. Seit ich 1974 zum ersten Mal eine Seekarte von Star Harbour in Händen gehalten hatte und mir vorzustellen versuchte, wie es dort zwischen Flußmündungen, Sandstränden und Mangrovenwäldern aussehen mochte, wünschte ich mir, in dieser verwunschenen Ecke einmal ankern zu können. Dreimal hatte ich seitdem vorbeisegeln müssen, denn die Zeit reichte jedesmal nicht zu einem Besuch. Jetzt hatte ich es endlich geschafft, und was ich sah, übertraf alle meine Erwartungen. Zu beiden Seiten des Fahrwassers tauchten romantische Inselchen und schneeweiße Sandstrände auf. An Backbord, unter Palmen, lag das Dorf und davor die Landungsbrücke bei der Mündung eines Flusses. Das war offenbar die Ortschaft Star Harbour.
Wir segelten weiter, in den innersten Teil der weiten, durch eine 15 Kilometer lange Landzunge vor dem Seegang des Ozeans geschützten Bay. Dort, hinter einer winzigen Insel, vor schönstem Sandstrand, ließen wir den Anker fallen. Ich sah mich um. Der Platz war ein absoluter Traum. Die anscheinend unbewohnte Insel besaß reinen Sandboden, keine Korallen. Hier lagen wir bei jedem Wetter geschützt.
Angelika holte ihr Badezeug und sprang ins Wasser. »Gibt's hier Haie?« fragte sie verspätet.
»Wahrscheinlich schon, aber wohl kaum im flachen Wasser. Ich warne dich, wenn ich eine Flosse sehe«, versprach ich.
Nach fünf Minuten kam sie wieder an Deck: »Du mußt unbedingt auch schwimmen. Das Wasser ist so warm und weich! So schön war es bisher nur in Moorea. Ich habe Fische in allen Farben gesehen, sogar ohne Maske.«
Als wir am Morgen erwachten, glänzten die Palmen neben uns im klaren Licht der frühen Sonne. Ein wenig Tau lag noch auf den Blättern und ließ ihr Grün intensiver leuchten, als ich es je zuvor gesehen hatte. Angelika brachte Tee und Knäckebrot zum Frühstück ins Cockpit, damit wir keine Minute dieses Anblicks versäumen sollten. Tage ungetrübten Glücks sind selten – und wir waren entschlossen, sie voll zu genießen.
Zunächst wollten wir den Strand und die Insel selbst erforschen. Nachdem wir das Schlauchboot klargemacht hatten, paddelten wir nur wenige Schläge, und schon schob sich der Bug auf das leicht ansteigende Sandufer. Natürlich hätten wir schwimmen können, aber außer Mütze, Sonnenbrille und Sandalen nahmen wir auch Kameras mit auf unseren Ausflug.
An der Südseite hingen die Äste weit über den Strand, hier war der Urwald besonders dicht. Wie Robinson fühlten wir uns, denn die Insel schien unbewohnt. Wir hatten keine Ahnung, was uns hinter dem nächsten Busch erwarten würde. Kakadus flogen krächzend über unseren Köpfen, in den Baumwipfeln hockten bunte Papageien. Einige Baumwurzeln und Äste ragten so weit über den Strand und das Wasser, daß wir klettern mußten, um am Brandungsstreifen entlang voranzukommen.
Auf einmal lichtete sich das Dickicht vor uns, wir entdeckten einen Pfad und eine verfallene Hütte. »Die ideale Dekoration für einen Piratenfilm!« rief ich Angelika zu, die mir in ein paar Schritten Abstand gefolgt war. Neben der Hütte fanden wir ein altes Kanu und einen Behälter mit Regenwasser. »Hier muß noch vor kurzer Zeit jemand gewohnt haben«, stellte Angelika fest. »Der Weg ist gut erhalten und nicht überwuchert.«
Ich hatte die Tür schon geöffnet und betrat einen vollständig eingerichteten Raum. Da standen ein Tisch und ein Bett, vergilbte Fotos hingen an den Wänden. Das Blätterdach war wohl nicht mehr dicht, denn Regenwasser hatte Schäden angerichtet.
»Hier muß ein Europäer gelebt haben.« Meine Stimme

Eine intakte Unterwasserwelt für Sporttaucher: Das Tritonshorn ist die vielleicht schönste Muschel der Südsee.

klang merkwürdig hohl und heiser in dem verlassenen Raum.
»Aber irgend jemand arbeitet noch hier, sonst wäre das Faß mit dem Wasser nicht in Ordnung und sauber. Es sieht doch alles recht ordentlich aus«, überlegte Angelika.
»Mal sehen, wie weit wir in den Busch hineinkommen«, rief ich Angelika zu. Sie betrachtete immer noch fasziniert Werkzeuge und Gegenstände, die in der Wildnis herumlagen.
Doch ich kam nicht weit, dichtes Gesträuch machte jedes weitere Vordringen unmöglich. Aber dann leuchtete etwas zwischen den Zweigen auf: eine zweite Hütte! Es war eine Art Backofen, eine Trockenanlage für Kopra, die hier nicht in der Sonne, sondern mit Hilfe eines großen Holzofens und eines primitiven Heißluftsystems getrocknet worden war. Aber wann war das gewesen? Wir konnten es nicht bestimmen. Beide Hütten waren zur Gänze aus dem Holz und Blattwerk der Insel errichtet worden und von See aus nicht sichtbar.
Mittagshitze und die Stille der Einsamkeit lasteten auf uns. Nur leise hörten wir Palmwedel vom Strand her knistern. Jetzt, dachte ich, könnte die ganze Welt untergehen, und wir würden es nicht merken; vielleicht würden nur wir beide hier überleben ... Die Hitze machte mich schwindlig, die Sonne stand senkrecht über uns.
Wir brachen unseren Erkundungsgang ins Innere der Insel ab und versuchten, am Strand entlang voranzukommen. Doch bald hatten wir das Ende unseres Weges erreicht, denn von hier aus bog die Küste ab in Richtung auf die großen Riffe und die offene See. Das Ufer bestand nur noch aus Korallenköpfen, über die wir kaum laufen konnten.
»Laß uns zurückgehen!« Ich sagte es, Angelika dachte es. Die Insel gehörte uns also tatsächlich allein. Uns und den zahllosen Vögeln, die um diese Tageszeit verstummt waren, deren Schwingen aber durch die Luft rauschten und im Laub raschelten, wenn sie in den Bäumen einfielen. An keinem der Ufer, die wir im Blickfeld hatten, waren Zeichen menschlichen Lebens zu sehen.
Vorsichtig traten wir den Rückweg an. Uns war die Einsamkeit bewußt geworden, wir achteten auf jeden Schritt. Die kleinste Verletzung konnte in diesem Klima böse Folgen haben und hätte vielleicht all unsere Pläne zunichte gemacht.
Die Rückkehr zur *Solveig* war wie eine Rückkehr in die Zivilisation. Wir drehten einen Wasserhahn auf, um uns zu waschen, hörten Radio und tranken Tee aus Porzellantassen. Ringsum dampften die von Flüssen und Sümpfen durchzogenen Urwälder Makiras in der Mittagsglut. Hatte es sich gelohnt, jahrelang zu segeln, 60000 Kilometer weit, um hierher zu kommen? Ja, dreimal ja! Wir hatten eine neue, eine andere Welt kennengelernt. Und wir wollten mehr erfahren von dieser Welt und ihren Menschen.

Verirrt im Mangrovendschungel

Weit in der Ferne hob sich ein dunkler Fleck vom Hintergrund der Hügel ab und wurde allmählich größer. Im Fernglas erkannte ich deutlich die Konturen eines Kanus, auch wenn es etwas merkwürdig aussah. Hohe Aufbauten schienen den Kopf des Mannes zu überragen. Was hatte der denn in sein winziges Fahrzeug geladen? Dann, das Kanu war näher gekommen, hörte ich Angelikas Ausruf: »Du, der hat ein großes Palmblatt als Segel in der Hand! Und hinten die Frau hat einen schwarzen Sonnenschirm aufgespannt!«
Bald konnten wir die Gesichter erkennen. Ganz gemütlich saßen die beiden Insulaner in ihrem Einbaum und ließen sich mit Hilfe des Palmblatts vom Wind treiben. So mochten schon vor etlichen tausend Jahren zum ersten Mal Menschen über ein Meer gefahren sein ... Ich stand auf, sah hinüber und signalisierte so, ohne die Menschen durch Winken zu nötigen, daß ich mich über ihren Besuch freuen würde.
Wir nahmen die Leinen aus geflochtenem Kokosbast an und befestigten sie an der *Solveig*. Ruhig blickte der Mann zu uns herauf. Er hatte sein großes Palmblatt zur Seite gelegt und begann, mit einer Kokosnußschale das Wasser aus seinem Kanu zu schöpfen. Er mochte 50 Jahre alt sein, und die weißen Haare, die tiefen Falten in seinem Gesicht ließen auf ein Leben voll harter Arbeit schließen. Nach der ersten Begrüßung fragte ich vorsichtig: »Do you speak English?«
»Very little.« Er sah mich forschend an, seine Frau wagte ein Lächeln. Die natürliche Würde dieser Menschen, die der jüngeren Generation leider verlorengeht, hat etwas Bezwingendes.
»Wir kommen von Honiara und wollen ein paar Tage bleiben«, erläuterte ich. »Es ist sehr schön hier.«
Angelika hatte schon ein Päckchen Tabak und für die

Der für die Salomo-Inseln typische Einbaum besitzt keinen Ausleger. Die Einwohner sind die geschicktesten Kanufahrer, das Boot ist ihr »Fahrrad«.

Frau eine Handvoll Kekse geholt. Wir reichten sie ihnen als Willkommensgeste, was ein freundliches Lachen auf ihre Gesichter zauberte. Nun begannen wir zu fragen, beantworteten Gegenfragen, und es entspann sich eine lange Unterhaltung. Die beiden waren in Star Harbour gewesen, hatten Gemüse eingekauft und Früchte verkauft. Ja, sie seien aus einem der Dörfer am Fluß, dort hinten. Er zeigte in seine Fahrtrichtung. »Zwischen den Büschen mündet ein Fluß, und kurz vor der Mündung steht unser Haus. Kommt uns morgen mal besuchen.«
Ich fragte ihn, woher er so gut Englisch könne. »Ich war Lehrer, viele Jahre, in Star Harbour.«
Der Ort war berühmt für originelle Holzschnitzereien, Hauspfosten mit Tier- und Menschendarstellungen. Wir fragten ihn, ob wir solche Kunstwerke hier sehen könnten. »Das sind heidnische Schnitzereien«, antwortete er. »Die machen wir nicht mehr. Früher ja, aber jetzt sind wir gute Christen.«
»Gibt es noch alte Leute, die solche Pfosten haben?« fragte ich weiter.
»Nein, nein, niemand macht die hier«, antwortete er, verwundert über mein Interesse.
Ich unternahm einen letzten Versuch: »Würdest du mir einen solchen Pfosten schnitzen, wenn ich ihn bestelle und darauf warte?«
Jetzt wurde er fast zornig, denn mein Ansinnen kam ihm absurd und böse vor. »Ich soll so etwas machen? Nein! Ich war Lehrer und bin ein guter Christ. Niemals!« Heftig schüttelte er den Kopf. »Das würde ich niemals tun. Aber komm' mich besuchen, ich habe gute Früchte im Garten, gute Früchte!«
Da gab ich mich geschlagen, und er war zufrieden, daß er mich auf den rechten Weg gebracht hatte. Wir verabschiedeten uns, er richtete nach ein paar Paddelschlägen sein Palmsegel wieder auf und entfernte sich rasch in seinem Kanu. Eine Weile sahen wir ihm nach, aber

Ein Wrack aus dem Zweiten Weltkrieg: Hunderte von amerikanischen und japanischen Schiffen wurden Opfer der Schlachten im Pazifik.

dann war er auf einmal verschwunden. Wir hatten einen Augenblick nicht aufgepaßt.
»Wo ist er hin? Hast du's gesehen?« fragte ich Angelika.
»Gerade war er noch da drüben bei den Mangroven«, antwortete sie. »Aber wo er jetzt ist, weiß ich auch nicht.«
Er hätte mir die Richtung zeigen können, wo die Flußmündung lag, die wir trotz seiner Beschreibung nicht ausmachen konnten. Aber nun mußten wir eben suchen. Am nächsten Morgen packten wir einen Reservekanister Benzin, Ersatzteile für den Außenborder, eine Flasche Wasser und ein paar Kekse ins Dingi und schützten uns mit großen Hüten, Hemden und Shorts vor der Sonne.
Hinter unserer Insel reihte sich Riff an Riff, deshalb steckten wir mit der *Solveig* in einer Sackgasse, aber mit dem Schlauchboot konnten wir uns frei bewegen. Angelika saß vorne und warnte mich vor den Korallen. Wir fuhren an endlosen Mangrovensümpfen entlang und sahen in weiter Ferne Sandstrände mit Palmen. Überall kleine Inseln – irgendwo mußte die Mündung des Flusses doch sein! Aus dem Grün vor uns löste sich plötzlich ein Kanu, hielt auf uns zu. Der junge Mann fragte in gebrochenem Englisch nach dem Woher und Wohin der Fremden, die da im Gummiboot herumfuhren. Ich versuchte ihm klar zu machen, daß wir die Mündung des Flusses suchten, und er beschrieb uns eine Ausbuchtung im Mangrovenwald, auf die ich zusteuern sollte. Kurz vor seiner Mündung in die Lagune machte der Fluß einen Knick, deshalb hatten wir seinen weiteren Verlauf nicht sehen können.
Mit angehaltenem Atem fuhren wir zwischen undurchdringlichem Mangrovengebüsch in die Einbuchtung hinein.
Wir erreichten die Biegung, steuerten dicht an den

Bäumen entlang in kurzem Bogen flußaufwärts – und wie beim Szenenwechsel auf der Bühne änderte sich das Landschaftsbild. Statt der eintönigen Mangroven begrenzten jetzt breitästige Laubbäume und farnartige, hohe Büsche die Ufer. Seitenarme des Flusses wurden sichtbar. Ich konnte nicht widerstehen, zwischen den Büschen in ein teichartiges Becken hineinzufahren, umgeben von Bäumen der verschiedensten Art, die alle aus dem Wasser aufragten, sich in der völlig glatten Fläche spiegelten und so eine Szenerie formten, die ein unbeschreibliches Maß an Poesie und Schönheit ausstrahlte.

Der Pflanzenwuchs im und am Süßwasser war so üppig, so überreich, daß der kunstvollste Gärtner eine solche Komposition nicht hätte erfinden können. Ich hielt mit Paddeln inne und ließ das Boot treiben. Ein paar Minuten wollte ich mit Angelika diese überquellende Pracht betrachten und genießen. Es waren Minuten, die ich nie vergessen werde und die mir die Kraft der Natur so gewaltig erscheinen ließen, daß ich mich als Mensch sehr klein fühlte. Zu eng drängten sich die Pflanzen um uns, als daß ich nicht auch ein Gefühl der Beklemmung empfunden hätte. Und zwischen den Pflanzen lebten Tiere, die wir zum größten Teil nicht wahrnehmen konnten.

Später sahen wir den Kopf eines Krokodils im Gebüsch verschwinden. Die Gewässer auf Makira sind mit Krokodilen verseucht, und ständige Wachsamkeit ist notwendig. Dann, mit einem Mal, überfielen uns Mücken in solchen Scharen, daß wir fürchten mußten, trotz Schutzmittel gestochen zu werden. Die von den Mücken übertragene Malaria ist in den Salomonen wieder eine gefährliche Seuche geworden, seit manche Erreger gegen die Medikamente immun geworden sind.

So paddelten wir in den Fluß zurück und suchten weiter nach dem Dorf, von dem uns der Alte am Tag zuvor erzählt hatte. Aber kein Anzeichen menschlicher Tätigkeit wurde sichtbar. Schließlich banden wir das Dingi an einem Baum fest und ruhten uns eine Weile aus. Gemächlich strömte das Wasser mit kaum hörbarem Gurgeln unter dem Boot hindurch. Wir waren in eine scheinbar zeitlose Welt eingedrungen, in eine grüne Welt, und genossen den Zustand des Abgehobenseins vom Alltag.

Lautlos und deshalb fast unbemerkt schob sich auf einmal der Bug eines Kanus aus dem dichten Unterholz der Mangroven in das offene Wasser. Kurz danach war das schmale graue Fahrzeug hinter der nächsten Biegung verschwunden.

»Da muß eine Einfahrt sein«, sagte ich gedämpft. Wir fuhren zu der Stelle, wo das Kanu erschienen war, und entdeckten eine sehr enge Schneise im Wurzelwerk der Mangroven, deren Windungen sich im Dickicht verloren. Solche Öffnungen hatte ich vorher schon bemerkt, aber für die Einmündungen kleiner Bäche gehalten. Mit unserem Schlauchboot in eine solche Gasse einzudringen, war völlig unmöglich. »Die Häuser des Dorfes stehen sicher hinter dem breiten Mangrovenwald dort«, überlegte Angelika ein wenig traurig. »Aber wir kämen nur mit einem Kanu durch die Büsche.«

»Wir sind keine geübten Kanufahrer«, gab ich zu bedenken. »Wenn wir uns falsch bewegen oder in den Ästen hängenbleiben, dann kentert der Einbaum oder läuft voll Wasser.« So mußten wir unseren geplanten Besuch in den Hütten am Fluß aufgeben.

»Hast du gut geschlafen?« fragte mich Angelika am folgenden Morgen mit spitzbübischem Lächeln.

Ich bejahte, fuhr aber etwas unsicher fort: »Es hat wohl heute nacht ein Gewitter gegeben? Ich meine, ich hätte es mal im Halbschlaf donnern gehört.«

Jetzt lachte sie gerade heraus. »Du hast ein Erdbeben verschlafen, mein Lieber! Ich wollte dich nicht wecken, du lagst so selig und zufrieden in deiner Koje. Es hat eine ganze Zeitlang gedonnert und mächtig gerumpelt – beängstigend. Mir kam's so vor, als würde auch das Boot zittern.«

Dieses Makira wurde mir langsam wirklich unheimlich.

Ein Reiher als Bordgast

Unsere Anwesenheit hatte sich wohl herumgesprochen, wir bekamen jetzt viel Besuch: Einheimische, die ihre Heimfahrt von Star Harbour unterbrachen, um Gemüse, Obst oder Schnitzereien gegen Geld einzutauschen, aber auch gegen Lebensmittel, Tabak, Benzin oder Petroleum. Vor allem aber, um einen Schwatz zu halten. Sie erzählten uns, daß die Erde ganz schön gewackelt hätte, daß solche Beben hier aber recht häufig vorkämen. Sie waren in der Nacht aus ihren Hütten gelaufen und erst als das Donnern aufhörte wieder zurückgekehrt.

Ein zahmer Reiher zu Besuch an Bord. Wir durften nur flüstern und mußten uns langsam bewegen, um unseren Gast nicht zu stören.

Natürlich wollten sie auch etwas über die merkwürdigen Fremden selbst erfahren. Nach ein paar Tagen schließlich erschien ein Mann im Kanu, der uns im Auftrag der Polizeistation bat, sich dort zu melden.

Im Gegensatz zu europäischen Gepflogenheiten, nach denen die See, auch vor der Küste, nie Eigentum einer Person werden kann, gehören in den Salomos der Strand und die Riffe vor den Dörfern (und folglich auch die Ankerplätze) jeweils dem Familienklan, dem Wantok. Die Erklärung für diese Besitzregelung ist sehr einfach: Große, schöne Muscheln, aber auch bestimmte kleine und Langusten, die dort gefunden oder gefangen werden, besitzen für die Einwohner einen hohen Wert. Das Inselgeld zum Beispiel, das für den Brautkauf noch heute verwendet wird, ist aus Muscheln gefertigt. Fremde oder auch Nachbarn haben deshalb kein Recht, ohne ausdrückliche Einladung vor einem Dorf zu ankern oder gar zu tauchen. Die Küstengewässer werden als Privatbesitz der Wantoks betrachtet, die Einklarierung und Fahrterlaubnis durch die Behörde in Honiara ist dagegen für die Inselbewohner von untergeordneter Bedeutung. Leider holen viele Segler, die nebenher auch begeisterte Sporttaucher sind, teilweise sogar für einen späteren Verkauf große Mengen der kostbaren Muscheln mit Tauchgeräten von den Riffen.

Wir fuhren also nach Star Harbour, machten unser Dingi an der Landungsbrücke fest und trotteten bei unglaublicher Hitze durch die malerische Ansiedlung.

Die Polizeistation war leicht zu finden, und wir wurden dort freundlich empfangen. Man fragte nach unseren Plänen und unseren Eindrücken in den Salomonen.

Die Leute sind nicht unbedingt begeistert über die Anwesenheit von Ausländern, aber auch hier war mein Buch mit den Fotos von den Inseln ein wahres Sesam-öffne-dich.

Als wir zum Ankerplatz der *Solveig* zurückkehrten, trauten wir zuerst unseren Augen nicht: Da saß doch ein ausgewachsener Reiher, sonst eher ein scheuer Vogel, auf dem Vordeck und blieb auch ruhig sitzen, als wir an Bord kletterten! Angelika war außer sich vor Freude. Ich durfte nur flüstern und mußte mich langsam bewegen, um unseren Gast nicht zu stören.

»Jetzt bin ich bloß neugierig, wie lange der bei uns an Bord bleibt.« Angelikas Augen wanderten alle paar Minuten zum Vorschiff.

Der schöne, stolze Vogel schien recht zufrieden mit seinem Platz vor dem Mast und blieb selbst dann noch sitzen, als wir begannen, das Boot für die Weiterfahrt klar zu machen. Erst als die Ankerkette mit Gedröhn über die Winde lief, flog er davon.

Die wilden Krieger von Owa Raha

Nach einer Woche im Schutz des kleinen romantischen Eilands wurde es Zeit für die Weiterfahrt zu einer Insel, der unser ganz besonderes Interesse galt und von der wir schon viele Geschichten und Berichte kannten: Owa Raha.

Dies ist wohl die legendärste Insel in den Salomonen. Schon vor zwei Jahrzehnten waren mir Owa Raha und seine Nachbarinsel Owa Riki in völkerkundlichen Büchern sowie in den Schriften des Völkerkundemuseums Berlin-Dahlem begegnet. Dort sollten noch alte Bräuche und das Wissen um religiöse Überlieferungen lebendig sein, die auf den größeren Inseln des Archipels längst in Vergessenheit geraten waren. Der Grund hierfür war das Schicksal der Insel in den vergangenen Jahrhunderten.

Seit jeher war Owa Raha berühmt für seine Krieger, die sogar von den anderen Inseln des Archipels als

Die vulkanischen Inseln Owa Raha und Owa Riki liegen zehn Seemeilen vor der äußersten Landspitze von Makira.

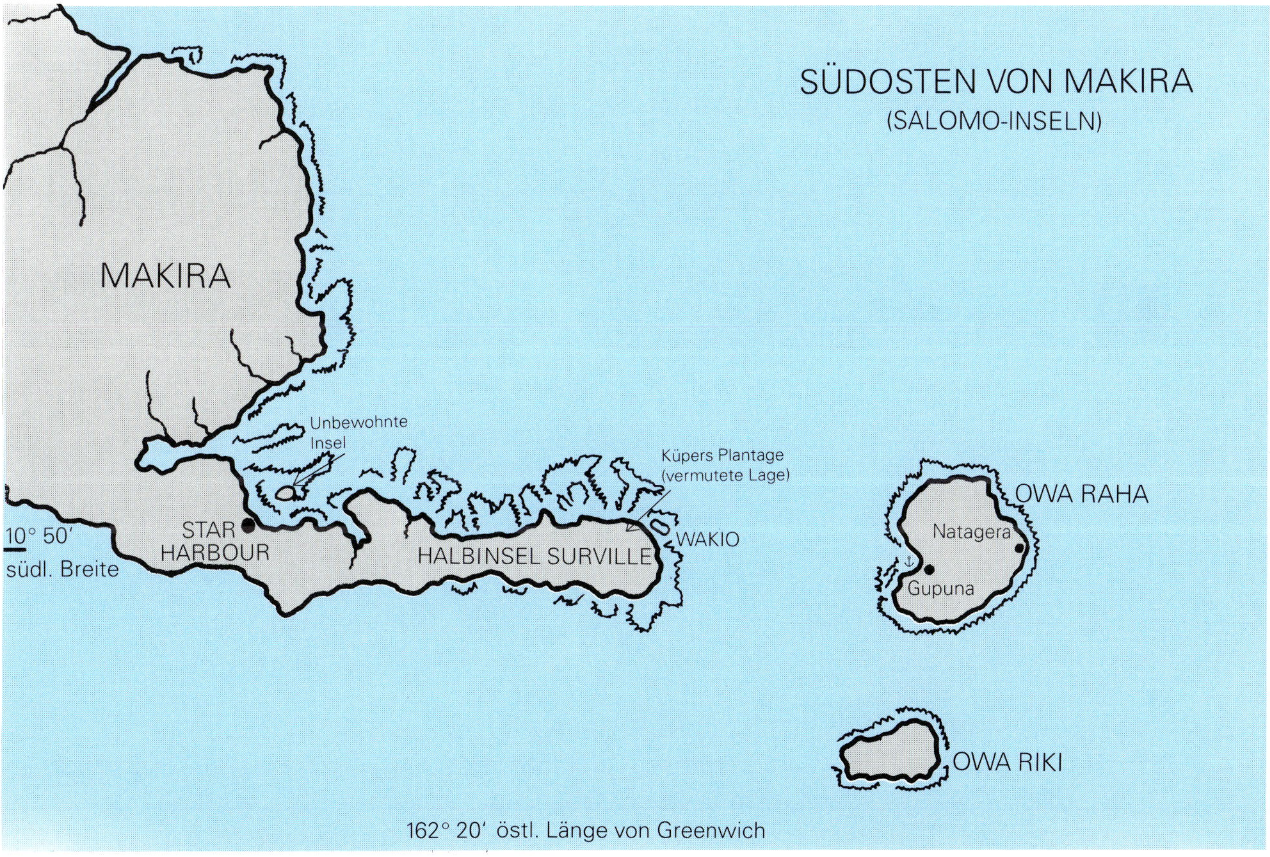

tapfere Kämpfer angeworben wurden. Schon der Entdecker der Salomonen, der Spanier Alvaro de Mendana, hatte die Bereitschaft der Männer von Owa Raha zur Verteidigung ihrer Eigenständigkeit schmerzlich erfahren müssen. Die Insel war 1568 von Kapitän Francisco Nunez im Auftrag Mendanas entdeckt worden. Über diese erste und für drei Jahrhunderte auch letzte Begegnung Owa Rahas mit Europäern ist uns ein ausführlicher Bericht überliefert, aus dem die Überraschung der Spanier über den kriegerischen Empfang und die Tapferkeit der Eingeborenen deutlich hervorgeht:

Der Kapitän ergriff Besitz von der Insel, welche er Santa Ana nannte; in der Sprache der Eingeborenen heißt sie Owa; sie mag sechs Leguas umfassen (spanisches Flächenmaß, etwa 1798 Hektar). Bei Nachtanbruch schifften wir uns in der Absicht wieder ein, am Morgen erneut zu landen, um uns nach mehr Schweinen und Hühnern umzusehen. Am Freitag, dem 14. Juli, landeten wir bei Tagesanbruch, und während der Kapitän seine Leute in Reih' und Glied ordnete, schoß auf gut Glück ein Soldat seine Büchse auf einen Hund ab und tötete ihn.

Durch diesen Schuß wurden zwei Hinterhalte, welche die Eingeborenen im Walde nahe ihrem Landungsplatz geschickt angelegt hatten, aufgehoben; denn beim Knall des Schusses glaubten die Eingeborenen, daß sie entdeckt wären, und kamen ganz leise aus dem Walde heraus. Aber Gallego, der sie von der Brigantine aus sah, schlug Alarm, und unsere Leute gingen mit schönem Mut gegen sie vor. Es waren gegen sechzig Männer, die sehr nahe herankamen und mit großer Wildheit wohlgezielte Speere gegen uns schleuderten.

In der Eile des Ladens hatten einige Schützen keinen Zunder auf ihre Schlösser getan, so daß diese nicht zünden wollten, wenn auch fünf oder sechs feuerten und einige der Eingeborenen trafen. Darauf griff die andere Abteilung aus dem zweiten Hinterhalt die Nachhut an; und als unsere Mannschaft ihrer gewahr wurde, machte sie kehrt und hinderte sie daran, aus dem Walde heraus auf den Strand zu kommen; sie feuerte vier oder fünf Büchsen gegen sie ab, wobei ein Eingeborener getötet wurde. Und jene flohen, nachdem sie vorher viele Pfeile und Speere entsandt hatten, welche die Vorhut trafen. Sie hielten einen Augenblick, um dies zu tun, und es war ganz außerordentlich reizvoll, die Schnelligkeit dieser Bewegung zu beobachten, die Gewandtheit und den Mut, die sie entwickelten.

Die Eingeborenen blieben hartnäckig weiter beim Kampfe, indem sie Schritt für Schritt gegen uns Gelände gewannen, bis unsere Leute gezwungen waren, sie mit Schwert und Axt Mann gegen Mann anzugreifen, da die Büchsen versagt hatten. In diesem Augenblick trafen sie Cristobal de Soria, einen Soldaten, mit zwei Speeren; der eine von ihnen verwundete ihn in den Weichen, der andere in der Schläfe, so daß er fiel. Als er wieder aufstand, konnte er den Speer nicht aus seinem Schädel bringen, bis ihn ein anderer Soldat durch schiere Kraft herauszog. Als diese Barbaren ihn fallen sahen, stiegen ihre Unverschämtheit und ihr Mut, und sie begannen mit erhöhter Wut zu kämpfen; sie verwundeten den Kapitän mit einem Speerwurf. Als er ihn mit seinem Schilde abwehrte, ging er durch die Armspange und durchbohrte seinen Arm durch und durch, so daß die Spitze auf der anderen Seite herauskam. Dann verwundeten sie Bastian Res, einen Soldaten und Zahlmeister auf der Almirante, in den Weichen.

Als der Kapitän dies sah, rief er seinen Spaniern zu: »Santiago! Auf sie!« (Santiago: Schlachtruf spanischer Christen). Er und sechs Schildträger griffen an, trieben sie zurück und schlugen sie; und wenn bei den Unsrigen nicht dieser Mut gewesen wäre, so hätte es noch mehr Tote und Verwundete auf unserer Seite gegeben. Die Eingeborenen schienen eine tapfere Rasse zu sein. Alle trugen Pflanzengewinde um ihre Köpfe und Bänder von Hibiscus von gelber und grüner und anderen Farben, so daß sie aus der Ferne wie Taffet (Taft) aussahen. Jeder von ihnen trug fünf oder sechs Speere zum Schleudern und eine Lanze mit Steinspitze zum Kampfe Mann gegen Mann. Zwei der Eingeborenen wurden erschlagen und andere verwundet.

Hierauf setzten unsere Leute alle ihre Hütten in Brand und nahmen Wasser ein, ohne daß jene sie noch einmal angriffen. Der Kapitän kämpfte tapfer, obwohl er verwundet war, was seine Leute höchlichst ermutigte. Als dies alles vorüber war, schifften sich unsere Leute um neun Uhr ein und setzten die Segel bei günstigem Winde, um zu den Schiffen zurückzukehren.

Zur Zeit der Kolonisierung durch die Engländer und der allmählichen Bekehrung zum Christentum besaß das entlegene und wirtschaftlich völlig unbedeutende Owa Raha wenig Anreiz für europäische Händler oder Missionare. Deshalb blieb hier die alte Religion besonders lange lebendig. Erst 1918 besuchte ein britischer Distriktoffizier die Insel, und lange danach wagten sich

Vorhergehende Doppelseite: Ein Südseetraum wurde Wahrheit: Als wir am Morgen erwachten, glänzten die Palmen neben uns im klaren Licht der frühen Sonne.

Im Labyrinth der Riffe und Inseln von Makira kann die geringste Abweichung vom Fahrwasser schon die Strandung bedeuten.

Missionare nach Owa Raha. In den dreißiger Jahren wurde auf Owa Raha Gupuna missioniert, das Dorf Natagera sogar erst nach dem Zweiten Weltkrieg, und die Menschen auf der Nachbarinsel Owa Riki haben sich bis heute der Mission verschlossen.
Die Erhaltung alten Brauchtums auf Owa Raha haben wir nicht zuletzt einem deutschen Marineoffizier zu verdanken, Henry Küper aus Hamburg. Er lebte von 1912 bis 1950 auf der Insel und half den Einheimischen, sich gegen die verderblichen Einflüsse der Zivilisation abzuschirmen. Welche Überraschungen würden Angelika und mich dort erwarten?

Palmen, Sand und blaues Wasser

Unruhig und aufgeregt suchten wir mit der *Solveig* den günstigsten Weg zwischen ausgedehnten Korallenriffen hinaus auf die offene See. Wir orientierten uns an Bergkuppen, an einzelnen Palmen oder Baumgruppen und an Resten alter Seezeichen, die in der Karte noch immer verzeichnet sind, auch an anderen Landmarken, soweit sie uns in Erinnerung waren. »Wir sind noch nicht am Ende des Riffs, erst wenn die Insel da drüben querab liegt, können wir nach Osten steuern!« warnte mich Angelika. Später galt es, ein über 15 Kilometer langes, in weitem Bogen ausladendes Riff neben der Halbinsel Surville, der äußersten östlichen Landspitze von Makira, zu umfahren.
Nach zwei Stunden hatten wir endlich freies Wasser erreicht. Eine kurze, heftige See, vom Südostpassat aufgeworfen, schlug uns entgegen, so daß wir nur noch vorwärtskrochen. Ich stand im Ölzeug am Ruder und wurde jedesmal, wenn *Solveigs* Steven in eine größere Welle einsetzte, von Gischt und Wasser überschüttet.
»Wie lange brauchen wir noch bis Owa Raha?« wollte Angelika wissen, die sich Sorgen machte um meine angegriffene Gesichtshaut.
»In drei Stunden, schätze ich, sollten wir es schaffen.

Das Dorf Gupuna auf Owa Raha. Hier lebte der deutsche Seeoffizier und Abenteurer Henry Küper aus Hamburg.

Ich schalte später die automatische Steuerung ein und gehe in die Kajüte.«
Doch daraus wurde nichts. Von einer Minute zur anderen, als ob ein Vorhang aufgezogen würde, schälten sich aus dem Dunst die Umrisse der nur noch sechs Seemeilen entfernten Insel. Gebannt starrten wir auf den schemenhaften, einem flachen Hut ähnelnden Bergrücken, der sich vor unseren Augen immer deutlicher zwischen den Wolkenstreifen am Horizont abzeichnete. Dieses Inselchen also war ein fester Begriff für so viele Völkerkundler geworden und ein Leben lang die Heimat eines deutschen Träumers und Abenteurers!
Meile um Meile kämpfte sich die *Solveig* auf ihr Ziel zu, als wüßte sie, daß der vor ihr liegende Hafen uns für lange Zeit Schutz vor den Wellen des Ozeans bieten sollte. Auf halber Strecke begegnete uns ein Kanu mit Außenbordmotor, ein Antrieb, der gerade auf den kleinsten Inseln in den letzten Jahren einen unglaublichen Siegeszug angetreten hat, gewiß nicht zuletzt wegen der rücksichtslosen Marketingmethoden der japanischen Hersteller. Die fünf oder sechs Leute in dem schmalen, aber gerade deshalb unglaublich schnellen Boot hielten Plastiktüten oder Holzplatten über ihre Köpfe, um sich vor dem hochspritzenden Wasser zu schützen.
Eine solche Überfahrt ist ausgesprochen gefährlich. Fast immer ist nur ein Motor an Bord; versagt er, so ist es oft nicht möglich, das Kanu mit Paddeln in Sicherheit zu bringen. Neuerdings waren auch mehr und

mehr Fälle von Piraterie bekannt geworden, bewaffnete Angriffe auf Kanus, die oft mit wertvoller Ware beladen sind. Von der Besatzung fehlt dann in der Regel jede Spur, das Kanu wird an irgendeinem Strand leer aufgefunden. Nur wenige, die einem Überfall entkommen, können Kunde davon geben, wie die Angriffe ablaufen. Entsprechende Hilferufe oder Suchmeldungen hörten wir öfter im Radio oder lasen sie in Honiara in der Zeitung.

Wir dachten an unseren Freund auf Geburtstagsreise, der sich für die Überfahrt nach Owa Raha ein Kanu hatte mieten wollen. »Das muß für Hans ein hartes Stück Arbeit gewesen sein, wenn er mit den Einheimischen im schmalen Boot gegen die steilen Wellen ankommen wollte«, sagte ich, aber Angelika dachte noch weiter: »Ihm ist sicher alles naß geworden. Hoffentlich hat das Salzwasser nicht seine Kamera oder Filme verdorben.«

Der Passat weht in dieser Jahreszeit noch sehr stark und regelmäßig, deshalb konnten wir davon ausgehen, daß Hans keinesfalls günstigere Bedingungen angetroffen hatte als wir jetzt. Beide bewunderten wir den Tatendrang dieses Mannes und den geradezu aufopfernden Einsatz, ja die Leidenschaft, mit der er seine völkerkundlichen Interessen verwirklichte. Seit Jahren bereiste er die entlegensten Inselgruppen der Südsee und dies niemals auf ausgetretenen Pfaden.

Wir waren durch den groben Seegang sehr ermüdet und hätten sicher die Fahrt gedrosselt oder gar abgebrochen, wäre nicht das Ziel jetzt rasch näher gekommen. Die 158 Meter hohe Bergkuppe in der Mitte der Insel überragte eindrucksvoll die sie umgebenden Hügel; das Grün der Wälder wurde umrahmt von langen Streifen hellen Sandes. Schließlich kam die weiß schäumende Brandung auf dem Korallenriff, das die ganze Insel umgab, in Sicht. Aber wo war die Einfahrt nach Port Mary, wie der Ankerplatz vor dem Dorf Gupuna auf der Seekarte hieß? Wir mußten erst noch näher an die Küste herankreuzen, um einige Hütten erkennen zu können, die uns als Wegweiser dienten.

Als hufeisenförmiges Halbrund dehnte sich vor uns ein blendend weißer Strand, der eine in allen Blau- und Grüntönen schimmernde Lagune umschloß. Der Strand und die dahinterliegenden Hütten wurden von breitästigen Laubbäumen überschattet. Zu beiden Seiten des Dorfes wiegten sich am Ufer hochgewachsene Kokospalmen im Passatwind. Um die Pracht der Farben voll zu machen, zeigte sich da und dort als Kontrast zwischen dem grünen Laub das helle Rot der Flamboyantblüten.

Nach etwa hundert Metern steuerte ich an den tosenden, hoch aufschäumenden Wellen der Brandung vorbei in das ruhigere Wasser der Einfahrt. Dann wurde es schlagartig still um uns: Wir hatten den von weit ausgreifenden Korallenriffen geschützten Ankerplatz erreicht. Wir suchten eine Stelle, um das Eisen fallen zu lassen, und dabei stellte ich zu unserer Freude fest, daß der größte Teil der Lagune frei von gefährlichen Korallenblöcken war und der Sandboden dem Anker sicheren Halt geben würde.

Daß die Bewohner von Owa Raha seit jeher diese Wälder, diesen Strand und diese Lagune unter Einsatz ihres Lebens verteidigt hatten, war uns verständlich. Verständlich auch, daß sich der Hamburger Henry Küper in diese Insel verliebt und es ein Leben lang hier ausgehalten hatte. Uns wurde in diesen Minuten klar: Wenn es so etwas wie ein Südseeparadies gab, dann hatten wir es hier gefunden!

Der weiße Zauberer aus Hamburg

»Soll ich versuchen, möglichst nahe am Strand zu ankern?« fragte ich Angelika.
»Laß uns lieber weiter draußen bleiben, dann sind wir vor den Mücken sicherer«, erwiderte sie nach einigem Nachdenken. Ich ließ den Blick über das im Sonnenlicht schimmernde Wasser der Lagune gleiten, sah die Palmwipfel, die sich im frischen Passatwind bogen, und dahinter die hellen Hütten des Dorfes. Was mochte Henry Küper empfunden haben, als er mit seinem Kutter im Gefolge der stolzen Kriegskanus von Owa Raha zum ersten Mal in diese Bucht einlief? Er wußte damals noch nicht, daß diese Insel und ihre Menschen sein künftiges Schicksal bestimmen würden.
Aber wer war dieser Henry Küper?
Vor hundert Jahren als Sohn eines angesehenen Schiffsmaklers geboren, verlebte Henry glückliche Kinderjahre in Hamburg. Das Geschäft der Eltern ging gut, denn es war die Zeit, da der Hamburger Hafen Weltgeltung erlangte und immer mehr Kapitäne ihre Vorräte in der »Schiffsviktualienhandlung Gustav Küper« ergänzten.
Vater Küper mußte viele Kapitäne gekannt haben. Wie konnte es da geschehen, daß er seinen erst vierzehnjährigen Sohn von der Schulbank weg auf einem ihm unbekannten Schiff als Schiffsjunge anheuern ließ?
Zu jener Zeit gehörte es zum guten Ton, Sprößlinge wohlhabender Familien durch eine harte Schule auf das Leben vorzubereiten. Doch für den kleinen Henry war die Behandlung an Bord des alten Windjammers auf der ersten Überfahrt nach Südamerika nicht nur hart, sondern brutal. Er wurde geschlagen und mißhandelt. Im Hafen von Iquique in Chile schlich er sich endlich mit der Mannschaft heimlich an Land und zog in einer Kneipe sein Hemd aus. Entsetzt sahen die Mädchen und Matrosen seine zerschundene Haut und seine Narben, Merkmale der Folterung. Man brachte ihn zum deutschen Konsulat. Der Skandal war fertig. Der gute Ruf der deutschen Handelsschiffahrt stand auf dem Spiel. Diese deutschen Barbaren!
Küper kam ins Krankenhaus und wurde anschließend heimgeschickt. Vater Küper tobte, strengte einen Prozeß an. Der Kapitän der Bark sollte in Hamburg vor Gericht gestellt werden. Aber wie das Leben so spielt – das Schiff ging, noch bevor es Hamburg erreicht hatte, mitsamt seinem herrschsüchtigen Kapitän im Englischen Kanal unter.
Henry besuchte die Seefahrtschule, machte mehrere Reisen auf verschiedenen Schiffen und schließlich sein Steuermannsexamen. Nun wollte er hinaus in die Welt, wollte eine Laufbahn als Seeoffizier beginnen. Aber ein passender Posten ließ sich nicht ohne weiteres finden. Vielleicht hatte man ihm in Reedereikreisen den Skandal von Chile noch nicht verziehen? Jedenfalls fand es die Familie Küper bereits schändlich, als er ganze vier Wochen zu Hause saß. Ein junger Mann, damals 23 Jahre alt, und nicht arbeiten? Unmöglich!
Als er eines Nachts von einem Tanzvergnügen heimkehrte, hatte seine Mutter den Hausschlüssel versteckt. Er mußte klingeln, es kam zu einer Aussprache. Zum zweiten Mal wurde er fortgeschickt. Und wieder war das Ergebnis am Ende ein völlig anderes, als es die liebende Mutter erwartet hatte.
Henry fühlte sich in seiner Ehre gekränkt. Schon am nächsten Morgen ging er zum Heuerbüro und musterte als einfacher Matrose an: auf der damals noch neuen Viermastbark Pamir, die routinemäßig Getreide von Australien nach Europa brachte. Zwei Tage später verabschiedete er sich von Braut und Eltern. Binnen sie-

Blick vom Strand auf unsere geschützte Ankerbucht in Owa Raha. An diesem Platz waren wir wochenlang zu Hause.

ben Jahren wollte er sein Glück machen und als wohlhabender Mann nach Hamburg zurückkehren.
In Sydney musterte Henry ab. Offenbar erhoffte er sich in Australien eine bessere Möglichkeit, in Zukunft als Steuermann zur See zu fahren. Er lernte fleißig Englisch und machte das australische Schifferpatent. Tatsächlich bekam er durch Vermittlung von deutschen Freunden einen Posten als Steuermann, allerdings auf einem ziemlich morschen Kahn mit Kurs auf die Salomonen.

Henry Küpers Weg in die Südsee

Bis dahin hatte Henry Küper zweifellos eine »normale« Karriere als Seeoffizier im Sinn gehabt. Doch der eine Augenblick, in dem er sich aus Abenteuerlust und weil ihm vielleicht das Warten auf ein gutes Schiff zu lang wurde, dazu überreden ließ, einen Job in der Südsee anzunehmen, wurde schließlich für den Verlauf seines weiteren Lebens bestimmend.
Das freilich ahnte der junge Seeoffizier noch nicht, als er sich 1912 im Hafen von Tulagi, dem damaligen Regierungssitz des British Solomon Islands Protectorate, wie die Salomonen offiziell hießen, von einem millionenschweren Plantagenbesitzer zum Kapitän des schmucken Schoners *Lily* befördern ließ. Aufgabe des Schoners und seines Kapitäns war es, neben der Verladung von Kopra Arbeitskräfte für die Plantagen des Großgrundbesitzers zu rekrutieren. Das war ein ziemlich anrüchiger Job, hart an der Grenze der Legalität. Nach dem Gesetz durften zwar nur Freiwillige angeworben werden, aber die eingesetzten Mittel, um genügend Männer auf das Schiff zu bringen, waren oft recht zweifelhaft. Im übrigen war es ein Risikogeschäft, denn mancher Werber verlor sein Leben, wenn er an Land in einen Hinterhalt gelockt wurde oder die Burschen an Bord sich mit Gewalt befreien wollten.
Die *Lily* lag in Tulagi, als zu Pfingsten 1912 der Postdampfer aus Sydney eintraf. An Bord hatte er reiche Australier mit ihren Töchtern, die auf Küpers Schoner eine Kreuzfahrt durch die Salomonen unternehmen wollten. Während dieser Vergnügungsfahrt stand der junge Kapitän natürlich im Mittelpunkt des gesellschaftlichen Bordlebens und verliebte sich prompt in die Tochter eines reichen Konsuls aus Sydney. Die hübsche Rita war überwältigt und berauscht von den Eindrücken dieser Reise, deren Höhepunkt ihr Flirt mit dem Kapitän war. Henry hatte endlich eine Eroberung gemacht!
Es muß ein beeindruckendes Erlebnis für die Schickeria gewesen sein, mit dem gepflegten 200-Tonnen-Schoner durch die ob ihrer wilden Eingeborenen berüchtigte Inselgruppe zu segeln. Das brachte Nervenkitzel und Aufregung in die wohlige Sicherheit an Bord. Hier und nirgends sonst in der Südsee gab es noch echte Kannibalen und Kopfjäger; Männer und Frauen liefen fast nackt herum, und die bemalten, tätowierten Krieger verfehlten gewiß nicht ihre Wirkung auf die Gäste. Schließlich hatte damals kein geringerer als Jack London in seinem Luxusschoner ebenfalls die Salomo-Inseln und Malaita aufgesucht.
Erst seit zehn Jahren arbeiteten in Tulagi ein Dutzend britische Beamte, die sich mühten, allmählich Ordnung und Rechtsprechung im europäischen Sinne einzuführen und den Kannibalismus einzudämmen. Überall lauerten Gefahren.
Auch an Bord des Schoners kam es zu einer wilden Auseinandersetzung zwischen der Besatzung und aggressiven Ladearbeitern von Malaita. Die Männer dieser Insel werden auch heute noch gefürchtet. Es gelang dem kräftigen Kapitän Küper, die Schlägerei mit ein paar ordentlichen Fausthieben zu beenden. Von nun an war er in den Augen seiner angebeteten Rita ein Held.
In Tulagi wartete indessen der Postdampfer, um die australischen Reisenden wieder an Bord zu nehmen. Henry mußte sich entscheiden. War er bereit, mit Rita in Australien ein bürgerliches Leben zu führen? Zunächst aber wurde für die Gäste des Postdampfers eine riesige Abschiedsparty veranstaltet. Geschäftsleute und Pflanzer aus der näheren und weiteren Umgebung kamen dabei zusammen, und ihre Gespräche drehten sich um große Projekte, um Kopra, Kakao und Ölmühlen. Viel Geld, sehr viel Geld, konnten geschickte Unternehmer damals in dem fast unkontrollierten Kolonialgebiet verdienen. Es herrschte die unbekümmerte Aufbruchstimmung der Gründerjahre vor dem Ersten Weltkrieg. Dieser Goldrausch mußte Henry beeindrucken.
Am Abend saß er neben Rita am Kapitänstisch. Sollte er aufs Ganze gehen und sie um ihre Hand bitten? Küper blieb unentschlossen, vielleicht dachte er auch an seine Braut in Hamburg, die auf ihn wartete. Hatte er

Dr. Hugo Bernatzik (oben): Ihm gelang es, zur Zeit Henry Küpers einige Monate auf Owa Raha zu forschen.

Henry Küper, der »weiße Zauberer«, in den dreißiger Jahren; er wirkte segensreich auf seiner Insel Owa Raha.

nicht mit einem rasch erworbenen Vermögen zu ihr zurückkehren wollen?
Als der Postdampfer am nächsten Morgen Tulagi verließ, stand Küper auf der Landungsbrücke und winkte Rita nach, die vom Deck aus auf den rätselhaften Geliebten zurückblickte.
Was nun, Henry? Sollte er weiter mit der *Lily* in den Salomonen Kopra von Insel zu Insel schippern?

Der erste Pflanzer auf Makira

Der Zufall führte Küper mit zwei unternehmungslustigen Deutschen zusammen: Otto Keller aus Darmstadt und Harry Jakobsen aus Blankenese. Die beiden hatten bereits mit beträchtlichem Kapital in den Salomonen Pflanzungen und Konzessionen erworben: eine Kokosnußplantage auf Ulawa und eine weitere auf Malaita. Sie wollten ihre Pflanzungen erweitern und brauchten dafür einen zuverlässigen und tatkräftigen Partner. Hier winkte Henry endlich das große Geld, von dem er seit seinem Abschied von Hamburg geträumt hatte. Man mußte nur kräftig zupacken, und davor scheute sich Henry nicht. Er unterschrieb den Kontrakt, der ihn zum Mitunternehmer machte.
Nun hieß es wieder Arbeiter anwerben, diesmal aber für Küpers eigene Pflanzung auf Makira und mit Kellers Schoner *Fauro*. Doch Vorsicht war geboten: Gerade hatte ein Schoner in Tulagi festgemacht, dessen Steuermann auf Malaita mit einer Axt erschlagen und dessen Kapitän schwer verwundet worden war.
Keller hatte Erfahrung und ging vorsichtig an seine Aufgabe heran. Im Gürtel Dynamitpatronen und bewaffnet mit Schrotflinte und Pistole, führte er die Verhandlungen vom Beiboot aus, fünfzig Meter vom Ufer entfernt nur eben auf Rufweite und bereit, sich jeden Augenblick wieder zu entfernen. In einem zweiten Boot stand Küper, ebenfalls bewaffnet, um die Vorgänge am Ufer zu beobachten und gegebenenfalls sofort zu schießen.
Keller beherrschte das Pidgin-Englisch, das von vielen Eingeborenen gesprochen wurde, und verstand es außerdem, sich durch Zeichen verständlich zu machen. Er zeigte den Leuten Konserven und heißbegehrte

Werkzeuge, die sie als Lohn erhalten würden, und redete so lange, bis schließlich einer ins Wasser sprang und auf das Boot zuschwamm. Sowie er an Bord war, pullte die Besatzung mit voller Kraft zur *Fauro* zurück.
Wegen Kellers vorsichtigem Vorgehen dauerte es eine ganze Woche, bis die sechzehn Arbeiter angeworben waren, die Küper für seine neue Pflanzung brauchte.
Die *Fauro* segelte zunächst nach Tulagi zurück und wurde mit der Ausrüstung für die Plantage beladen. Schließlich steuerten die Deutschen ihren Schoner zu der langen Halbinsel, die sich am Südende von Makira viele Kilometer nach Osten erstreckt, bis hinaus zum Kap Surville. Dort, vor unberührtem, dichtestem Urwald, gingen sie vor Anker.
Küper schrieb in sein Tagebuch: »Der 28. Juli 1912 war mein Schicksalstag.« An diesem Tag begann er mit der Begeisterung des Goldgräbers die Rodung für seine Plantage. Und weiter heißt es in Küpers Tagebuch: »Hier soll ich allein mit einem Häuflein Kannibalen aus dem Nichts die neue Pflanzung Bulimatarofa hervorzaubern. Ich weiß noch nicht einmal, was Bulimatarofa heißt: Himmel oder Hölle?«
Die Rodung erfolgte jedenfalls im Ostteil der Halbinsel Surville, einige Kilometer entfernt von Star Harbour und rings umgeben von Mangrovensümpfen, in denen eine Unzahl angriffslustiger Krokodile und Mücken dem Pflanzer das Leben eher zur Hölle machten. Papageien, Kakadus und weiße Tauben leisteten ihm Gesellschaft in der Einsamkeit.
Küper führte das Leben eines jungen Abenteurers. Er schoß Krokodile, hängte ihre Häute in seiner Hütte auf und verstand sich mit seinen Malaita-Arbeitern wie ein Häuptling mit seiner Leibwache. Anfangs hatte er noch Angst, von diesen wilden Kerlen überfallen zu werden, und schloß sich deshalb jede Nacht samt seinen Gewehren, Werkzeugen und Lebensmitteln in einer Wellblechhütte ein.
Doch die Malaita-Leute fürchteten sich ihrerseits vor den wilden Bergstämmen auf Makira und waren froh, einen kräftigen Meister mit Schußwaffen zu haben. Sie fanden es auch ganz in Ordnung, daß der weiße Mann die Speere, Keulen und Pfeile, die sie sich an freien Tagen geschnitzt hatten, ebenfalls in der Blechhütte verschloß. So konnte Henry bald in einen Bungalow aus Bambus und geflochtenen Palmblättern umziehen, den er mit Jagdtrophäen und den Fotos seiner beiden Bräute und seiner Mutter schmückte.
Auf Bulimatarofa wurde hart gearbeitet, aber gelegentlich drillte Henry seine dunkelbraunen Gefährten auch an den Riemen des Kutters oder veranstaltete eine Treibjagd auf wilde Schweine. Einmal war ihm das Glück besonders gewogen, und er erlegte gleich drei der nahrhaften Tiere. Die Malaita-Boys nahmen das Wild aus und präparierten es sorgfältig, weigerten sich aber dann, das Fleisch zuzubereiten. Henry war verblüfft: »Was ist los, wollt ihr kein Kai-Kai (Essen)?« »Zu viele Schweine, zuviel für Bulimatarofa! Wir Fella waschiwaschi in Boot, Schweine in Boot, Fella Master in Boot. Besser großes Kai-Kai dort.« Damit zeigten sie nach See zu, wo die Insel Owa Raha aufragte, kaum zehn Kilometer entfernt. Nachts hatte Küper oft Fackelschein vom fernen Strand herüberleuchten sehen, wenn dort Frauen und Männer zum Fischfang auszogen. Aber die Insel war bisher für ihn unerreichbar geblieben.
Küper verstand seine Leute sofort. Sie wollten mit der großen Jagdbeute nach Owa Raha hinüberfahren, um das viele Fleisch, mehr als sie selbst essen konnten, mit den Bewohnern der Insel zu teilen und ein großes Fest zu feiern. Eigentlich kein schlechter Gedanke, überlegte Küper. Das Teilen des kostbaren Fleisches war offenbar eine Selbstverständlichkeit für die Eingeborenen. Aber wie würde er auf der kriegerischen Insel Owa Raha empfangen werden? Seine Männer stammten von Malaita und waren mit denen von Owa Raha keinesfalls verwandt; andererseits, wer mit solcher Beute kam, konnte doch nicht als Feind behandelt werden. Also dann! Er durfte jetzt keinesfalls Schwäche zeigen. Vielleicht war es sogar günstig, freundschaftliche Beziehungen zu Owa Raha aufzunehmen für den Fall, daß er dort später eine Handelsstation errichten wollte.
Mit Freudenrufen und ausgelassenen Sprüngen rüsteten sich seine Männer zur Überfahrt. Sie holten ihre Speere, Schilde und Keulen und luden sie ins Boot. Dann legten sie Kriegsbemalung an. Küper sah es mit Besorgnis. Sie planten also zumindest einen Scheinangriff, um die eigene Stärke zu zeigen. Vorsichtshalber ließ er Keulen und Speere ins Heck des Kutters bringen, wo er sie unter Kontrolle hatte. Er selbst hielt Schot und Pinne des Bootes, Pistole und Dynamitbomben hingen griffbereit an seinem Gürtel.
Kaum hatten sie die Lagune durch den Paß verlassen und die Segel gesetzt, da sahen sie auch schon, wie aus dem Schatten von Owa Raha eine ganze Flotte Kriegskanus hervorkam. Sie steuerte auf Wakio zu, eine un-

bewohnte kleine Koralleninsel mit Hunderten von Kokospalmen. Überraschend näherte sich von Süden ein weiterer Schwarm Kanus mit demselben Ziel.
Es wäre schändlich gewesen, jetzt, während der Abwesenheit der meisten Männer, Owa Raha anzulaufen. Solche Hinterhältigkeiten verstießen gegen die guten Sitten. Aus Neugierde, aber auch mitgerissen von der Aufregung seiner Boys über den bevorstehenden Kampf, steuerte Küper nun ebenfalls auf Wakio zu. Das Kriegsgeschrei der beiden Gruppen, die offenbar gleichzeitig die Kokosnüsse des herrenlosen Inselchens ernten wollten, schallte ihnen schon von weitem entgegen. Als erste waren die Leute von Owa Raha gelandet.
Der weiße Mann konnte sich nicht vor der Auseinandersetzung drücken, wollte er nicht sein Gesicht verlieren, denn die Malaita-Jungs brannten auf Kampf. Als Küper landete, flogen bereits die Speere. Er schoß mit der Pistole mehrmals in die Luft. Mit Keulen und Äxten stürzten seine Arbeiter an den Strand und schlugen die als zweite Gelandeten in die Flucht.
So wurden Küper und seine Mannen die Helden des Tages und die neuen Freunde der Männer von Owa Raha. Gemeinsam sammelten sie die reifen Nüsse auf, schlugen die saftigen grünen von den Palmen herunter, häuften die reiche Ernte in die Kanus und fuhren zurück zum triumphalen Empfang und zur Siegesfeier auf Owa Raha.

Mißglückte Brautwerbung

Bei so großen Festen, wie sie damals von den Eingeborenen mit Priestern und Häuptlingen noch gefeiert wurden, waren Europäer als Gäste unerwünscht. Doch dank der besonderen Umstände konnte Henry Küper das Tanzfest nicht nur als Zuschauer miterleben, sondern als aktiver Teilnehmer. Ein Teilnehmer allerdings, der die Spielregeln nicht kannte. Und daraus ergaben sich Verwicklungen.
Die Burschen von Malaita wußten die bevorstehende Ehrung sehr wohl zu schätzen. Die Mädchen von Owa Raha waren auf allen umliegenden Inseln bekannt für ihre Tanzkunst und Freizügigkeit. Oft wurden sie, natürlich gegen Geschenke, für Feste an befreundete Familien auf anderen Inseln ausgeliehen. Dieser Brauch hat sich bis in die dreißiger Jahre erhalten. Jedes Mädchen auf Owa Raha war in der Wahl der Partner völlig frei – bis zur Hochzeit. Danach galt jede außereheliche Beziehung als Ehebruch und führte zu langwierigen Sippenfehden.
Begeistert sahen die Jungen von Malaita an diesem Nachmittag den hübschen Tänzerinnen in die Augen, bis sie einer nach dem anderen paarweise im Busch verschwanden. Als Küper dies merkte, wollte auch er nach Monaten der Enthaltsamkeit auf seiner Plantage die Gunst der Stunde nutzen. Bald hatte er eine besonders schöne Tänzerin entdeckt und glaubte, auch bei ihr auf Zuneigung zu stoßen. Die Sonne stand schon tief, Feuer wurden entzündet. Die Frauen sangen langsame, sehnsüchtige Lieder, in den Palmblättern rauschte der Passatwind, und vom nahen Strand hörten die beseligten Festgäste das helle Kichern der Mädchen. An einem der offenen Feuer vorbei näherte sich Küper seiner Tänzerin. Dabei fiel sein langer Schatten quer über ihre Schenkel. Mit einem Schrei sprang die Schöne auf, riß ihre Freundin mit sich und flüchtete empört hinter die Hütten.
»Das hättest du nicht tun dürfen«, verriet ihm einer der alten Männer in umständlichem Pidgin. »Der Schatten ist eine schwere Beleidigung.« Wie hätte er das ahnen sollen? Und wie konnte er das zornige Mädchen wieder versöhnen?
Nach einem langen Gespräch mit dem Alten hatte Henry begriffen. Als die beiden Mädchen mit Tragnetzen und Fackeln zum Langustenfang aufs Riff zogen, folgte er ihnen. Er tat so, als ob er sich an seinem Kutter zu schaffen machte, und ließ sich Zeit dabei. Nach Einbruch der Dunkelheit ging er den Mädchen langsam weiter nach. Er wollte seine Schöne auf dem Rückweg abfangen. Aber den weißen Mann und das braune Mädchen trennten jahrtausendealte unterschiedliche Sitten und Lebensansichten.
Die pechschwarze Tropennacht war hereingebrochen. Henry verbarg sich hinter einem Felsvorsprung, als die beiden Strohfackeln näherkamen. Er ließ die Freundin vorbeigehen und näherte sich seiner Auserwählten vorsichtig von hinten. »Tuahina«, flüsterte er. Das Mädchen erschrak schier zu Tode und schrie auf. Beruhigend umfaßte Küper ihre Schultern, bohrte sich aber dabei die Stacheln der Langusten und Seeigel in die Brust, die Tuahina im Beutel auf dem Rücken trug. Für einen Augenblick betäubte ihn wahnsinniger Schmerz.
Die Freundin hatte die Schreie und das Stöhnen gehört und war nun sicher, daß ein Geist ihr Leben bedrohte.

Aber die Mädchen von Owa Raha hatten nicht nur Angst vor Geistern, die für alle Eingeborenen eine Realität bedeuteten, sie waren auch tapfer und entschlossen, ihr Leben so teuer wie möglich zu verkaufen. Ihre aus Kokosbast geflochtenen Beutel mit den Seeigeln und Langusten als Schlagwaffe gebrauchend und mit den brennenden Fackeln um sich werfend, hieben sie erbarmungslos auf den vermeintlichen Geist ein.
Mit gellenden Schreien: »Ataro, ataro – ein Geist, ein Geist!« liefen sie schließlich dem Dorf zu und alarmierten die Krieger, die bald mit Speeren und Keulen gerannt kamen. Der Mißgriff hätte Henry leicht das Leben kosten können, aber er schleppte sich sofort, nachdem die Mädchen geflohen waren, zu seinem Kutter. Dort versteckte er sich, vor Schmerzen und Angst wie gelähmt, auf den Bodenbrettern unter dem Segel. Die Krieger stürmten vorbei, suchten vergeblich nach dem »Geist« – und kehrten in ihre Hütten zurück. Die ganze Nacht harrte der weiße Mann, eigentlich der Ehrengast, in seinem Versteck aus und wagte sich erst wieder hervor, als die Tropensonne das Dorf mit hellem Licht überflutete.
Nun versammelten sich alle, die Burschen, die Mädchen und Henrys Arbeiter, als er in zerrissenem, mit Brandlöchern übersätem Hemd und aus verschiedenen Wunden blutend ins Dorf zurückkehrte. Er fühlte sich schrecklich blamiert, denn jetzt wurde mit einem Schlag klar, wer der »Geist« gewesen war. Alle lachten über die gescheiterte Brautwerbung, aber nicht schadenfroh oder höhnisch, und so konnte er bald mitlachen, ohne sich in seiner Ehre verletzt zu fühlen.

Der Kampf um Kafaga Murirongo

Owa Raha war die schönste Insel, die Henry Küper jemals gesehen hatte: ein kleines Paradies. Hier, das stand für ihn fest, würde er sich die erhoffte Gefährtin suchen. Seine Männer trugen an diesem Morgen stolz die Kratzwunden scharfer Fingernägel auf Brust und Rücken, als Zeichen der nächtlichen Zärtlichkeiten. Die Verwandten der Mädchen waren nicht weniger stolz auf diese Beweise der Leidenschaft. Aber die gute Sitte verlangte, daß die Besucher sich nun zurückzogen übers Meer, von wo sie gekommen waren.
Die Melanesier lebten damals in einem festen sozialen Geflecht aus Sitte, Brauchtum und Religion, das alle Bereiche des Lebens umfaßte. Hätten die Europäer, insbesondere die selbstgerechten Verkünder des Christentums, diese Ordnung respektiert, hätten sie auf die radikale Zerstörung der jahrtausendealten Glaubensstruktur verzichtet, so hätte sich in gemeinsamer Arbeit eine erfolgreiche neue Ordnung in der Südsee entwickeln können. Dies ist nicht nur meine Überzeugung, die ich in zahllosen Gesprächen mit alten und jungen Einheimischen gewonnen habe. Es ist auch die Überzeugung vieler Forscher, Beamter oder einsichtiger Missionare, die sich die Mühe machten, in die Gedankenwelt der Insulaner einzudringen.
So schrieb Dr. Fox, selbst Missionar, nach ausführlicher Schilderung einer religiösen Zeremonie, die er um 1920 auf Makira miterlebte: »Es war alles sehr eindrucksvoll und feierlich und viel langwieriger und komplizierter, als ich es schildern kann. Die Zwiesprache zwischen dem Mann an Land im Banyan-Baum und dem Mann auf dem Wasser in seinem Kanu war besonders beeindruckend. Sehr schön waren auch die Gebete, die sie sprachen. Muß dies alles zerstört werden? Oder auf christliche Weise in steinernen Kirchen zelebriert werden?«
Der Völkerkundler Dr. Bernatzik berichtete von einer Tänzerin aus Owa Raha, die in ihrer Jugend nach Malaita zu einem Kannibalenfest ausgeliehen wurde. Sie erzählte ihm, daß damals die Gefangenen, welche als Opfer ausersehen waren, völlig frei herumliefen und ihr Schicksal bereitwillig trugen, ja sogar bei der Zubereitung der Nachspeise halfen.

Henrys Burschen ruhten sich nach der Rückkehr in die Plantage auf Makira erst einmal richtig aus. Strapazen hatten sie genug mitgemacht, und die Nacht auf Owa Raha hatte viel Kraft gekostet. Henry sah ein, daß er die Sache falsch angepackt hatte, und sann darüber nach, wie er mit einem neuen Anlauf mehr Erfolg haben könnte. Er war zweifellos ehrgeizig, zielstrebig und konnte es schwer ertragen, der Unterlegene zu sein. Deshalb zögerte er nicht lange, sondern setzte schon am nächsten Tag Segel und unternahm diesmal die Überfahrt nach Owa Raha allein. Er war fest entschlossen, ein Mädchen von der Insel auf seine Plantage mitzunehmen. Wie sich seine Brautsuche diesmal gestaltete, wissen wir nicht. Es gibt schließlich auch Dinge, die ein Mann für sich behält und keinem Tagebuch oder Brief anvertraut. Aber er hatte Erfolg.
Am Strand von Owa Raha, so erzählte Henry später, habe er die schöne Kafaga Murirongo entdeckt, die sei-

ne Gefährtin werden sollte. Sie stimmte zu, bei ihm zu bleiben, und der junge Henry zögerte nicht. Er wollte sich nicht noch einmal durch einen Formfehler um sein Glück bringen. Ohne daß jemand im Dorf etwas bemerkte, brachte er das Mädchen zu seinem Kutter und kreuzte mit ihm zurück nach Bulimatarofa. Zwei Tage später erschien dort ein vollbemanntes Kriegskanu. Im Bug stand hoch aufgerichtet ein junger Mann, reich geschmückt mit Stirnband und Muschelketten. In ihm erkannte Kafaga ihren Bruder, den Sohn des Häuptlings von Owa Raha.

»Das hätte ich mir denken können!« schoß es Henry durch den Kopf. »Dieses Mädchen ist etwas Besonderes.« Aber er wollte sie nicht mehr hergeben. Der Häuptlingssohn forderte im Namen seines Vaters die Rückgabe der Tochter. Henry lehnte rundweg ab, worauf die Besucher mit Krieg drohten. Diese Herausforderung konnte Küper nicht hinnehmen. Zweimal schoß er über das Boot hinweg, und die Krieger im Kanu wandten sich zur Flucht. Blitzschnell überlegte Küper: So durfte er sie nicht nach Owa Raha entkommen lassen, am Ende erzählten sie daheim noch von einem Sieg.

Ohne auf die flehentlichen Bitten Kafagas zu hören, rannte er übers Riff, das bei halber Ebbe trocken fiel. Korallen sind scharf, aber Henry achtete nicht auf den Schmerz, sondern lief halb springend und halb kletternd über die hufeisenförmige Riffmauer bis zur Einfahrt. Dort erreichte er gerade noch das Kanu. Zuerst schoß er aus nächster Nähe auf den Bug, so daß die Stevenfigur in Trümmer sprang, dann schoß er die Perlmuttverzierungen an der Bordwand in Stücke, immer vorsichtig darauf bedacht, keinen der Männer zu verletzen. Wild heulten die Krieger auf, schrien vor Wut und Angst. Aber Henry war jetzt selbst in Zorn geraten und jagte noch ein paar Schüsse in das reichverzierte Heck des davoneilenden Kanus.

Das war er seinem Stolz schuldig und auch seinem Ruf als Herr über die Malaita-Boys, die er in den folgenden Tagen für den bevorstehenden Kampf trainierte. Jeden Tag war jetzt in Bulimatarofa eine Stunde früher Feierabend. Man probte den Ernstfall, die Verteidigung der Plantage. Und Henry hatte richtig vermutet. Am dritten Tag erschien ein noch größeres Kriegskanu, mit vierzig Mann an Bord. Diesmal stand der Häuptling selbst am Bug. Küpers Malaita-Krieger hockten kampfeslustig im Busch, bereit, jederzeit anzugreifen. Aber das war nicht nötig, denn das Boot wagte sich diesmal

Oskar Küper, ein Enkel von Henry, an Bord der *Solveig.* Sein größter Wunsch ist es, einmal Deutschland zu besuchen.

nicht in die Einfahrt zur Lagune. Der Häuptling verlangte nur, am Riff aussteigen zu dürfen und mit seiner Tochter zu sprechen. Er wollte verhandeln.

Auf halbem Weg trafen sich Vater und Tochter auf der Riffmauer. Der Alte rief seine Fragen an die Tochter so laut, daß alle zuhören konnten: Ob sie mit dem weißen Mann leben wolle? Das Mädchen bestätigte lächelnd. Im Kanu begann daraufhin der Priester Beschwörungsformeln zu murmeln und Früchte in die See zu werfen. Plötzlich fing das Kanu zu wackeln an: das Zeichen des Meeresgottes, daß auch er der Eheschließung zwischen dem Häuptlingskind und dem weißen Mann zustimmte. Henry mußte schließlich noch einen symbolischen Brautpreis in Form mehrerer eiserner Kochtöpfe bezahlen, dann war die Heirat perfekt. Endlich hatte er eine Frau, eine Gefährtin, auch wenn sie eine Eingeborene war. Das bedeutete zur damaligen Zeit für einen Europäer den gesellschaftlichen Bann.

Henrys Partner Harry Jacobsen aber war mit der Wahl zufrieden, legte ihm nur sicherheitshalber zuunterst in die Munitionskiste einen Strang roten Muschelgeldes, den Preis für eine Scheidung auf melanesisch. Auch Henry selbst schien seine Ehe nur als Übergangslösung zu betrachten, denn er schickte seiner Mutter ein Foto von Rita, bat aber gleichzeitig seinen älteren Bruder Otto, sich in Hamburg mal umzusehen, welche von Henrys früheren Freundinnen noch an ihn dachte und zu haben war. Henry wollte, Kafaga hin oder her, später in Australien oder Europa eine bürgerliche Existenz mit dem auf der Plantage verdienten Geld gründen.

Interniert für Kaiser und Vaterland

Zunächst ging alles seinen vorgesehenen Gang. Kafaga lernte nach Hamburger Art kochen, und die Palmen der Plantage gediehen. In zwei Jahren würde man ernten können. Doch eines Tages, im Sommer 1914, kam das Kanu der Nachbarpflanzung und brachte unerwartete Botschaft: Küper möge sich umgehend beim District Commissioner in Tulagi melden.
Schon unterwegs im Kutter hörte Henry Gerüchte über einen Mord in Sarajevo und Krieg in Europa. Aber diese Ereignisse, so meinte er zunächst, seien ohne Bedeutung für sein Leben auf den Salomonen. Der britische Offizier in Tulagi jedoch besaß mehr Informationen über den Kriegsausbruch und mußte seine Pflicht tun. Er versuchte, Küper eine Brücke zu bauen: »Wir nehmen an, daß Sie als britischer Staatsbürger naturalisiert sind, nachdem Sie hier leben und ein australisches Schifferpatent besitzen. Dann wäre das Problem einfach zu lösen – wenn Sie wollen.« Doch Henrys Antwort lautete klipp und klar: »Ich bin Deutscher, Gentlemen.«
»Überlegen Sie sich das noch einmal, Mr. Küper«, entgegnete der Offizier. »Uns sind deutsche Kreuzer im Indischen Ozean und im Pazifik gemeldet. Was würden Sie tun, wenn eines dieser Schiffe vor Makira ankerte und Sie um Verpflegung bäte?«
»Das gleiche, was Sie in umgekehrter Lage tun würden«, antwortete Henry.
Der District Officer machte ein ernstes Gesicht. »Dann muß ich Sie leider für die Dauer des Krieges internieren. Good-bye bis zum Kriegsende, Mr. Küper, und auf Wiedersehen in den Salomonen.«
Fünf Jahre später betrat Henry Küper als entlassener Gefangener mit leeren Taschen das Hotel in Tulagi. Er konnte nicht einmal die Übernachtung bezahlen.

Viele Blondschöpfe rein melanesischer Abstammung leben auf Owa Raha und anderen Inseln der Salomonen.

Doch dann geschah ein Wunder. Der britische Gouverneur der Salomonen schickte einen Boten zu Henry ins Hotel und bat den stellungs- und mittellosen Deutschen zu sich zum Tee! Das war eine Sensation, auch wenn das Gespräch Henry zunächst eine böse Enttäuschung brachte: Sein früheres Eigentum war als Folge des verlorenen Krieges enteignet worden, die Pflanzung und das schöne Haus auf der Halbinsel Surville war er los. Ohne Kapital war an die Neugründung einer Plantage nicht zu denken – und an eine Anstellung als Manager, Schiffsoffizier oder Verwalter ebensowenig. Da wurden zunächst die entlassenen alliierten Soldaten berücksichtigt.

Die getreue Auguste

Nachdem ihm der Gouverneur die Lage geschildert hatte, machte er Küper ein scheinbar armseliges Angebot: Ob er nicht Lust hätte, Owa Raha wiederzusehen? Ob er bereit wäre, als Dolmetscher ohne Bezahlung, nur gegen freie Kost und einen Platz an Deck, auf dem Regierungskutter mitzufahren, den Polizeichef und den neuen Regierungsarzt zu begleiten? Henry war über diese Zumutung wütend und hätte am liebsten abgelehnt. Aber das durfte er nicht. Was blieb ihm schon anderes übrig?

Der Gouverneur fügte hinzu: »Sie werden auf Owa Raha vermutlich eine Überraschung erleben. Grüßen Sie Kafaga Murirongo von mir, sie ist übrigens nach dem Tod ihres Vaters mit der Häuptlingswürde betraut worden.«

Henry wußte nicht, daß er in seinem Zorn dem väterlichen Gönner bitter unrecht tat. Der Gouverneur war nämlich nicht nur Beamter, sondern auch Wissenschaftler. Er war einer jener Männer, die ein Herz hatten für die Südseevölker und ihr Leben dem Wohl der Menschen auf den Inseln widmeten.

Das Schiff lief nach dem Besuch verschiedener Häfen und Ortschaften auch Küpers frühere Plantage an. Als er im Fernglas sah, daß alles zerstört und vom Urwald überwuchert war, verzichtete er darauf, überhaupt an Land zu gehen. Auf Owa Raha war bei der Ankunft des Kutters der Strand leer, kein Kanu lag in der Lagune, der Ort Gupuna wirkte wie ausgestorben. Henry ging als erster an Land, er hatte nichts mehr zu verlieren. In dem Augenblick brach eine Horde Krieger mit Speeren und Schilden aus dem Busch. Wild schreiend vollführten sie den beim Empfang wichtiger Gäste obligatorischen Scheinangriff.

Regierungsarzt und Polizeichef wurden mit Henry über den Strand geführt, bis sie vor einem Bungalow standen: seinem Bungalow von einst! Das Haus war auf Owa Raha völlig neu erbaut worden und sogar etwas größer ausgefallen als früher auf Makira. Nicht einmal das »blöde« Schild *Zur Löwenhöhle* fehlte, schreibt Henry. Er hatte es in seiner Junggesellenzeit über dem Rauchzimmer angebracht. Draußen am Dachgiebel hing die alte Bootsplanke mit dem säuberlich in Perlmuttschrift eingelegten Hausnamen »Hansea«.

Der Polizeichef lächelte. »Sie sehen, Henry, Ihre Sachen sind vollzählig da, selbst der Schaukelstuhl, der Nähtisch und die Gartenbank. Wir konnten damals Ihre Einrichtung nicht versteigern, die Pflanzer ließen uns wissen, daß niemand dafür bieten würde. So gaben wir die Sachen praktisch umsonst an Kafaga Murirongo. Sie hat alles von Makira hierher nach Owa Raha bringen lassen.«

Das also war die Überraschung, von der der Gouverneur gesprochen hatte! Henry war fassungslos. Er hörte leichte Schritte aus dem Zimmer nebenan. Muri, so nannte er seine Frau, war eingetreten, in Bastrock und weißer Bluse. Es gab keine große Szene. »Du bist gekommen«, sagte sie einfach. »Hier ist dein Haus. Ich habe es nicht verlassen.« Keine Umarmung, keine weiteren Worte. Sentimentalität oder Zärtlichkeiten kannte man hier nicht. Dies war ihr Geschenk an den Mann, den sie liebte, auf den sie fünf Jahre lang geduldig gewartet hatte. »Eine prächtige Frau, die Sie da haben«, meinte der Regierungsarzt, und er hatte sicher recht. Henry selbst war noch wie benommen. Einerseits freute er sich, andererseits hatte er aber auch große Bedenken, sich festlegen zu lassen.

Er war keineswegs sicher, ob er sich in Muris Arme werfen sollte. Aller Besitz gehörte ihr und dem Familienklan. Er würde in Zukunft die Rolle eines Prinzgemahls übernehmen müssen. Der Gedanke gefiel ihm nicht, und das äußerte er auch gegenüber dem Polizeichef. Doch der hörte gar nicht zu. Er hatte bereits ein gutes Dutzend Gewehre mit Munition für Henry an Land bringen lassen und wollte von einem Rückzieher nichts wissen. »Küper muß auf Owa Raha bleiben!« So oder ähnlich lautete der Auftrag des Gouverneurs.

Muri lud die drei Herren zum Dinner ein, und danach verabschiedeten sich der Arzt und der Polizeichef recht eilig. Was sollte Henry machen? Er blieb fast zwangsläufig auf Owa Raha zurück – bei Muri, seinem Südseemädchen, im Paradies. Muri packte aus seinem Koffer dieselben Sachen aus, die sie vor dem Krieg für ihn eingepackt hatte. Neu war nur ein Bild seiner Mutter. »Wie hat dein Vater deine Mutter genannt, Henry?« fragte sie.

»Auguste«, antwortete Henry beklommen.

»Dann sollst du mich auch Auguste nennen!« rief Muri strahlend. Sie verbrachten die Nacht zusammen in der neuen »Villa«, die die liebende Frau ihrem Henry errichtet hatte. Von jetzt an lebte er ohne Sorgen als freier Mann in den Tag hinein. Er kümmerte sich um die Plantagen auf der Insel, die ihm nicht gehörten und die er doch wie sein Eigentum pflegte. Und er verdiente dabei durch den günstigen Verkauf von Kopra gutes Geld.

Aber bedeutet das Fehlen von Not schon das Paradies? Ich glaube es nicht. Es kann niemals Henrys Lebensziel gewesen sein, auf einer fremden Insel, in fremden Lebensumständen seine Tage zu verbringen – ohne eine Aufgabe, die seinem Ehrgeiz und seinen Anlagen entsprach. Ein paar Jahre allerdings verliefen ruhig. Jahre, in denen Auguste zwei Söhne zur Welt brachte, die wie die einheimischen Kinder am Strand aufwuchsen. Später gab ihnen Henry etwas Unterricht.

Ein Leben lang Heimweh nach Hamburg

Dann kam eine Schreckensnachricht: sein Freund und Ex-Partner Otto Keller war auf Malaita mit einer Axt erschlagen worden. Bald darauf wurde auch Harry Jacobsen aus Blankenese ermordet, vermutlich von einem europäischen Herumtreiber. Henry bekam Angst und umgab sich mit einer Leibwache aus den tapferen Kriegern von Owa Raha. So beschützt, konnte er es sich erlauben, wochenlange Fahrten zur großen Insel Makira zu unternehmen, angeblich um Verbindung mit dortigen Stämmen zu halten. In Wirklichkeit aber wollte er nur ab und zu mit Europäern sprechen können und ein paar Tage in ihrer Gesellschaft verbringen. Das Heimweh nagte an seiner Seele.
Im Lauf der Jahre kam Küper wieder zu einem gewissen Wohlstand. Er verfügte über genügend Bargeld, um endlich mit Auguste eine Reise nach Hamburg zu planen. Die Vorfreude der beiden war riesig. Bei der Regierung, bei allen Beamten und deren Familien in den Salomonen war Küper mit seiner farbigen Frau jetzt gut angesehen. Auch die höheren Beamten machten bei ihren Reisen durch die Inseln im Haus »Hansea« Besuch. Mehr Ehre konnte Auguste nicht erwarten. Aber wie würde die Familie Küper in Hamburg reagieren?
Henry schickte vorsichtshalber einen »Späher« nach Hamburg, einen gewissen Dickinson, seinen Nachbarn auf Makira, der die Lage peilen und gleichzeitig für sich selbst eine Braut suchen wollte.
Nach Monaten ungeduldigen Wartens kehrte Dickinson endlich zurück. Henry empfing ihn schon bei der Landung, um mit ihm unter vier Augen zu sprechen. »Wie war es bei meinen Leuten? Haben sie geweint?« fragte er.
»Nein, *ich* habe geweint, Henry«, stotterte Dickinson. »Ich konnte es ihnen nicht sagen.« Er schluckte. »So nette Menschen, so nette Mädels ...«
»Hast du ihnen gar nichts von Muri erzählt?« Küper war jetzt verzweifelt.
»Nein.« Dickinson suchte nach Worten. »Es ging einfach nicht! Ich – ich habe ihnen viel erzählt, aber *das* nicht.« Er hatte wochenlang bei den Küpers als Gast gewohnt.
Henry wurde langsam wütend. »Und du, Dickie, hast du dir eine Braut aus Hamburg mitgebracht?«
Dickinson schüttelte den Kopf und sagte leise: »Das ging doch auch nicht! Stell' dir vor, ein Mädchen aus deinem Viertel in Hamburg – mit Muri und dir als Nachbarn! Sollte ich eine Deutsche hierher bringen, die sich womöglich von dir distanziert?« Traurig blickte er zu Boden: »Ich war dann noch zwei Wochen in England und habe mir dort eine Frau gesucht.«
Zu jener Zeit gab es in Europa wenig Verständnis für Mischehen mit Farbigen. Nur die Engländer in den Salomonen beurteilten den »Fall Küper« nach anderen Maßstäben. Sie waren realistisch: Eine großartige Frau, ein hervorragender, zuverlässiger Pflanzer und Betreuer der Insel – das war im Gegensatz zu so manchem Trunkenbold und Unruhestifter für die Kolonie ein Geschenk des Himmels.
Die Nachricht aus Hamburg belastete Henry schwer. Wie sollte er seiner Auguste die Wahrheit beibringen? Und wie wurde er selbst mit dem Gedanken fertig, daß seine letzte Hoffnung, den Kontakt zur Heimat wiederzufinden, zerstoben war?
Das Schicksal enthob ihn dieser Sorgen und bescherte ihm weit ernstere. Tausende von Kilometern von seinem Paradies entfernt begann eine Krise, die seinen Wohlstand ruinieren sollte. Der Donnerschlag, der am berüchtigten »Schwarzen Freitag« die Börse von New York erschütterte, reichte bis zu den Inseln der Südsee. Die Banken wurden zahlungsunfähig. Zum zweiten Mal verlor Henry sein erspartes Vermögen, denn die Koprapreise sanken auf einen Tiefststand. An seine Reise nach Europa war nicht mehr zu denken.

Beschützer vor der Flut

Als ob der Not nicht schon genug gewesen wäre, schlug auch noch die Natur zu: Die Erde bebte, und zwar gewaltig. In früher Morgenstunde wurde die Insel unter donnerartigem Getöse fünf Minuten lang hin und her gerissen. Kopflos flohen die Menschen aus ihren Hütten, wurden von der Kraft der Elemente zu Boden geworfen und sahen ihre Häuser einstürzen. Frauen und Männer, Greise und Kinder liefen zum

Strand, um zu beten. Das Ende der Welt schien gekommen. Alte Weissagungen seien wahr geworden, verkündete der Priester. Der Gott des Meeres habe aus Zorn über die fortschreitende Christianisierung die Vernichtung aller abtrünnigen Völker beschlossen.
Henry behielt als einziger einen kühlen Kopf. Als Seemann wußte er: Die wirkliche Katastrophe kam erst noch, wenn die See, die jetzt tief abgesunken war, in einer gewaltigen Welle zurückkehren und die Flut gnadenlose Zerstörung bringen würde. Er rannte zum Strand und brüllte aus Leibeskräften, konnte aber das Grollen der Erde nicht übertönen. In seiner Not schoß er in die Luft. Zufällig ließ das Dröhnen für ein paar Minuten nach, und er schrie den Leuten zu, die sich um den Priester versammelt hatten, sie sollten mit allem, was sie tragen konnten, mit Kindern und Hausrat, in die Hügel hinauf flüchten. Die vor Angst wie Gelähmten zögerten zunächst, am Ende aber siegte Henrys Autorität über die des Schamanen.
Mit Umsicht organisierte er die Flucht – keine Minute zu früh. Als die Sintflut Hütten und Strände unter sich begrub, waren die Menschen oben in Sicherheit. Nur der Priester, der mit weit ausgestreckten Armen, Beschwörungen rufend, am Strand verharrte, wurde ein Opfer der See. Der Prophet einer neuen Zeit hatte gesiegt.
Henry ließ die Dörfer an günstigerer Stelle wieder aufbauen. Er wurde offiziell zum »Großen Zauberer« von Owa Raha ernannt und erlangte dadurch fast unumschränkte Macht. Eine Macht, die er zum Wohl der Bevölkerung nutzte. Besonders lag ihm die Gesundheit der Eingeborenen am Herzen. In Zusammenarbeit mit dem Regierungsarzt sorgte er dafür, daß die verheerenden Hygieneverhältnisse verbessert wurden. Mit Erfolg bekämpfte er nicht nur die Ausbreitung der Malaria, sondern auch eingeschleppte europäische Krankheiten wie Diphterie, Keuchhusten und Kinderlähmung. Owa Raha ist heute übrigens die einzige malariafreie Insel der Salomonen.
Er schützte die unwissenden Einheimischen auch vor chinesischen Händlern und geschäftstüchtigen Weißen, die versuchten, auf mehr oder weniger skrupellose Weise Alkohol, Zigaretten und allerlei unnützen Tand zu verkaufen. Unerwünschte Ankömmlinge wurden mit dem »Tabu« des großen Zauberers belegt und von kräftigen Kriegern mit Gewalt in ihre Boote zurückgebracht. Falls nötig, stand Küper mit gezogener Pistole daneben. Dieses Vorgehen brachte ihm den Ruf der »Fremdenfeindlichkeit« ein, da die Betroffenen natürlich die böswilligsten Gerüchte über den angeblich gefährlichen Inselkönig von Owa Raha verbreiteten. Durch seine schroffe Haltung kamen weniger Besucher auf die Insel, aber das kümmerte Küper nicht. Er äußerte einmal: »Schließlich brauchen wir hier keinen Fremdenverkehrsverein, und von den Segnungen der Zivilisation holen wir uns gerade soviel, wie wir verdauen können, ohne Schaden an Leib und Seele zu nehmen.«
Obwohl interessant für Völkerkundler, stand die Insel aus besagtem Grund auch bei Wissenschaftlern, die vor dem Zweiten Weltkrieg die Südsee »entdeckten«, in keinem guten Ruf. Der Österreicher Dr. Hugo Bernatzik hatte sich allerdings fest vorgenommen, trotz der Gerüchte über den seltsamen weißen Mann das Leben der Eingeborenen auf Owa Raha zu studieren. Und er hatte Glück. Als Bernatzik auf die Insel kam, war Henry krank und nahm die Hilfe, die ihm der Forscher aus seiner Expeditionsapotheke geben konnte, dankbar an.
Bernatzik durfte auf Owa Raha bleiben und erhielt zudem bei seinen völkerkundlichen Untersuchungen jede erdenkliche Hilfe, nicht nur von Henry, sondern auch von Auguste, deren Kenntnis der einheimischen Sprache für ihn von unschätzbarem Wert war. Die Ergebnisse seiner über mehrere Monate andauernden Arbeit hat Bernatzik in zwei Büchern veröffentlicht, die Mitte der dreißiger Jahre in Österreich und Deutschland erschienen. Er schildert darin auch einen mißglückten Auftritt Küpers als »Zauberer«. Einem Knaben waren, während er schlief, vier Stränge roten Muschelgeldes gestohlen worden, die er um den Hals getragen hatte. Nur eine Frau hatte sich zur fraglichen Zeit in der Hütte des Buben aufgehalten, aber sie leugnete den Diebstahl hartnäckig. Als der Verdacht gegen sie zur Gewißheit wurde, verlangte sie ein Gottesurteil. Küper sollte es ausführen und bediente sich dabei einer List. Er bat Dr. Bernatzik um ein starkes Abführmittel, dann verkündete er feierlich: Alle Beteiligten hätten ein Stück Zucker zu schlucken. Wer die Unwahrheit sage, werde starke Schmerzen bekommen und am folgenden Tag sterben. Selbst er werde sich dem Zauber unterziehen und ein Stück Zucker essen.

Vorhergehende Seite: Ein alter Häuptling aus den Tagen, als Henry Küper auf Owa Raha lebte. So könnte sein Schwiegervater ausgesehen haben. (Originalfoto von 1926)

Bedachtsam und feierlich legte er dann sieben Zuckerstücke auf einem Tablett aus. Einer nach dem anderen trat vor und nahm seinen Zucker entgegen. Als die verdächtigte Frau an die Reihe kam, vertauschte er den reinen Zucker mit dem präparierten Stück. Die List gelang, niemand bemerkte den »Tausch«. Aber – Pech für Küper – die erwarteten Folgen blieben aus. Vielleicht hoben Kalk und Betelnuß die Wirkung des Mittels auf, oder die Mägen der Eingeborenen konnten mehr vertragen als die der Europäer. Die Verdächtige ging jedenfalls als unschuldig hoch erhobenen Hauptes aus dem »Gottesurteil« hervor.

Familienschande

Durch seine Abschottungspolitik hatte Henry erreicht, daß Owa Raha eine Insel ohne Verbrechen blieb. Also doch ein Paradies? Nein. Das Überleben in dem mörderischen Klima der Salomonen war nicht einfach, und er versuchte in kräftezehrender Arbeit, die durch den Bankenkrach verlorenen Vermögenswerte wenigstens teilweise wieder neu zu erwerben. Die seelischen Leiden zeichneten sich in seinem Gesicht ab. Er muß um ein Jahrzehnt älter ausgesehen haben, als er wirklich war. Konnte er seinen Traum von einer Europareise, von einem Besuch bei seiner Mutter vielleicht doch noch verwirklichen? Je älter er wurde, desto mehr schmerzte diese Wunde.

Auguste ahnte sicher, welches der eigentliche Grund war, daß von der Reise nicht mehr gesprochen wurde. Doch eines Tages gab sich Küper einen Ruck, setzte sich an den Tisch und begann zu schreiben, zwei lange Briefe, freimütige Berichte über sein Leben. Er schickte sie an seine beiden Schwestern; die eine war nach Amerika ausgewandert, die andere lebte noch in Hamburg. Jahrelang hatte dieser seltsame Mann geschwiegen, und jetzt wurde der Versuch einer Annäherung an seine Familie tragisch überschattet.

Längst hatte er seine Hoffnung begraben, einmal vierspännig über den Jungfernstieg zu fahren. Aber er bemühte sich in dem Bericht, seinen Leuten klar zu machen, daß man auch auf einer fernen Insel, unter »Wilden«, in gut bürgerlichem Sinn ordentlich leben und sogar Kultur bewahren konnte. Und er wollte ihnen mitteilen, wie klug und gebildet, treu und zuverlässig seine Frau das Familienleben leitete.

Doch die Kunde über seine Lebensverhältnisse war auf anderem Weg bereits nach Hamburg gelangt. Und das keinesfalls in einer Weise, wie sie Küper gewünscht hätte. Sein Bericht, so lange aufgeschoben, kam nun zu spät. Dr. Bernatzik hatte Vorträge gehalten über die Südsee, auch in Hamburg, und er hatte von Auguste auf Owa Raha und von ihren Kindern Bilder im Häuptlingsschmuck gezeigt. Bilder, die genau dem entsprachen, was man sich unter »Wilden« in Hamburg vorstellte!

Henrys Schwester ging sofort zu Bernatzik und erfuhr von ihm all das, was Dickinson seinerzeit feinfühlig verschwiegen hatte: die Einzelheiten von Henrys Heirat und Lebensumständen. An den erhofften Besuch in Hamburg war nun nicht mehr zu denken. Es war eine Ironie des Schicksals: Der eine Europäer, den Küper auf seiner Insel geduldet hatte, brachte ihm, vielleicht ohne es zu ahnen, den großen Kummer. Und das, obwohl Dr. Bernatzik seinerzeit tief beeindruckt gewesen war von der deutschen Weihnachtsfeier, die er im Hause »Hansea« miterleben durfte.

Was half es, daß Bernatzik in bewegenden Worten schilderte, wie Frau Auguste und die Kinder zu Weihnachten weiße Kleider trugen, wie sie an einer reich gedeckten Tafel saßen und ein Diener mit weißem Lendenschurz die Speisen auftrug? Er beschreib den kleinen Christbaum, den Küper aus Blättern exotischer Pflanzen geflochten hatte, und die Kerzen in Kokosnüssen. Auch wie die Kinder mit großen Augen ihre Geschenke auf dem Gabentisch bestaunten. Aber die Familie Küper sah Kafaga Murirongo nur so, wie sie auf den Fotos erschien: als dunkelhäutige »Wilde«.

Die Hölle bricht los

Die Jahre auf Owa Raha gingen dahin. Die große Zeit der Abenteuer schien vorüber zu sein, es wurde einsam um den alternden Mann. Von seinen beiden Söhnen Geoffrey und Charlie hatte er sich trennen müssen, sie sollten eine gute Schule in Australien besuchen. Zwei Nachzügler, ein Sohn und eine Tochter, blieben noch bei den Eltern auf der Insel. »Das größte Vermögen«, schrieb Henry, »sind jetzt unsere Kinder.«

Und wieder brach Krieg aus, ein Krieg, der in seinem späteren Verlauf die Salomonen in ein einziges großes Schlachtfeld verwandeln sollte. Henry war verzweifelt. »Krieg auf der ganzen Welt! Krieg auch hier in der Südsee, und seit Mai 1942 sogar bei uns auf den Salomo-In-

seln! Wer hätte das jemals gedacht?« schrieb er in sein Tagebuch. Zum zweiten Mal war er von der Heimat abgeschnitten. Keine Nachricht, kein Brief konnte nach Hamburg gelangen. Bald bestand nicht einmal mehr eine zuverlässige Verbindung mit den Nachbarinseln, mit Tulagi oder Australien.
Leise wie ein Ungeheuer, das sich hinterhältig anschleicht, näherten sich Flotten und Armeen der Japaner und Amerikaner dem Südseeparadies. Dann aber wurden immer schneller Flugzeuge, Kriegsschiffe und Kampfverbände in die Schlacht geworfen. Vor dem Angriff und der Landung der Japaner evakuierte man Europäer und Australier. Nur wenige Missionare und Einzelkämpfer blieben zurück, unter ihnen Henry. Von diesen wenigen wurde über die Hälfte von den Japanern grausam hingerichtet. Henry begründete seinen Entschluß und den Einsatz seines Lebens: »Auguste und ich konnten unmöglich unsere Insel und unsere Leute im Stich lassen. Außerdem hatten wir Geoffreys und Charlies Frauen und einige Enkelkinder bei uns.«
Die Hölle brach los auf den Inseln, eine Hölle, die sich niemand vorstellen konnte und die sich auch heute niemand mehr vorstellen kann. Henry schrieb: »Auf Owa Raha, unserer Insel zwischen den Fronten, war Daueralarm. Dafür sorgte schon der Donner der Motoren, das Grollen der Schiffsgeschütze, das ferne Krachen der Bomben. Nachts Leuchtspuren und Scheinwerfer. Am blauen Tageshimmel Kondensstreifen, schwarze Rauchwolken, schwebende Fallschirme. In unseren von Haifischen wimmelnden Gewässern plötzlich Tausende von Schiffbrüchigen aus den großen Seeschlachten und ebenso viele Piloten, die verwundet und halb verbrannt an ihren Fallschirmen in die See oder die Mangrovensümpfe stürzten.«
Es gab keine Lebensmittelzufuhr mehr, keinen Reis, kein Mehl, kein Salz. Die Plantagenarbeit ruhte, denn niemand konnte die Nüsse abholen. Henry erinnerte sich: »Zwischen den Palmen am Strand wucherte der Busch bald mannshoch, und uns freute das noch. Denn die Japaner durften auf Owa Raha nicht aufmerksam werden. Unser Haus, das halbe Dorf, war bald ein einziges Lazarett. Tageweit suchten unsere Eingeborenen mit ihren Booten die Riffe und den Strand ab, brachten immer neue Verwundete und Fieberkranke auf die Insel.« Auguste war bisher so stolz gewesen auf die Leinenwäsche in ihren Schränken, doch jetzt wurde jeder Fetzen für Verbände gebraucht. Es gab kein Weihnachtsfest mehr in blütenweißen Kleidern. Aber deutlich äußerte sich Henrys Genugtuung über die Anerkennung seiner farbigen Frau in seinem Tagebuch: »Ich weiß nicht, ob einer weißen Frau in der ganzen Südsee jemals von weißen Männern so viele ehrliche Komplimente gemacht worden sind wie meiner Kafaga Murirongo. Mancher hohe Offizier ließ es sich nicht nehmen, sich mit einem respektvollen Handkuß von ihr zu verabschieden.«
Diese Hochachtung, die seiner Auguste von britischen Offizieren und vom Gouverneur selbst bei einem Besuch auf Owa Raha entgegengebracht wurde, war Henry ein Ausgleich für den Schmerz, den ihm das Unverständnis seiner Eltern und Geschwister zufügte.

Der letzte Wunsch des Blinden

Der Krieg ging zu Ende, auf den Salomonen eher als in Europa. Doch auf Henry kam ein neues Unheil zu: Er wurde blind! Vorher, im September 1946, schrieb er nach jahrelanger Unterbrechung noch einmal an seine Schwester in Hamburg. Er schilderte ihr sein recht glückliches Leben auf Owa Raha, seine Familienverhältnisse und besonders die Freude, die ihm seine Söhne und Enkel bereiteten. Und er schloß seinen Brief mit Worten, die sein brennendes Heimweh verraten: »Gerne würde ich einmal nach Deutschland kommen und Euch allen und meinen alten Freunden, soweit sie noch leben, die Hand schütteln, wenn es nicht so weit wäre und wenn wir nicht so viel damit zu tun hätten, unsere Pflanzungen wieder in Ordnung zu bringen.«
Auf der Veranda seines Hauses begann er, seinen Kindern und Kindeskindern aus der Heimat, von Hamburg zu erzählen. Am liebsten sprach der von den Jugendjahren, von seiner Ausbildung in der Seefahrtschule auf den Elbhöhen über dem Hafen. Oft überkam ihn Rührung dabei. Die Enkel hätten gern mehr erfahren über das Leben ihres verehrten Großvaters, aber sie wollten nicht alte Wunden aufreißen, sein Heimweh nicht durch allzu viele Fragen verstärken. So blieb manches ungesagt. Aber die Sehnsucht nach Deutschland hat Henry Küper bei seinen Nachkommen kräftig geweckt; und so wie er hoffen die Küpers von Owa Raha heute noch auf ein Wunder, auf den Tag, an dem sie vielleicht eine Reise nach Hamburg unternehmen können.
Nach dem Zweiten Weltkrieg spielte Henry noch ein-

mal eine wichtige Rolle bei der Eindämmung von Unruhen, die in den Salomonen ausbrachen. Er verhinderte schwere Übergriffe und bewahrte damit Hunderte Einheimischer vor einem sinnlosen Tod. Später war es ihm sogar noch möglich, nach Australien zu reisen und seine Augen operieren zu lassen. So konnte er seine geliebte Auguste für die kurze Spanne Zeit, die ihm noch gegeben war, wieder sehen.

Das merkwürdige, von Tragik umwitterte Leben des deutschen Seemanns und Abenteurers endete dramatisch. Henry Küper starb 1950 auf Owa Raha an einer Fischvergiftung, die er sich angeblich durch den Genuß einer nicht mehr frischen Languste zugezogen hatte.

So sagt man im Dorf Gupuna, und so wird es wohl gewesen sein.

Bei den Nachkommen des Zauberers

Während wir in kleinen Zickzackschlägen über das tiefblaue Wasser der Lagune steuerten, um die beste Stelle zum Ankern zu finden, sahen wir, wie sich ein Kanu vom Ufer löste und auf uns zuhielt. Der grauhaarige Mann, der mit seinem Paddel umging, wie es nur Menschen können, denen tausendjährige Erfahrung im Blut steckt, bat an Bord kommen zu dürfen. Er machte einen sehr selbstsicheren Eindruck, sprach sogar verständliches Englisch und stellte sich als »Alfred« vor: ein Mann um die Sechzig, mit einem schmalen, typisch polynesischen Charakterkopf. Er sei der vom Dorfklan beauftragte Verbindungsmann für Besucher.

Alfred berichtete auch sogleich, daß ein Deutscher hier sei, der uns erwarte. »Da drüben am Strand auf dem alten Kanu, da sitzt er!«

Wir griffen zum Fernglas und entdeckten eine Gestalt, die etwas traurig und gebückt auf einem umgedrehten Kanu saß. Es war Hans. Er hatte also tatsächlich die Überfahrt geschafft. Aber die Wochen in der Wildnis, die Unterkunft nur in Eingeborenenhütten, hatten offenbar an seinen Kräften gezehrt.

Alfred bot uns seine Hilfe an, und ich versuchte, ihm verständlich zu machen, daß wir hergekommen waren, um seine schöne Insel kennenzulernen und möglichst viel über heutiges und vergangenes Brauchtum zu erfahren.

Alfred zeigte uns einen günstigeren Platz mit nicht zu tiefem Wasser zum Ankern und kehrte dann nach einer halben Stunde zum Strand zurück. Erst Wochen später wurde mir klar, daß die Männer von Gupuna tagsüber normalerweise auf ihren Feldern arbeiten und daß Alfred, durch Hans vorgewarnt, eigens unseretwegen in der Hütte geblieben war, um seine Aufgabe als Vermittler zu erfüllen.

Kleine Kundschafter im Kanu

Auch wir fuhren nun mit dem Schlauchboot kurz zum Strand, um Hans zu begrüßen und uns für den Nachmittag zu verabreden.

Dankbar erzählte er von Jakob, der eine Art Oberaufseher der Insel war und bei dessen Familie er wohnte. Wir aber kehrten bald zur *Solveig* zurück, denn inzwischen hatte sich die Dorfjugend versammelt und der vielen Kanus bemächtigt, die vor den Hütten im Sand lagen. Unser Boot war bereits von einem Dutzend der schlanken kleinen Fahrzeuge umlagert, alle vollgeladen mit Kindern und Halbwüchsigen beiderlei Geschlechts. Mit großen Augen sahen sie zu uns herauf, stellten Fragen auf englisch und riefen einander Bemerkungen zu, die jeweils mit hellem Lachen aus einem Dutzend Kehlen quittiert wurden.

»Wie heißt du?« hörten wir von den Mädchen am häufigsten. Die Jungen waren schon ein wenig kühner, wollten etwas erfahren über die Reise und unsere Herkunft: »Von woher kommt ihr?« Diese Frage ließ sich am schwersten beantworten, waren wir doch schon seit sechs Jahren auf großer Fahrt. Was sollte ich ihnen sagen? Würden sie sich unter »Germany« etwas vorstellen können? Wohl kaum. Also sprach ich zuerst von Amerika oder allgemein von Europa.

Die Schar der neugierigen Frauen und Kinder wuchs rasch, und da es nicht genug Kanus gab, mit denen alle auf einmal das fremde Segelboot besuchen konnten, wurde ein Pendelverkehr für die Schaulustigen eingerichtet. Angelika und ich knieten im Cockpit, jeder auf einer Seite, und gaben auf immer weitere Fragen immer weitere Erklärungen. »Wie alt seid ihr?« – »Seid ihr sehr reich?« Auch die Gretchenfrage blieb mir nicht erspart: »Glaubt ihr an Gott?« Dann wieder sehr profan: »Wieviel muß man bei euch für eine Frau bezahlen?« Da juckte es mich, den Teufel zu spielen, und ich ver-

kündete boshaft: »Bei uns ist es eher so, daß die Eltern der Braut bezahlen – in Form einer Mitgift.«
Diese Vorstellung war für die Burschen geradezu überwältigend komisch und löste schallendes Gelächter und Verwunderung aus. »Das ist gut! Das ist gut!« schrien sie lauthals, denn auf den Inseln muß ein junger Mann den Brautpreis oft in jahrelanger Arbeit abstottern. Ich begann mir deshalb Vorwürfe zu machen, daß ich völlig falsche Hoffnungen bezüglich europäischer Verhältnisse bei den Südseeinsulanern weckte. Mußten doch die Jünglinge von Makira früher ihr Leben einsetzen, um eine Frau zu gewinnen. Es war Brauch, daß der Junge allein zu einer Nachbarinsel fuhr, um dort ein Schwein zu stehlen. Gelang der Streich, bekam er das Mädchen; ließ er sich fangen, wurde er getötet oder zur Tötung an einen anderen Stamm verkauft. Der Preis für eine Braut, soweit er heute noch gezahlt wird, liegt übrigens bei etwa tausend Mark in Form von Muschelgeld.
Auf der Insel Gela versuchten Missionare und einige Häuptlinge in den zwanziger Jahren, den Brautpreis, der inflationäre Höhen erreicht hatte, durch ein vertraglich festgelegtes Limit zu begrenzen. Die Folge war ein Aufstand der Frauenrechtlerinnen, die sich dagegen verwahrten, daß eine Frau nun nicht mehr kosten sollte als ein gut gewachsenes Schwein.
Die Fragen, die angesichts so verschiedener Kulturkreise an uns gerichtet wurden, nahmen kein Ende. Es war ein großer Tag für gute Schüler, die ein paar Worte Englisch gelernt hatten.
Nach und nach brachten die Kinder Muscheln, Gemüse oder Obst herbei, das sie den Eltern aus ihren Körben gegrabscht oder schnell von den Bäumen geholt hatten und nun bei uns zu Geld machen wollten. Einige wickelten auch verschämt und mit zitternden Händchen kleine Schnitzereien aus zerrissenen Tüchern und reichten sie uns in dem Glauben, wir würden sie sogleich kaufen. Aber selten waren gute Stücke dabei, und wir mußten es übers Herz bringen, in die traurigen Kinderaugen zu sehen, wenn wir ihnen die vermeintlichen Kunstwerke zurückreichten. Doch

Zwei Urenkel von Henry Küper? Die Kinder auf Owa Raha wachsen in freier Natur auf. Ihnen gehört der Strand zum Spielen und die Lagune zum Planschen.

meistens trösteten sie sich schnell und sprangen übermütig Kopf voran ins Wasser, um dann gleich wieder ins Kanu zu klettern. Keines der Kinder mußte hungern oder litt irgendwelche Not. Es gab keine sozialen Probleme. Alle spielten fröhlich zusammen am Strand oder planschten im Wasser, gleichgültig, welche Stellung ihre Eltern im Dorf einnahmen.

Unversehens näherte sich ein größeres Fahrzeug, das mit etwa zwölf Mädchen und Kindern dermaßen überfüllt war, daß wir zunächst nur die vielen Köpfe sahen und kein Kanu mehr erkennen konnten; der Freibord betrug nur noch wenige Zentimeter. Bei jeder Bewegung der Kinder schoß ein Schwall Seewasser ins Boot, und drei oder vier Mädchen waren pausenlos beschäftigt, das Kanu mit Kokosnußschalen auszuschöpfen. So floß ständig ein Wasserstrahl von den Händen in die Luft und wieder zurück in die See.

Bald war das Kanu zwischen den anderen angekommen, die ihrerseits mit den Paddeln kleine Wellen verursachten. Das genügte. Das große Kanu lief voll Wasser und kenterte. Alle lagen nun im »Bach« und strebten verschiedenen Zielen zu: Die einen schwammen zum Strand zurück, die anderen versuchten, in die Kanus ihrer Freunde zu klettern, und die übrigen machten sich an die Arbeit, das gekenterte Boot umzudrehen, auszuschöpfen und sich nach und nach wieder hineinzuschwingen. Überall sah man die breiten bunten Röcke der Mädchen im Wasser aufschwimmen: ein grotesker Anblick. Nackte braune Körper hätten zusammen mit den hölzernen Kanus ein harmonisches Bild ergeben. Doch der ihnen von den Missionaren aufgezwungene lange Rock, in England erfunden, paßt nicht zu diesen Naturkindern und ist in nassem Zustand außerdem ungesund.

Die Kenterung verlief ruhig, ohne Geschrei oder Gejammer. Das war Routine. Die Insassen der anderen Boote leisteten selbstverständliche und unauffällige Hilfe, ohne dabei die Gespräche mit uns zu unterbrechen. Schließlich kommen die Kinder der Inseln sozusagen im Kanu auf die Welt. Sie hängen schon an der Brust der im Kanu fahrenden Mutter, und ihr Vater ist später stolz, wenn er für seinen sechs oder sieben Jahre alten Sohn ein eigenes Kanu bauen kann.

Die Kinder holten sich Kanus am Strand und umlagerten die *Solveig*. »Wie heißt du?« hörten wir von den Mädchen am häufigsten rufen. »Wo kommt ihr her?« von den Jungen.

Ein Bewahrer alter Traditionen

Am Nachmittag, als es um die *Solveig* ruhiger wurde, stiegen wir in unser Schlauchboot, vergaßen nicht, eine Flasche Petroleum für Alfred mitzunehmen, um die er gebeten hatte, und fuhren langsam über die weite, unglaublich schöne Lagune. Das Wasser unter dem Dingi war durchsichtig wie Glas, wir sahen Fische, Pflanzen, weißen Sand und Korallen in verschiedenen Farben am Grund. Und die Landung war leicht, denn es lief so gut wie keine Brandung. Kinder halfen uns, das Schlauchboot am Strand hochzuziehen, und bekamen zur Belohnung von Angelika eine Handvoll Kekse geschenkt.

Was für ein herrlicher Platz für Kinder war dieser Strand! Überall sahen wir sie spielen. Die einen badeten im schmeichelnd warmen Wasser, andere trieben einen alten Reifen vor sich her, manche legten aus Muscheln kleine Muster in den Sand oder hüpften auf einem Bein in eingezeichnete Felder. Es war der für die Südsee typische Korallensand: hell, leuchtend, durch reflektierende Perlmutteilchen glitzernd. Und er wurde als gemeinsames Eigentum von allen sorgsam saubergehalten.

Wir fühlten uns froh und beschwingt und trafen auch bald Hans, der uns einen eingehenden Bericht von seiner rauhen Überfahrt im Kanu gab. Ihm hatte das Salzwasser wirklich Kleidung und Ausrüstung durchnäßt. Obendrein lief er Gefahr, in den hohen Wellen zu kentern, die ständig über die Bordwand des keineswegs seetüchtigen Fahrzeugs schlugen.

Alfred erzählte uns viele Geschichten von Owa Raha. Fast täglich besuchte er uns an Bord, denn er war der vom Dorfklan beauftragte Verbindungsmann für Besucher.

»Habt ihr vor ein paar Tagen auch das Erdbeben gespürt? Es war hier ziemlich heftig, aber die Menschen sind offenbar daran gewöhnt. Es gab keine Panik im Dorf, alle verließen nur vorsichtshalber ihre Hütten, obwohl die kaum einstürzen können, denn sie sind aus biegsamem Holz und Bambus gebaut.« Wir wußten, daß Erdbeben auf Owa Raha recht häufig waren. In den Salomonen wurden 1990 über tausend Beben registriert, davon 44 der Stärke fünf und mehr auf der Richterskala.

Im Weitergehen blickte ich mich um und konnte mich nicht satt sehen an den sauber gebauten Hütten und dem weiten Dorfplatz inmitten mächtiger Laubbäume. Fast jede Hütte besaß einen überdachten Vorbau auf Stelzen, eine Art Veranda, auf der Erwachsene und Kinder im Freien sitzen konnten, ohne das Haus zu verlassen. Harmonisch verbanden sich die Töne der strohfarbenen Pandanusmatten, aus denen die Wände geflochten waren, mit dem Braun und Grün der Bäume und des Grases. Hibiskusblüten und Frangipani gaben dem Bild kräftige Farbakzente. Welch schrecklicher Gedanke, daß hier vielleicht in Zukunft Betonbauten stehen könnten: ein Touristenhotel, dazu schrille Musik und aus einem halben Dutzend Lautsprechern die Durchsagen der Animateure ... Es wäre nicht die erste Insel, die ich in der Südsee oder in der Karibik als verschwiegenes Paradies gekannt hatte und einige Jahre später mit vollem Touristikbetrieb wiederfand. Nein, ein Hotel sollte auf Owa Raha, auf Küpers Insel, nie gebaut werden!

Alfred kam aus seiner Hütte, und wir gaben ihm das Petroleum. Er bat uns herein und zeigte uns kleine und große Kunstwerke, die er selbst aus Holz geschnitzt und mit Perlmutt verziert hatte. In einer Druckschrift des Museums für Völkerkunde in Berlin heißt es über die Arbeiten der Menschen von dieser Insel: »Ein sehr wichtiges und virtuos gehandhabtes Mittel der Verzierung sind komplizierte Muster aus akkurat geschnittenen und genau ineinandergepaßten Stückchen, z.B. aus Nautilus- oder Conusschneckenschalen. Die Meisterschnitzer der kleinen Insel Owa Raha brachten es in dieser Hinsicht zu Meisterleistungen«.

Die Leute in Gupuna waren offenbar von Alfred auf unseren Besuch vorbereitet worden, denn sie verhielten sich freundlich zurückhaltend, und selbst die Kinder überfielen uns nicht mehr in Scharen. Wir wanderten mit Hans durch das ganze Dorf, bis wir am Rand des Dschungels zu Jakobs Hütte gelangten. Als Oberaufseher unterhielt er über eine altmodische Feldfunkstation täglich Verbindung zur Hauptstadt. So hatte er auch im vorhinein gewußt, daß Hans kommen würde, und für ihn eine Schlafstelle auf den Bodenplanken einer Hütte vorbereitet.

Jakob, ein untersetzter, stämmiger Mann von etwa Ende Vierzig, trat locker und selbstbewußt auf, und ich merkte schon nach den ersten Worten, daß er ein sehr gescheiter und erfahrener Mann war, mit dem wir uns mühelos in Englisch unterhalten konnten. Er würde uns helfen, Verbindungen zu seinen Stammesfreunden auf der Insel zu knüpfen. Genau wie alle anderen

Männer des Dorfes hatte er seit sieben Uhr früh auf den Pflanzungen der Familie gearbeitet und war jetzt zur Abendmahlzeit heimgekommen. Er hatte in den späten siebziger Jahren, nachdem die Salomo-Inseln unabhängig geworden waren, als Regierungsmitglied in Honiara gelebt, sah aber dann die Verantwortung für seine Großfamilie, sein Häuptlingsamt auf Owa Raha, als wichtiger an und kehrte in die Heimat zurück.

Das große Vermögen, den unmittelbaren Reichtum, den sich andere Inselvölker im Gefolge der Unabhängigkeit erträumten – um dann bitter enttäuscht zu werden –, haben die Salomo-Insulaner nie erwartet. Deshalb waren sie auch nicht bereit, der Regierung in Honiara, die in ihren Augen ein Eigenleben führt und sich mehr oder weniger selbst verwaltet, allzuviel Macht in ihrer Verfassung zu einzuräumen.

Jakob erklärte uns: »In den Dörfern und auf den Inseln – den wahren Salomos – herrscht nach wie vor Selbstversorgung; und solange jede Familie ihre eigenen Gärten und genügend Fruchtbäume besitzt, werden wir dieses naturverbundene Leben auch weiterhin beibehalten, selbst wenn wir dabei auf Annehmlichkeiten wie Elektrizität verzichten müssen. Das große Problem aber sind die jungen Leute. Die wollen in die Stadt, wollen Geld verdienen und Radios, Schuhe und Lebensmittel im Supermarkt kaufen. Wir müssen es erreichen, daß sie hier auf der Insel ein wenig Geld erwerben können, vielleicht mit dem Verkauf von Schnitzereien.«

Welche Möglichkeiten gäbe es, überlegte ich, diesen Menschen zu helfen, damit sie auf Owa Raha weiterleben können, ohne ihre Strände an Touristikunternehmen oder ihren Regenwald an die Japaner zu verkaufen? Jakob zeigte starkes Interesse, als ich ihm sagte, daß ich die alten Bräuche auf Owa Raha studieren und filmen wolle. Er berichtete nicht ohne Stolz: »Wir haben hier im großen Klan beschlossen, unser heiliges Kanuhaus neu zu errichten, als eine Art Museum. Wir wollen dafür auch traditionelle Kanus schaffen, solange die alten Leute noch leben, die diese Boote bauen können. Auch Ahnenfiguren und Bilder von Geistern und Dämonen sollen neu geschnitzt werden. Drüben auf der anderen Seite der Insel, in Natagera, steht das alte sakrale Kanuhaus noch, das Männerhaus, und wir sehen, daß Wissenschaftler aus aller Welt und gelegentliche Besucher sich dafür besonders interessieren.« Ich war über diese Nachricht sehr froh. »Meine Filmaufnahmen und mein Buchen sollen in Deutschland von Owa Raha berichten«, versprach ich Jakob. »Ihr solltet so bald wie möglich mit dem Kanuhaus anfangen. Vielleicht gelingt es mir, in Deutschland Unterstützung für eure Pläne zu finden.«

Bescheiden meinte er: »Wir wären dir sehr dankbar für jede Hilfe. Für den Bau des Hauses müssen wir viel Holz auf anderen Inseln kaufen. Auch bestimmte Figuren müssen wir anderswo besorgen, wo es sie noch gibt. Wir können nicht alles selbst machen. Etwas Schwierigkeiten haben wir leider mit dem Pfarrer, der sieht die Götterfiguren nicht so gern. Aber wenn wir erst das nötige Geld haben, machen wir alles nach unseren Ideen.« Und etwas verlegen fügte er hinzu: »Übrigens, das Tanzfest, das wir morgen für dich und Hans veranstalten wollen, findet nicht auf dem Dorfplatz, sondern hier, auf der Wiese hinter meiner Hütte statt. Hier gehört das Land meiner Familie und ist nicht Teil des kirchlichen Bereichs. Deshalb dürfen leider auch nicht alle mitmachen, aber ich habe genügend Männer und Frauen gefunden, etwa vierzig, die sich freuen, für euch zu tanzen.«

Während dieser Unterhaltung nahm ich mir vor, in zwei, drei Jahren unbedingt nach Owa Raha zurückzukehren und zusammen mit Jakob den Bau des Kanuhauses in die Wege zu leiten.

Die Legende von Urmutter Schildkröte

»Ich will dir mal was zeigen«, sagte Jakob unvermittelt. »Komm mit!«

Neugierig folgte ich ihm zu einem etwas abseits stehenden Schuppen. Der Raum lag im Halbdunkel; zwischen allerlei Stangen und Körben holte Jakob eine über zwei Meter hohe Figur hervor und stellte sie vor mir auf. So etwas hatte ich noch nie gesehen! Geisterhaft stand vor mir ein Krieger mit Schild und Speer, auf dem Haupt die doppelte Darstellung eines Fregattvogels und darüber zwei geschwungene Kanuspitzen.

»Woher stammt diese Figur?« fragte ich fast erschrocken.

»Sie wurde als Schutzgeist für den Giebel eines Festhauses auf Owa Riki geschnitzt. Dort wurde voriges Jahr noch einmal ein großes Fest nach altem Glauben gefeiert. Das Haus mußte nach den Festtagen abgerissen werden, denn kein Kultgegenstand darf ein zweites Mal für die Gottheit verwendet werden. Man hat

mir die Figur mit einem Kanu herübergebracht, ich soll sie verschenken oder verkaufen.«
Verkaufen sollte er sie – an wen? Vielleicht an einen Händler? Wo würde die Statue dann landen, in irgendeinem Hotel? Hatte ich nicht seit Jahren von so einem Kunstwerk aus der Südsee geträumt? Aufgeregt rief ich Angelika und zeigte ihr die Statue. Auch sie war begeistert. »Die ist echt! Die ist lebendig!« sagte sie voll Bewunderung. Und wirklich: Von diesem Schutzgeist strahlte eine positive Kraft aus. Wir beschlossen, im Boot nachzusehen, wo wir die Statue unterbringen konnten.
»Diese Holzfigur würde ich sehr gerne mitnehmen«, sagte ich zu Jakob.
Er lächelte. »Überleg' es dir.« Und nach einer kleinen Pause fuhr er fort: »Du wirst noch viele schöne Schnitzwerke bei uns sehen, wir haben Männer, die sehr große Künstler sind.«
Wir verabschiedeten uns von Jakob und Hans, die ihr Abendessen erwarteten, und wanderten zum Strand zurück. Die Schatten waren lang geworden, die kurze Tropendämmerung brach herein. Unter den Dächern der Kochhütten quoll Rauch hervor, der Dorfplatz lag verlassen da, und aus der Entfernung hörten wir das leise Plätschern der Brandung. Auf der Veranda seiner auf Stelzen erbauten Hütte saß Alfred und winkte uns zu.
Es herrschten Friede und Harmonie zwischen der Natur und den bescheidenen Hütten, zwischen den Menschen und ihrer Umgebung. Hier also hatte der Hamburger Abenteurer Henry Küper seine Jahre verbracht. Er mußte sich zwangsläufig und zeitlebens als Fremder gefühlt haben in der Dorfgemeinschaft der Melanesier. Welche Seelenstärke besaß dieser Mann, welche Güte und welches Verständnis für die Nöte der Inselmenschen, um über Jahrzehnte ihnen und seiner kleinen Familie die Treue zu halten! Im Schlauchboot sagte ich zu Angelika: »Wir sollten versuchen, Nachkommen von Henry kennenzulernen. Irgendwo müßte auch sein Grab sein.«
In der Dämmerung tritt die Welt unter der Wasseroberfläche besonders klar hervor. Wir blickten bis auf den Grund der Lagune, etwa zehn Meter in die Tiefe. Dort sahen wir bizarre Gebirge aus Korallen, lange graue Blätter, die sich langsam im Rhythmus der Wellen wiegten, und flinke Fische auf der Suche nach Nahrung oder einem Versteck vor den Angriffen ihrer Feinde: eine Welt, in die wir sonst nur mit Maske und Schnorchel ausgerüstet blicken konnten.

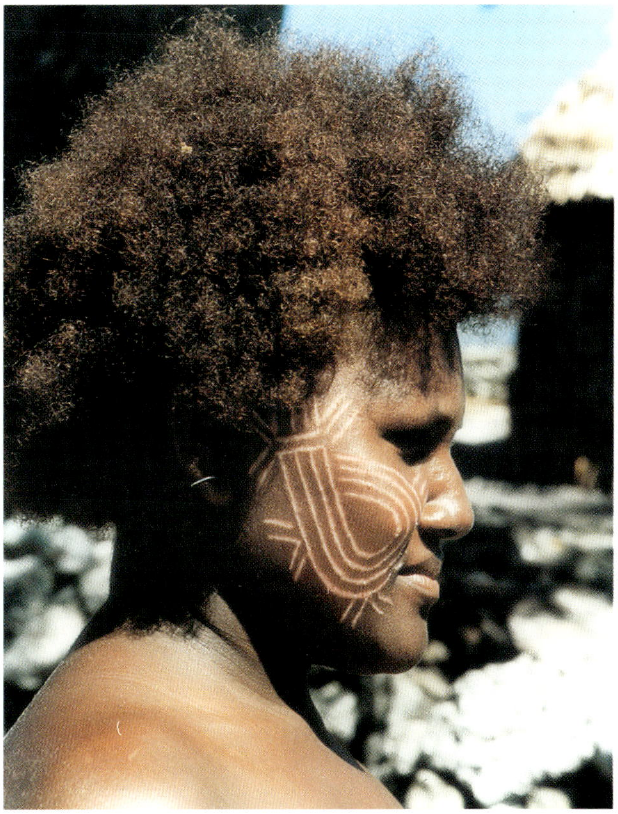

Die Muster der Tätowierung geben Auskunft über die Stammeszugehörigkeit. Es sind Symbole, die in weitem Umkreis jeder »lesen« kann und die im Sozialgefüge der Inseln eine wichtige Rolle spielen.

Als wir die *Solveig* erreicht hatten und ich den Außenborder abstellte, umfing uns die Stille der Tropennacht. Sacht rollte das Boot in der steten Dünung, die der Ozean auch über Riffe und durch enge Passagen sendet. Über uns dehnte sich ein strahlender Sternenhimmel, seine glitzernde Wölbung schien zum Greifen nahe.
Die unglaubliche Schönheit dieser Nacht ließ uns verstummen. Wir saßen im Cockpit, Strand und Dorf hinter uns lagen im Dunkel, nur da und dort sah man ein Fünkchen Licht, das Flimmern einer Petroleumlampe. Ich gab mich ganz dem Zauber dieser Stimmung hin und überlegte, wieviel wir wohl davon in uns bewahren und mit nach Hause nehmen konnten.

Am nächsten Morgen waren wir emsig mit dem Aufklaren des Bootes beschäftigt. Dabei bemühte ich mich besonders, meine Objektive auf Feuchtigkeit und Pilzbefall zu überprüfen und die Kameras mit ver-

schiedenem Filmmaterial zu laden, damit ich am Nachmittag bei jedem Wetter fotografieren und filmen konnte. Angelika bereitete ein großes Abendessen vor, denn wir hatten Hans an Bord eingeladen, der an diesem Tag Geburtstag feierte.
Die Sonne stand schon senkrecht über uns, die Lagune leuchtete in tiefstem Blau, als Alfred im Kanu längsseits kam und uns mitteilte, daß der Tanz an diesem Nachmittag schon eine Stunde früher beginnen würde als geplant. Wir baten ihn an Bord, um ein wenig mehr über die Insel und ihre Menschen zu erfahren.
»Kennst du vielleicht alte Sagen und Geschichten?« fragte ich ihn.
»Geschichten?« Er mußte nachdenken. »Ja, doch, ich kenne die Sage von der Entstehung unserer Insel. Die kann ich dir erzählen.«
Ich holte Papier und Stift und notierte mir die Geschichte, die Alfred etwas stockend erzählte:

Eine riesige Meeresschildkröte gebar zwei Kinder, einen Jungen und ein Mädchen. Sie baute ihnen eine kleine Insel, aber die Kinder fühlten sich dort nicht wohl, die Insel war zu heiß und hatte kein Wasser. Die Schildkröte begann daraufhin, immer wieder in ihrem Kanu auf die See hinauszufahren.
Die Kinder fragten sie, was sie dort tue, aber die Schildkröte antwortete nicht. Bei jeder Fahrt belud sie ihr Kanu randvoll mit Kokosnüssen, Yams, Bananen und anderen Früchten und versenkte die Speisen auf dem Meeresboden.
Eines Tages endlich nahm die Schildkröte ihre Kinder mit und erklärte ihnen, wie sie aus ihrem Panzer Haken schneiden konnten. An diesen Haken befestigten sie lange Taue aus Kokosfaser und ließen sie zum Meeresgrund hinab. Die Haken blieben in der Tiefe an einem großen Gewicht hängen, und die Mutter befahl den Kindern, kräftig zu ziehen. Aber als sie die Taue heraufholten, waren sie leer, der schwere Gegenstand hatte sich losgerissen! Noch einmal warfen die Kinder die Taue aus, wieder hing der schwere Gegenstand daran. Und diesmal hatten sie Glück. Das Gewicht blieb hängen, aber sie konnten es mit ihrer Kraft nicht höher heben. Da kam ihnen die gewaltige Schildkröte zu Hilfe. Sie zog mit an den Tauen, und siehe da, ganz langsam tauchte eine wunderbare Insel aus dem Wasser auf, bewachsen mit Palmen, Bananen und anderen köstlichen Früchten.
Nun waren die Kinder glücklich und lebten fortan auf der neuen Insel. Hier gebar das Mädchen den ersten Menschen, und die Menschen nannten die Insel Owa Raha.

Die Schildkröte spielt in der Sagenwelt der Melanesier eine große Rolle. Alfred erklärte mir auch, daß Schildkröten an den Küsten der Insel regelmäßig ihre Eier legten. »Drüben am Strand, ein Stück um die Landspitze herum, da kann man die Schildkröten beobachten, wenn sie zu bestimmten Zeiten an Land kriechen und Löcher für ihre Eier in den Sand graben.« Alfred war stolz auf seine Insel und auch stolz auf sein Wissen um die Natur und ihre Geschöpfe. Er wollte uns noch viel zeigen an Pflanzen und Tieren und deren Nutzung für das Leben der Inselmenschen.

Das Tanzfest

Schwer beladen mit Kameras, Filmmaterial und einer Thermosflasche voll Tee, machten wir uns am Nachmittag auf den Weg zu Jakobs Hütte. Dort trafen wir eine erwartungsvoll versammelte Menge, denn Tänze sind eine ganz besondere Freude, ein Höhepunkt im Leben der Insulaner. Da aber alle Tänze einen engen Bezug zur Religion haben, fielen sie unter das Verbot der Missionare. Es versteht sich, daß dadurch die Kenntnisse über ihre Ausführung und die notwendige körperliche Übung innerhalb einer Generation ziemlich verlorengingen. Nur Grundzüge blieben erhalten und die eine oder andere Einzelheit, an die sich ältere Einwohner erinnern konnten. Meist schilderten die Tänze besondere Geschichten oder Vorgänge aus dem täglichen Leben.
Alfred und ein enger Verwandter waren die Tanzführer. Die Zuschauer saßen auf Baumstämmen oder auf dem Boden. Wir mußten lange warten, aber auf den Inseln mißt man die Zeit nicht nach europäischen Vorstellungen. Endlich begannen drei alte Männer erst in die Runde zu rufen, danach in einem für unsere Ohren schauerlich gedehnten Singsang aus heiseren Kehlen ein Lied anzustimmen. Im Hintergrund, vor den jungen Palmen, die den Festplatz gegen den Busch abgrenzten, waren große, zeremonielle Puddingschüsseln aufgestellt, mit Perlmutt eingelegt und mit Darstellungen von Haien und Fregattvögeln verziert. In ihrer Mitte stand die Statue des Kriegers, die ich am Abend zuvor bei Albert gesehen hatte. Von diesen Kunstwerken ging eine starke Wirkung aus, sie verliehen dem sonst eher nüchternen Platz das festliche Gepräge.
Und dann gab es auf einmal Bewegung: Krieger, mit den traditionellen Palmblättern um Hüften und Stirn geschmückt, Keulen und Speere in der Hand, die Ge-

In langem Zug nähern sich die Frauen und nehmen neben der Figur des Schutzgeistes Aufstellung (oben).
Endlich beginnen drei alte Männer in schauerlich gedehntem Singsang aus heiseren Kehlen ein Lied anzustimmen (rechts).
Zeremonielle Puddingschüsseln sind aufgestellt, mit Perlmutt, Haifiguren und Fregattvogeldarstellungen verziert (unten).

sichter mit weißer Farbe bemalt, sprangen aus dem dichten Buschwerk des Dschungels auf uns zu. Deutlich spürten wir die Freude, die es den Burschen machte, in diesem Spiel ihre Kräfte zeigen zu können. Ihre geschmeidigen Bewegungen zogen, mehr noch als der nur angedeutete Tanz, die Besucher in ihren Bann. Hans und ich standen verlegen mit unseren Kameras herum. Bei solchen Gelegenheiten komme ich mir immer etwas lächerlich und unwürdig vor, wenn ich mir den Kasten vors Gesicht halte und versuche, die Darbietung, die Einheimische spontan und aus ihrer Stimmung heraus vollführen, auf Film festzuhalten, gewissermaßen zu konservieren.
Wild stürmten die Krieger vor, den Zuschauern entgegen, zogen sich dann wieder zurück. So ähnlich mochte es früher im Kampf zugegangen sein: mit lautem Geschrei und Speeren angreifen, vielleicht nur zum Schein, um den Gegner zu erschrecken, dann sich zurückziehen, den feindlichen Pfeilen und Speeren ausweichend, und zuletzt erneut nach vorne stürmen. Zu diesem Kampfspiel sangen die Alten in den höchsten Tönen ihre Begleitung.
Bald verschwanden die Krieger im Grün des Waldes, und es begann der Einzug der Frauen. Mit viel Sorgfalt hatten sie sich vorbereitet. Sie trugen herrlichen Muschelschmuck um Kopf und Hals, Armbänder um die Handgelenke, Blüten im Haar und um die Arme. Sie waren nackt bis auf ein farbiges Tuch um die Hüften, ein Zugeständnis an den Pfarrer. Darüber hatten sie einen Schurz aus aufgespleißten, geflochtenen Palmblättern geschlungen. In langem Zug und mit wiegendem Gesang aus vierzig Kehlen näherten sie sich und nahmen auf dem Platz Aufstellung. Sie bildeten, in langsamen Tanzschritten voranschreitend, erst einen Kreis, dann zwei Reihen, die einander gegenüberstanden. Ihre Armbewegungen deuteten verschiedene Tätigkeiten an. Dazu sangen die Männer weiter ihren wilden Singsang. Das prächtige Bild der geschmückten Frauen vor dem grünen Hintergrund war gewiß ein bleibender Eindruck, aber es wurde nur zu klar, daß der Ablauf unvollständig war und die Bewegungen unsicher ausgeführt wurden. Es fehlte die innere Überzeugung, die nur aus dem Glauben an den dargestellten Naturkult hätte erwachsen können. Wie anders hatte da der bedeutend wildere Fruchtbarkeitstanz der Frauen ausgesehen, der von Bernatzik geschildert wurde! Er erlebte ihn 1932 auf Owa Riki, wohin er seinerzeit mit Hilfe von Henry Küper gelangt war.
Mit herzlichem Dank verabschiedeten wir uns von Jakob, hatten aber noch ein Problem zu lösen: Jakob hatte zum Geburtstag von Hans drei Hühner geschlachtet und genau wie Angelika ein Festessen für ihn vorbereitet. Jakob bewies seine Großzügigkeit, indem er Hans die gebratenen Hühner in Blätter wickelte und samt einem Topf mit Süßkartoffeln in die Hand drückte. An Bord lockerte sich die Stimmung sehr schnell, zumal Angelika es schaffte, die Gaben von Jakob ganz selbstverständlich mit dem eigenen Menü in Einklang zu bringen.
In der traulichen Kajüte der *Solveig* wurde es ein richtig gemütlicher Abend. Drei deutsche Südseefreunde feierten einen Geburtstag 25 000 Kilometer von der Heimat entfernt, mit einer Flasche australischem Sekt und mit deutschen Nudeln und Klößen als Beilage zu melanesischem Huhn.
Aber es war der 4. November 1989, und die DDR stand am Rand des Zusammenbruchs. Täglich hatten wir die Nachrichten der Deutschen Welle, der BBC und der Stimme Amerikas gehört und nun reichlich Gesprächsstoff. Die Welt hielt den Atem an, und auch wir, obwohl so weit entfernt, verfolgten die historischen Ereignisse mit Spannung und innerer Bewegung.
Am nächsten Tag nahmen wir Abschied von Hans, der die Rückfahrt antreten mußte. Diesmal blieb ihm die Strapaze im Kanu erspart: Er hatte die Möglichkeit, mit einer kleinen Maschine, die auf einer Wiese in Owa Raha zwischenlandete, nach Honiara zu fliegen und von dort mit dem Jet weiter nach Australien.

Melanesische Bootsbaukunst

Leider hatte sich mein Fuß durch das lange Stehen beim Tanzfest wieder entzündet, und ich mußte deshalb auf den geplanten Landgang verzichten. Am Vormittag näherte sich ein Kanu von See her und steuerte durch den Paß auf uns zu. Die Bauweise dieses Kanus war außergewöhnlich und ging auf ein altes Verfahren zurück, das man getrost als Meisterleistung des Bootsbaus in den Salomonen bezeichnen kann. Sonst wurden Boote dieser Art schon seit langem nicht mehr her-

Die alten Häuptlinge, mit Körperbemalung und Lendenschurz geschmückt, stehen stolz neben den beiden letzten sakralen Bonito-Kanus in Natagera auf Owa Raha.

gestellt und waren nur noch in Museen oder als sakrale Kanus in den Männerhäusern zu bewundern.
Seelenruhig machte der alte Mann an der *Solveig* fest und bot uns zwei große Langusten zum Kauf an, die er in einem Korb vor seinen Füßen verstaut hatte. Ohne zu zögern kaufte ich ihm die Krustentiere ab, das Stück zu umgerechnet zwei Mark. Viel mehr aber interessierte mich sein Boot, dessen Formen den unerhörten Kunstsinn der Insulaner offenbarten. Er war in dieser Nußschale von Owa Riki gekommen, der vier Seemeilen entfernten Nachbarinsel, über die offene See!
Das Besondere dieser Plankenboote ist ihre Bauweise. Sie sind nicht wie die sonst üblichen Einbäume aus einem ausgehöhlten Baumstamm gehauen, sondern bestehen aus acht oder mehr dünnen Holzplanken, die präzise mit der Axt geformt, dann mit Rindenbast zusammengenäht und später mit dem Mark einer Frucht verleimt und abgedichtet werden. Staunend betrachtete ich das Schiffchen, das da fröhlich auf den Wellen der Lagune tanzte. Die in schönem Bogen, ähnlich einer venezianischen Gondel, sich aufschwingenden Vor- und Achtersteven sind das besondere Merkmal dieser Kanus, in deren größten früher bis zu vierzig Krieger mit ihren Waffen Platz fanden. Dies waren die langen Kriegs- oder Wanderboote, die zu Küpers Zeit noch allgemein Verwendung fanden. Daneben wurden zum Fang von Bonitos fünf bis sieben Meter lange Boote gebaut, die mit zwei bis sechs Fischern bemannt waren. Und schließlich gab es noch die ein- und zweisitzigen Fischerboote, die »Hai hai tarai«, deren eines ich nun vor mir sah.
Ich bat den Alten zu uns an Bord. Leider sprach er kaum englisch, wir konnten uns nur durch Zeichen verständigen. »Ist es viel Arbeit, so ein Kanu zu bauen?« wollte ich wissen, und was ich hörte, war erstaunlich. Später konnte ich die Auskünfte des Alten durch Befragen von Jakob noch vervollständigen. So erfuhr ich also folgendes über die Plankenkanus:
Für jede Planke wurde ein Baum verwendet. Sägen oder Spalten des Holzes waren unbekannt oder für diesen Zweck ungeeignet.
Mit der Axt, früher der Steinaxt, wurde die Planke Span um Span von beiden Seiten aus dem Stamm ge-

Die geplankten Kanus der Salomonen sind in Form und Bauart einmalige Meisterstücke der Bootsbaukunst. Ihre Verzierungen sind aus Perlmutt gearbeitet und stellen Fregattvögel und andere Tiersymbole dar.

hauen, bis sie die gewünschte Form hatte und sich haargenau einpassen ließ. Das Zusammennähen der einzelnen Planken mit Pflanzenfasern und das Abdichten der Fugen mit Burunüssen bedeutete weitere mühsame Arbeit.
Dieses Boot hätte ich gerne mit mir genommen und bewahrt. Hier würde es bald verrotten, denn die meisten Fischer wollten nur noch neue Kanus aus ganzen Baumstämmen oder aus Fiberglas benutzen, an denen sich Außenbordmotoren anbringen ließen.
»Kann ich das Boot von dir kaufen?« fragte ich den Alten vorsichtig und wie nebenbei, denn ich wollte ihn keinesfalls beleidigen.
Unschlüssig wiegte er den Kopf.»Ich komme wieder, dann bringe ich dir mehr Langusten, wenn du willst. Und vielleicht auch das Kanu.«
Offenbar hielt er es für weiser, die Entscheidung erst nach Beratung in seinem Klan zu treffen. Mit traumwandlerischer Sicherheit stieg er vom Cockpit in sein schwankendes Kanu und entfernte sich rasch mit leichten, langen Paddelschlägen. Scheinbar ohne Anstrengung glitt er in seinem Boot über das Wasser. Wenn diese Menschen nur wüßten, welche Belastung sie sich mit Motoren aufbürden, die so schnell reparaturbedürftig werden! Und welches Kapital sie einst besaßen in ihrem Können und ihren Fähigkeiten, ohne technische Geräte den Alltag zu meistern. Aber der Mensch im Paradies weiß eben nicht, wie glücklich er sich preisen darf.
Wir sahen unserem Freund lange nach, bis am Ende, als er den Paß erreicht hatte, sein Kanu ganz verschwunden war und über den Wellen nur noch seine aufrechte Gestalt sichtbar blieb. Mein Fuß schmerzte, aber als Angelika mich fragte, ob ich sie zum Strand fahren könne, um dort Wäsche zu waschen, stimmte ich sofort zu.
Alfred hatte es uns erzählt, und wir hatten es auch mit dem Fernglas entdeckt: An einer Stelle des Strandes, etwa einen Kilometer vom Dorf entfernt, entsprang eine Quelle, deren Süßwasser sich nach kurzem Lauf durch den Sand in die Lagune ergoß. An dem Quell, so erklärte uns Alfred, könne man bei Niedrigwasser Wäsche und Geschirr reinigen. Ich fand diesen Wasch-

Für jede mit der Axt gehauene Planke dieser Boote wird ein Baum verwendet. Die einzelnen Planken sind mit Pflanzenfasern zusammengenäht und mit Fruchtmark abgedichtet.

platz, den sich die Frauen im Sand zwischen Korallen eingerichtet hatten, unerhört romantisch und wollte gern dabeisein, wenn Angelika dort unsere Kleidung wusch.
Der Ausflug gestaltete sich für mich recht schwierig, denn der Strand war in weitem Bereich mit scharfkantigem Korallengestein durchsetzt, dem wir unser Schlauchboot nicht aussetzen wollten. Wir mußten daher in tieferem Wasser ankern und ein ganzes Stück zum Ufer waten. Das tat weh. Aber was für ein Platz! Große Laubbäume spendeten Schatten, und die Frauen des Dorfes hatten ein richtiges Becken an der Stelle ausgegraben, wo frisches, klares Süßwasser aus dem Boden sprudelte. Da die Flut jeden Tag die gesamte Strandfläche überspülte, wurden auch alle Reste von Schmutz oder Essen von der Brandung gründlich weggeschwemmt. Wäre die Quelle ein paar Meter weiter an Land hervorgesprudelt, dann hätte das Dorf eine günstige Wasserversorgung besessen.
Angelika machte sich mit Waschpulver und Seife an die Arbeit, während ich humpelnd den Schatten der Bäume suchte und einen kleinen Erkundungsgang in die nähere Umgebung unternahm. Nach der einen Seite hin erreichte man bald die ersten Hütten des Dorfes, nach der anderen Seite zu fand ich aus Korallenblöcken und Zäunen sorgfältig errichtete Gehege für Schweine, die traditionsgemäß den Reichtum und Stolz der Melanesier ausmachen. Ich ging noch ein Stück weiter und gelangte bald in die eigentlichen Wälder der Insel. Was ich sah, war eine einzige Pracht! Selten habe ich so bedauert, nur wenig botanische Kenntnisse zu besitzen. Ich dachte an diesen und jenen Pflanzenfreund in Deutschland, der sicher hingerissen wäre, wenn er solch einen unberührten Tropenwald besuchen könnte.
Aber die Neugier hatte mich zu weit weggelockt, und mein Fuß war bald dick angeschwollen. Ich kehrte zu Angelika zurück und setzte mich in der Nähe auf einen Korallenblock. Neben ihr arbeitete eine Einheimische, spülte ihr Holzgeschirr und polierte dann einen Aluminiumtopf eifrig mit Sand. Der Anblick der beiden Frauen, die ohne Hast an diesem malerischen Strand ihrer Beschäftigung nachgingen, hatte etwas ungemein Friedliches und Harmonisches.

An Henry Küpers Grab

Am nächsten Vormittag, wir hatten gerade gefrühstückt und waren dabei, unsere Tagespläne zu besprechen, kam Alfred im Kanu angepaddelt. Wir baten ihn an Bord. Er sprach zunächst von unwichtigen Dingen, aber wir wußten: irgendetwas wollte er von uns. Die Höflichkeit der Melanesier gebietet es, ein Anliegen niemals sofort zu äußern.
Schließlich brachte Alfred seinen Wunsch stückweise vor: »Du verstehst doch was von Motoren?« Also ging es um eine Reparatur. Ich nickte, und er fuhr fort: »Da ist ein Kanu gekommen – von Makira –, das hat ein kleines Problem mit dem Propeller.«
»Wo ist das Boot?« wollte ich wissen.
»Da drüben, am Ende vom Dorf, bei der Hütte unter den großen Bäumen. Die Leute von Makira müssen heute mittag zurückfahren. Unser Mechaniker hat schon versucht, den Propeller wieder in Ordnung zu bringen.« Alfred lächelte vielsagend. »Es ist Oskar Kuper, du weißt doch, der Enkel von Henry Kuper. Aber Oskar hat nicht die richtigen Ersatzteile. Willst du helfen?«
»Du meinst den Enkel von Henry Küper?« Das »Ü« in seinem Namen konnten weder Engländer noch Einheimische aussprechen.
Als Alfred nickte, sagte ich sofort zu. Auf diese Weise würde ich Gelegenheit bekommen, mit einem Küper-Nachkommen zu sprechen. Schon überlegte ich, welche Splinte, Bolzen oder Schrauben ich brauchen würde, denn ich wollte sofort losfahren.
Aber Angelika machte sich Sorgen. »Willst du nicht lieber deinen Fuß schonen?«
Doch ich wollte Oskar unbedingt kennenlernen. Was ich an Werkzeug und Ersatzteilen greifen konnte, warf ich ins Schlauchboot. Alfred musterte interessiert jedes Stück, das da durch die Luft flog. Und schon hatte er etwas gesehen, das er dringend brauchte: eine Zange! »Vielleicht kannst du mir die Zange geben?« Hoffnungsvoll blickte er mich an. Es ist nicht leicht, einem Einheimischen klarzumachen, daß eine kleine Yacht kein Versorgungsdampfer für die Bevölkerung der Südseeinseln sein kann. Deshalb antwortete ich ausweichend: »Wie du siehst, brauche ich die Zange jetzt selbst. Aber vielleicht finde ich später noch eine für dich.«
Mit Vollgas jagten wir, Alfred mir gegenüber, Angelika am Bug, mit dem Schlauchboot über die Lagune.

Schon aus einiger Entfernung war am Strand ein großes Kanu zu sehen, und daneben lag ein dicker, schwerer 40-PS-Außenborder im Sand.

Der Propeller war abgenommen, die Welle lag auf dem Strand. Ein paar Burschen standen um die Teile herum und palaverten aufgeregt. »Au weh«, sagte ich zu Angelika, »die bekommen ja Sand in die Lager!« Schlechter konnte ein Landeplatz kaum sein: Bis weit hinaus in tieferes Wasser reihte sich Korallenriff an Korallenriff. Erst im letzten Moment konnte ich den Motor abstellen und hochreißen, bevor sich auch meine Schraube eine nette kleine Kerbe auf dem Gestein holte.

Wir wateten zum Ufer. »Das ist Oskar!« Alfred bezeichnete einen gutaussehenden Mann Mitte der Dreißig, der mit einem verschmitzten Lächeln auf mich zuging. Wir machten uns bekannt, und Alfred sprach rasch ein paar Worte, um seine Vermittlerrolle zu schildern, denn die Kompetenzen waren nach strikten Regeln verteilt.

Aber Oskar war offensichtlich dankbar, daß wir rasch zur Sache kamen. Er hatte das etwas schlacksige, charmante Auftreten eines Mannes, der um sein gutes Aussehen weiß. Das europäische Blut war ihm deutlich anzusehen. Ein Typ wie Harry Belafonte.

»Mir fehlt nur ein kleiner Splint, kannst du mir den geben?« fragte er, doch mir schien hier viel mehr zu fehlen, vor allem eine gewisse Ahnung, wie man mit Motoren umging.

Vorsichtig sagte ich: »Ich würde dir raten, den Motor erst mal aus dem Sand zu nehmen und auf sauberen Boden zu legen. Vielleicht können wir ihn in deine Hütte tragen? Und den Propeller sollten wir zuerst von Sand und Schmutz reinigen, sonst kannst du ihn nicht auf die Achse schieben.«

Oskar wurde etwas verlegen und schaffte die mißhandelte Maschine mit seinen Freunden auf einen Tisch bei seiner Hütte. Was müssen diese armen Motoren aushalten! Sie werden geschunden wie die Esel in südlichen Ländern. Da die Einheimischen grundsätzlich nur Vollgas fahren, egal wie lange eine Überfahrt dauert, die Gewässer aber mit Korallenbänken verseucht sind, schlagen die Propellerblätter häufig wie eine Axt auf den harten Kalk der Riffe. Entsprechend verbogen sehen sie dann aus.

Bald waren wir mit Oskar allein. Die Frage der Reparatur ließ sich schnell klären, ich würde ihm später einen passenden Bolzen bringen. Oskar erzählte bereitwillig von seinem Großvater, jedoch war deutlich zu spüren, daß er keine Vorstellung davon hatte, nicht haben konnte, was dieser Hamburger, fern seiner Heimat und lebenslang auf eine Rückkehr hoffend, gelitten hatte. »Wenn ihr wollt, zeige ich euch das Grab«, schlug Oskar schließlich vor.

Wenig später standen wir vor einem schlichten, wenig gepflegten Hügel. Doch der ganze Friedhof machte den Eindruck, daß auf den Schmuck von Gräbern kein besonderer Wert gelegt wurde. Der Ahnenkult der Melanesier galt niemals nur dem Körper des Toten, sondern seinem Geist, seiner Seele. Mit ihr hielten die Nachkommen Verbindung, aber auch nur dann, wenn der Betreffende als Priester oder Häuptling besondere Kräfte, spirituelle Ausstrahlung (Mana) besessen hatte. Die Schädel solcher Männer wurden in kleinen Kanus oder Haifiguren in der Aofa Apuna, dem sakralen Kanuhaus, aufbewahrt. Dann aber verboten die christlichen Missionare alle heidnischen Kulthandlungen, und das Interesse an der Verehrung der Ahnen ging verloren.

Kopfjäger und Papageien

Die Jungen von Makira, deren Außenborder der Anlaß zu meinem Besuch bei Oskar Küper gewesen war, traten am späten Nachmittag die Rückfahrt an. Mangels passender Ersatzteile hatte Oskar die Reparatur »südseemäßig« ausgeführt: Der Propeller war nun so starr mit der Achse verbunden, daß ein Aufschlagen an Korallen zur Zerstörung des ganzen Getriebes führen mußte statt nur zum Bruch des Scherstifts. Lange konnte es also nicht dauern, bis der ziemlich neue Motor als Schrott herumliegen würde.
Der Verkauf von hochentwickelter Technik an die Insulaner bringt in der Regel keinen Fortschritt für die Menschen, sondern führt zu unwirtschaftlichem Verhalten und damit zu fortschreitender Verarmung und – letztlich – zur Abhängigkeit durch Auslandsverschuldung. Es war zweifellos ein großes Verdienst von Henry Küper, daß er seinen einheimischen Freunden half, ihre Plantagen in Ordnung zu halten und ihre Früchte zu verkaufen, daß er sie aber davor bewahrte, Anschaffungen zu machen, die ihrem Lebensstil nicht angemessen waren.

Heilung mit Kräutern und Magie

Der dreistündige Aufenthalt bei Oskar hatte meinem entzündeten Fuß nicht gutgetan. Er war jetzt dick geschwollen und schmerzte. Am Abend kam ein junger Einheimischer namens Peter zu Besuch und betrachtete erstaunt die Schwellung. Er überlegte eine Weile und sagte dann in seiner etwas schwerfälligen Art: »Ich werde mit meiner Schwester sprechen, vielleicht kann sie helfen, mit Kräutern und ein wenig Magie.«
Ich war von dem Vorschlag begeistert. Viel hatte ich nicht zu verlieren, und die Schmerzen drohten, mir den ganzen Aufenthalt auf Owa Raha zu verderben. Doch ich mußte noch zwei Tage auf die Behandlung warten, denn Peter und seine Schwester Esther brauchten Zeit, um die notwendigen Blätter und Kräuter herbeizuschaffen, die weit entfernt irgendwo im Busch wuchsen.
Rauch stieg aus Esthers Hütte auf, als ich durch das Dorf humpelte, um mich der Behandlung durch die »Prinzessin« auszuliefern. Ich gehe ungern zum Arzt, und obwohl dies eine Naturheilung werden sollte, war mir doch merkwürdig zumute. Esther war eine unverheiratete junge Frau, die sich nicht leicht von einem Mann etwas sagen ließ. Diese Selbständigkeit hatte ihr wohl auch den Spitznamen »Prinzessin« eingebracht. Sie sah gut aus, war eine richtige Inselschönheit. So mochte in ihrem Alter Kafaga Murirongo ausgesehen haben, von der ich ein Foto in Oskars Hütte gesehen hatte.
Esther hatte reichen Muschelschmuck angelegt. Als sie uns vor der Hütte entgegentrat, verschlug es Angelika und mir regelrecht den Atem, soviel Würde und Stolz ging von ihrer Erscheinung aus. Sie war sehr ernst, sehr wißbegierig. Wir erzählten ihr von Deutschland, von Bayern und seinen Bergen, und erfuhren von ihr, daß sie zwar keinen Mann, wohl aber ein Kind hatte. Wir hatten dieses auffallend hübsche Mädchen schon öfter gesehen und freuten uns, daß die blonde Kleine zu unserer neuen Freundin gehörte. Übrigens trifft man blonde Kinder in den Salomonen recht häufig, ohne daß deshalb ein Europäer der Vater sein müßte.
In Melanesien herrschen strenge Sitten, viele für uns selbstverständliche Themen sind »tabu«. Unsere Unterhaltung mit Esther kam deshalb immer wieder ins Stocken. Aber wir verstanden, daß sie sich einen Mann wünschte, um ihrem Alleinsein zu entkommen. Offensichtlich faßte sie spontan große Zuneigung zu Angelika und versprach, uns später an Bord zu besuchen. Aber auch hierbei kam sie in Verlegenheit, denn ihrem Besuch standen bestimmte Gepflogenheiten im Wege.

In der Are-Are-Lagune von Malaita. Jahrelange Arbeit war nötig, um aus Korallenblöcken künstliche Inseln wie diese zu bauen. So entstand das »Venedig« der Südsee.

Peter forderte uns auf, in die Hütte zu kommen. Zunächst nahm ich in der Dunkelheit nichts wahr außer dem Feuer, das zwischen großen Steinen loderte. Darüber hing ein Kessel mit siedendem Wasser. Rauch nahm mir den Atem, stieg in Mund und Nase. Ein wenig Tageslicht drang durch die Ritzen der Wände, an denen eine Reihe Töpfe hing. In Körben auf dem Boden sah ich einen Haufen grüner Blätter und Halme.

Esther trat ein, und Peter warf die Blätter in das kochende Wasser. Dann verließ er die Hütte. Ich setzte mich auf eine Art Kiste, um meinen Fuß ausstrecken zu können, während Angelika aufmerksam beobachtete, wie sich ihr Käptn behandeln ließ. Es war ein recht angenehmes Gefühl, als Esther mit dem heißen Saft der Blätter, mit den Kräutern und Halmen erst den Fuß und dann das Bein bis hinauf zum Knie kräftig rieb und massierte. Der Saft, den sie immer wieder neu aus dem Topf holte, mußte so heiß sein, wie ich es eben aushalten konnte. Allmählich färbte sich die Haut grün und dann gelb.

Esther sah mich nicht an, sprach auch nicht, sondern konzentrierte sich völlig auf die Massage. Nach etwa zehn Minuten meinte sie: »Ich glaube, es ist genug. Bleib noch ein wenig sitzen, dann kannst du gehen.«

Mit dem heißen Saft von Blättern rieb Esther erst meinen Fuß und dann das Bein bis hinauf zum Knie ein. Die heilende Wirkung zeigte sich am folgenden Tag.

Esther hatte den reichen traditionellen Muschelschmuck ihrer Familie angelegt (rechts oben).

Ich war verblüfft, denn ich hatte mindestens ein paar Zaubersprüche erwartet, eine schwarze Salbe oder in die Luft gemalte Zeichen für die Geister. Zunächst änderte sich nichts an meinem Zustand, aber am folgenden Tag begann die Schwellung zurückzugehen. Ich konnte wieder laufen, zuerst noch langsam, aber dann wurde der Fuß rasch besser. War die Heilung nun aufgrund der Behandlung eingetreten oder rein zufällig?

Die Puddingzeremonie

Im Dorf wurde ein Fest gefeiert, die Puddingzeremonie. Alfred war als Zeremonienmeister dabei und erklärte Angelika und mir mit großer Geduld Ablauf und Zusammenhänge des Rituals. Zwei Tage dauerten allein die Vorbereitungen: Yamsknollen wurden geerntet, geraspelt und mit geriebenen Nüssen und allerlei Gewürzen eine Nacht lang gegart, auf heißen Steinen und mit Blättern abgedeckt. Ein riesiger Mörser von zwei Meter Höhe und 70 Zentimeter Durchmesser war aus einem dicken Baumstamm mit dem Beil herausgearbeitet worden. Monatelang war er von den Männern mit Tier- und Geisterfiguren verziert und danach etwa einen Meter tief in die Erde versenkt worden, damit die Öffnung von oben zugänglich wurde. Alle diese Arbeiten wurden gemeinschaftlich vollbracht, von Männern und Frauen des Klans. Vorfreude auf das Fest beflügelte ihre Tätigkeit.
Als Höhepunkt füllte Peter schließlich die weiche, aber noch nicht glatte Masse in den Mörser, und die Häuptlinge begannen, mit langen Stangen eine Stunde, im Rhythmus und mit Begleitgesang zu stampfen, bis aus der Masse ein »Pudding« wurde. Dies geschah un-

ter den Augen der gesamten Dorfbevölkerung, die gebannt und aufgeregt jeden Abschnitt der Handlung beobachtete: eine Sensation für die an Unterhaltung wahrlich nicht reiche Insel. Zuletzt verzehrten Jung und Alt gemeinsam den Puddingbrei.
Ist es überhaupt vorstellbar, welche Wirkung beispielsweise ein Gewalt- oder Sexvideo auf junge Menschen haben muß, die in solchen Traditionen aufgewachsen sind? Wer kann ermessen, wie schwer es für sie ist, sich nach ihrem Aufenthalt in der Stadt, etwa nach dem Besuch einer Fachschule, wieder in die strenge Ordnung ihrer Dorfgemeinschaft einzufügen? Die Hauptstadt Honiara bedeutet für die Jugend aus den Dörfern eine einzige Kette von Versuchungen – von hinterhältig angelegten Fallen, um ihnen das wenige Geld aus der Tasche zu ziehen. Dann kehren sie mit leerem Beutel eines Tages in ihr Dorf zurück, mit sich und der Welt in unheilbarem Zwiespalt.
Ein Freund von Peter, der auf Makira in einem Sägewerk arbeitete und seine Familie auf Owa Raha besuchte, fragte uns vertrauensvoll: »Ihr wißt doch, wie man eine Bank sucht, um ihr Geld zu bringen. Ich verdiene Geld im Sägewerk, ich sollte es einer Bank geben.«
»Ja, das wäre wohl besser, damit du es nicht verlierst«, antwortete ich zögernd, denn ich wußte nicht, worauf der Junge mit seiner Frage hinauswollte.
»Und auf welche Bank in Honiara soll ich gehen? Was macht die Bank mit meinem Geld? Bekomme ich es auch bestimmt wieder?«
Das waren Fragen, die sich nicht leicht beantworten ließen. »Du kannst dein Geld auf jede Bank bringen«, versuchte ich, seine Entscheidung zu erleichtern. »Ich würde die Bank nehmen, die auch auf Makira eine Zahlstelle hat. Dann kannst du leichter einzahlen und auch mal abheben, wenn du Geld brauchst.«
»Ja, ja, aber meine Freunde sollen nicht sehen, daß ich Geld habe. Ich gehe lieber nach Honiara.«
Seine Hilflosigkeit war rührend. Ich empfahl ihm noch, zur australischen Bank zu gehen und, wenn möglich, sein Geld in australische Dollar zu wechseln, damit der Wertverlust durch Inflation nicht zu groß würde. Aber ob er mich verstand?

Eine Stunde wurde die Puddingmasse in einem festen Rhythmus und mit Begleitgesang im Mörser gestampft (oben).

Vorbereitung zur Puddingzeremonie: Zwei Tage reiben die Frauen Nüsse und Taro, der dann auf heißen Steinen gegart wird.

Ein lebensgefährliches Historienspiel

Mein Fuß hatte sich soweit gebessert, daß wir Alfred baten, einen Boten in das Dorf Natagera zu schicken. Er sollte dort anfragen, ob wir es besuchen dürften und ob die Häuptlinge bereit wären, uns etwas von ihrer alten Kultur zu zeigen.
Nach einer halben Woche kam Alfred mit der Antwort. Die Dorfältesten von Natagera hatten zugestimmt, uns das Mako Mako zu zeigen, die Darstellung einer alten Sage. Als Gegenleistung erwarteten sie eine Spende für die Renovierung des sakralen Kanuhauses, das in Natagera noch eine religiöse Funktion hatte und den Versammlungen der Männer diente. Wir waren gern bereit, dazu einen Beitrag zu leisten, ließen aber über Alfred darum bitten, daß die Männer die sakralen Kanus auch einmal zu Wasser bringen würden.
Unsere Spannung wuchs von Tag zu Tag. Der Bote kam mit einer zustimmenden Nachricht zurück, als Termin wurde das Wochenende vorgeschlagen. Wir waren einverstanden, und wieder lief ein Bote durch den Busch über die Insel. Er brachte den genauen Plan über den Ablauf des Festes mit zurück, und schließlich erschien Alfred feierlich und stolz bei uns an Bord. Voll Vorfreude schilderte er die einzelnen Tänze und Spiele, die wir zu erwarten hatten.
Die auf Owa Raha und Owa Riki lebenden Menschen bilden eine eigene Kulturgruppe. Sie unterscheiden sich nicht nur in der Sprache und ihrer materiellen Kultur von den übrigen Völkern Melanesiens, sondern auch in ihren Gebräuchen und Tänzen. In Natagera war, das wußte ich, von diesen Überlieferungen noch ziemlich viel erhalten geblieben, da das Dorf erst in jüngster Zeit missioniert worden war.
Was immer wir hofften, an Kameras und Filmmaterial, aber auch an Marschverpflegung schleppen zu können, bereiteten wir vor. Feuchte Hitze und der Anstieg würden den Weg nicht leicht machen. Dies war ja auch der Grund, weshalb die Menschen von Natagera seit jeher eine Art Eigenleben geführt hatten.
Um halb sieben Uhr morgens machten wir uns mit Alfred auf den Weg. Zunächst ging es durch ebene Plantagen, dann bergauf in eine hügelige Landschaft voller Palmen, aber auch mit hohen Laubbäumen und niedrigem Buschwerk bewachsen. Nach fast zwei Stunden hatten wir den höchsten Punkt erreicht und stiegen abwärts in dichten Regenwald. Eine Rast war fällig. Der Schweiß drang uns aus allen Poren, mein Fuß aber hatte die Belastung ausgehalten. Der schönste Teil des Weges führte an der Ostküste von Owa Raha entlang, wo wir viele Palmenarten bewunderten und von der Passatbrise etwas Kühlung erhielten.
Etwa zweihundert Meter vor dem Dorf stand ein Späher. Er hieß uns warten, drehte sich um und verschwand. Wir setzten uns auf einen Baumstamm, alle drei in höchster Spannung. Nach einer halben Stunde kam er zurück: Wir sollten noch ein wenig warten. Schließlich hörten wir Stimmen, und der Bote forderte mich auf, vorauszugehen. Als ich die erste Hütte des Dorfes vor mir sah, brachen fünf Krieger in Zickzacksprüngen aus einem Versteck hervor, schrien unverständliche Worte und nahmen mit ihren Keulen und Speeren eine drohende Haltung an. Ich war zwar von Alfred vorgewarnt und kannte auch die Gewohnheit der Scheinangriffe, trotzdem blieb mir die Luft weg. Keinen Schritt ging ich weiter, als die mit weißen Streifen bemalten nackten Burschen auf mich zurannten, dabei immer lauter schrien und ihre Speere schwangen. Mit meinem Rucksack kam ich mir ganz schön schwerfällig vor im Vergleich zu den schlanken, biegsamen und muskulösen Gestalten meiner imaginären Gegner.
Inzwischen standen Alfred und Angelika neben mir. Die Kriegsrufe verstummten, eine Einladung wurde ausgesprochen und von dem Boten übersetzt. Von den Kämpfern angeführt, marschierten wir über den glühend heißen Dorfplatz auf die Aofa Apuna zu, das Kanuhaus, vor dem uns eine größere Gruppe Krieger erwartete. In ihrer Mitte standen, unverkennbar herausgehoben durch ihren reichen Muschelschmuck, drei alte Häuptlinge.
Wir wurden in den Kreis geführt, wie man früher vielleicht die Gefangenen im Triumph angeschleppt hatte. Einer der Häuptlinge begann, vor dem Kanuhaus auf und ab zu laufen und endlose Fragen zu schreien – so laut, daß alle es hören konnten, auch außerhalb der Begrenzungsmauer, hinter der Frauen und Kinder als Zuschauer standen. Diese Fragen bezogen sich, wie uns Alfred erklärte, auf Herkunft und Absichten der Ankömmlinge. Danach begrüßten uns alle drei Häuptlinge mit Handschlag. Wir waren in den Kreis der Familien aufgenommen und konnten als Zuschauer den Fortgang des Festes beobachten.
Die mit Körperbemalung und Lendenschurz geschmückten Krieger begannen jetzt, die beiden sakralen Bonito-Kanus aus dem Haus zu tragen. Es war ein

unvergeßlicher Anblick, wie die athletischen Gestalten, auf ihren Schultern die reich verzierten Boote, deren Schnäbel hoch in den Himmel ragten, über den weißen Strand dem Meer zu gingen. Kurz vor dem Landeplatz begannen die Kanus auf den Schultern der Männer plötzlich zu wackeln! »Das ist die Bitte an den Meeresgott um gute Fahrt«, erklärte uns Alfred.
Mit viel Geschrei und Gelächter warfen die Krieger ihre Boote ins Wasser, und je sechs Mann bestiegen ein Kanu. Die schlanken und leichten, dafür aber sehr schnellen Boote hielten sich nur schwer aufrecht. Da die Brandung hochging, war eine Ausfahrt nicht möglich. Nur ein kurzes Stück zwischen den Korallenfelsen konnten die Männer paddeln, dann hoben sie die Kanus wieder an Land und stellten sie vor dem Bootshaus zur Schau.
Inzwischen war die ganze Bevölkerung von Natagera um den weiten Dorfplatz versammelt. Was jetzt geschah, verlief völlig anders, als ich es jemals bei Tänzen in der Südsee erlebt hatte. Frauen traten auf, mit mittelalterlich anmutenden Hauben, eher Masken, aus großen weißen Blättern geflochten. Sie waren über und über mit Muschelketten behangen. Einige von ihnen trugen große Tritonshörner, denen sie schauerlich dumpfe Töne entlockten. Dann tanzten sie im Kreis und stießen dabei mit langen Stöcken auf den Boden. Dieser Tanz sollte die Frauen bei der Arbeit zeigen. Wie ich aber erfuhr, war er ursprünglich ein Fruchtbarkeitstanz gewesen, und die Stöcke wurden früher statt auf den Boden zwischen die Schenkel geführt.
Plötzlich ertönte Geschrei und wildes Heulen. Die Frauen zogen sich, immer in einem Kreis verharrend, ein Stück zurück. Herein brach mit ungestümer Wucht eine Horde schwarzer Krieger. Sie hatten ihre Körper mit Fett eingerieben und vollständig mit Ruß geschwärzt. Da wurde uns klar: Wir bekamen hier eine Art Historienspiel zu sehen, die Darstellung eines in grauer Vorzeit stattgefundenen Kampfes. Die schwarzen Krieger stellten die heutigen, melanesischen Bewohner der Insel dar, die seinerzeit als Eroberer gelandet waren. Leichtfüßig wie tänzelnde Boxer sprangen sie vor und zurück. Gleichzeitig schwangen sie ihre Speere, olympischen Einzelkämpfern mindestens ebenbürtig.
Angelika schrie plötzlich auf und deutete in die entgegengesetzte Richtung: »Dort! Sieh die Männer!«
Eine Gruppe rotbrauner Gestalten, die nackten Körper über und über mit Lehm beschmiert, näherte sich aus dem Busch. Sie trugen große Masken aus Baumrinde und hüpften gekrümmt, halb kriechend, hin und her. Dadurch bekamen sie das Aussehen von Dämonen oder Teufeln. Diese zwanzig Kobolde, die durch skurrile Bewegungen und obszöne Gesten ihr bösartiges Wesen zur Schau stellten, verkörperten die primitiven Ureinwohner von Owa Raha. Entsetzt zogen sich die schwarzen Krieger zunächst zurück. Sie glaubten, Geister vor sich zu haben. Plötzlich aber stolperte einer der Dämonen, und jetzt erkannten die Schwarzen, daß ihre Gegner auch nur Menschen waren.
Ein Hagel von Speeren überfiel die Maskenmänner, einige stürzten zu Boden. Eine heftige Schlacht begann, die Speere flogen von einer Frontseite auf die andere, wurden blitzschnell aufgehoben und erneut geworfen. Der Anblick war faszinierend, denn die Speerwürfe verfehlten oft nur um Haaresbreite ihr Ziel. Ich lief mit der Filmkamera zwischen die Kämpfer, um die Szene aus der Nähe einzufangen, aber Angelika rief mich erschrocken zurück.
Die roten Teufel hatten als Waffen nur dicke Knüppel oder Stangen. So gewannen die wendigen Speerwerfer der schwarzen Eroberer rasch die Oberhand. Es kam noch zu einem kurzen Nahkampf Mann gegen Mann, dann stürmten die Ureinwohner in wilder Flucht davon. Die schwarzen Männer hatten Insel und Frauen erobert, die roten Gestalten verschwanden, immer hin und her springend, hinter den Hütten. Der Sage nach leben sie noch heute als Geister im Busch.
Welch ein Schauspiel!
Ich fragte Alfred, ob es bei so echter Darstellung nie zu Unfällen gekommen wäre. Er erklärte mir sehr ernst: »Das Spiel findet statt zu Ehren einer Gottheit, und Wunden, die dabei empfangen werden, heilen sofort. Daran glauben die Kämpfer.«
Aber der Mako Mako wird, vielleicht weil der Glaube an die Unverletzbarkeit der Teilnehmer geschwunden ist, kaum mehr aufgeführt. Selbst Dr. Bernatzik hatte bei seinem wochenlangen Aufenthalt in Natagera keine Gelegenheit gehabt, das kämpferische Spiel zu erleben. Als Völkerkundler hätte er sich gewiß Gedanken gemacht, welche Urmenschen vor den Melanesiern auf der Insel gelebt haben. Daß es sie vor zwei- bis dreitausend Jahren gegeben hat, ist aufgrund archäologischer Keramikfunde bewiesen.
Trotz der unglaublichen Hitze von über vierzig Grad fühlten wir uns nach der zweistündigen Vorführung wie in einem Rausch, vermochten kaum noch die uns

Szenen aus dem Historienspiel in Natagera auf Owa Raha:

Schwarze Krieger (Melanesier) landen auf der Insel (links unten) und greifen die Ureinwohner an, die mit gebeugten Knien, hüpfendem Gang und mit rotem Lehm beschmiert als pygmäenhaft kleine und primitive Menschen dargestellt werden (rechts oben und unten). Es entbrennt ein heftiger Kampf, in dessen Verlauf die mit Speeren ausgerüsteten Melanesier allmählich die Oberhand gewinnen und die Insel Owa Raha für sich erobern (links unten).

Die schwarzen Krieger stellen die heutige Bevölkerung der Insel dar. Die rotbraunen Ureinwohner verschwinden im Busch und leben der Sage nach dort als Geister weiter.

umgebende Realität von der Wirklichkeit des Spiels zu trennen. Wieder konnte ich nachfühlen, was Küper empfunden und mitgemacht hatte, was ihn an den Inseln und ihren Menschen so fasziniert hatte, daß er sein ganzes Leben in diesem Teil der Südsee verbrachte.

Mit Kanu und Schutzgeist

Nach der Rückkehr von Natagera blieben uns nur wenige Tage auf Owa Raha, unserer Trauminsel. Wir planten noch eine Erkundungsfahrt in die Lagunen von Malaita, und zudem war das Jahr so weit fortgeschritten, daß wir ständig mit dem Beginn der Orkanzeit rechnen mußten. Der Ankerplatz vor Gupuna war keinesfalls orkansicher, ja schon bei Westwind ein schlechter Liegeplatz. Alfred warnte uns mit bedenklichem Blick zum Himmel: »Die Wolken sind nicht gut, das Wetter wird umschlagen!«

Oskar Küper besuchte uns noch einmal zu einem Plausch und wiederholte seinen heißen Wunsch, Deutschland einen Besuch abzustatten. Aber die dazu nötige Summe würde er in den Salomonen natürlich nie selbst verdienen können. Wir versprachen, in Deutschland ein gutes Wort für ihn einzulegen.

Wir hatten Glück mit dem traditionellen Kanu, das wir kaufen wollten. Der alte Mann von Owa Riki kam tatsächlich mit seinem Plankenboot zurück und bot es uns für eine sehr bescheidene Summe an. In unsere Freude darüber mischte sich nur die Sorge um den Heimtransport des immerhin 4,50 Meter langen Schiffchens.

Am Morgen unseres letzten Tages begrüßte uns eine wahre Volksversammlung am Strand mit Rufen und Winken. Wir paddelten zum Dorf hinüber und empfingen eine Flut von Geschenken: Muscheln, Schnitzereien, Gemüse, Früchte und Eier. Als Krönung trugen Jakob und Alfred in feierlichem Zug zusammen mit ihren Familien die große Giebelfigur des Schutzgeistes, die ich bei unserem ersten Landgang bewundert hatte, zum Strand. Mir stockte der Atem vor Freude. Es war ein feierlicher Augenblick, als ich das Kunstwerk später aus ihren Händen an Bord nehmen durfte.

Mit Wehmut steuerten wir am nächsten Morgen aus der Lagune von Owa Raha auf die See hinaus. Würde ich die Insel jemals wiedersehen? Ich wünschte es mir und hatte es den lieben Freunden dort auch versprochen.

Die See lag im Glanz der Morgensonne wie ein blauer Teppich vor uns. Nur kleine flache Wellen verliehen dem Wasser Leben und filigranfeine Zeichnung. Der Passat hatte seine Kraft für diesen Winter bereits verloren und schien sich zu überlegen, ob er überhaupt noch einmal richtig aufwachen sollte. Die Änderung der Windverhältnisse in den Tropen ist der jahreszeitliche Einschnitt, dem bei uns etwa das Fallen der Blätter im Herbst entspricht. Zögernd zunächst kündigt sich der Wechsel an, der dann einige Zeit später und meist über Nacht stürmisch und schlagartig über die Inseln hereinbricht.

Angelika saß mit mir im Cockpit unter der kleinen Persenning. Wir blickten zurück auf den weißen Saum der Riffe und die leuchtenden Strände, deren heller Streifen das dunkle Grün der Palmen vom Blau des Meeres trennte. Welch eine Insel! Nur wenige Minuten noch, dann würde sie hinter der Kimm versinken. Das Leuchten der Natur spiegelte sich wider in Angelikas Augen, die voll waren vom Glück über das Erlebte und Gesehene. Als greifbare Erinnerung blieben uns die Schätze, die wir im Boot mitnehmen konnten: das Kanu, das wir an Deck festgezurrt hatten, und die Statue, die, in zwei Teile zersägt, hinter den Polstern der Kojen Platz gefunden hatte.

Die Salzwasserleute

Unser neues Ziel war jetzt die Are-Are-Lagune im südlichen Teil von Malaita, wo die Maramasike-Passage den äußersten Südzipfel Malaitas von der Hauptinsel trennt. Wir kannten bereits die Nordwestküste dieser volkreichsten Insel der Salomonen, die sich über 180 Kilometer weit in Nord-Süd-Richtung erstreckt. Vor zwei Jahren hatten wir dort mehrere Wochen lang die Lagunen und die vorgelagerten Inseln erkundet. Es sind künstliche Inseln, die in mühevoller Kleinarbeit aus Korallenblöcken auf schmalen Sandbänken aufgeschichtet wurden. Ein Jahrzehnt mochte eine Familie Ladung um Ladung mit schmalen Kanus und Bambusflößen vom Festland hinausgefahren haben auf die

Unser Abschied von Owa Raha: Als Krönung trugen Jakob und Alfred feierlich die große Giebelfigur des Schutzgeistes, die ich bei unserem ersten Landgang gesehen hatte, zum Strand, wo ich sie in Empfang nahm.

Sände und Riffe, bis endlich ihre eigene kleine Insel entstanden war. Schwersten Stürmen, ja Orkanen und ihren Fluten mußte das künstliche Bollwerk standhalten, sollten die Menschen dort eine dauerhafte Bleibe für künftige Generationen finden. Dennoch sind manche der kleinen Inseln heute verlassen, wenn ein Orkan einmal stärker war als das Werk von Menschenhand und Mittel für den Neuaufbau fehlten.
Dünn ist die Erdschicht, die nach und nach von Land herangeschafft wurde. Sie reicht meist nur für die Anpflanzung von ein paar anspruchslosen Kokospalmen und Büschen, die ihre Wurzeln tief zwischen das Gestein eingraben können. Gemüse und Früchte gedeihen nur in Gärten am Festland, und die Familien paddeln im Kanu täglich zur Feldarbeit hinüber, begleitet von ihren Kindern und Hunden, die sie nicht unbeaufsichtigt auf dem Eiland zurücklassen wollen.
Grund für die Verlagerung ganzer Dörfer auf die Korallenfestungen in der Lagune war die Angst vor den häufigen Überfällen wilder Bergstämme auf die Küstensiedlungen und die Hoffnung, auf den Inseln leichter den zahllosen Insekten der feuchten Regenwälder Malaitas zu entkommen. So wuchs ein hartes Geschlecht heran auf den Inselsiedlungen, deren Bewohner als »Salzwasserleute« zum Begriff wurden. »Haben Sie schon einmal von Malaita gehört?« So ähnlich beginnt eine sehr hintergründige Erzählung von Jack London. Er berichtet darin über die Angst der europäischen Besucher vor den Kopfjägern der Insel.
Und wirklich ist Malaita auch heute noch Hintergrund für die meisten Abenteuergeschichten der Salomonen. Seit sich europäische Eroberer seiner Küste näherten, standen die kriegerischen Einwohner in denkbar schlechtem Ruf. Die ständigen Raubzüge der Kopfjäger, auch zu anderen Inseln, waren dafür ebenso verantwortlich wie die erbarmungslose Tötung Schiffbrüchiger. Früher hieß es, die Überlebenszeit der Besatzung eines gestrandeten Schiffes sei hier nicht nach Stunden, sondern nur nach Minuten zu zählen.
In der zweiten Hälfte des 19. Jahrhunderts war Malaita ein beliebtes Ziel sogenannter »Blackbirder«: Menschenhändler, die Arbeitskräfte für die Zuckerfelder in Australien und Fidschi anwarben, und zwar mit grausamen und heimtückischen Methoden. Kaum die Hälfte dieser Zwangsarbeiter sah ihre Heimat jemals wieder. Auch Henry Küper holte noch 1912, nicht ohne eigene Lebensgefahr, seine Arbeiter von Malaita. Freilich waren damals die an Sklavenhandel erinnernden Praktiken der »Blackbirder« schon offiziell verboten. Ständige Stammeskämpfe hatten es mit sich gebracht, daß viele Familienklans sich eine Art Söldner hielten, die für die fällige Blutrache sorgten.

Kopfsteuern und Beleidigungen

Lange Zeit hatten sich die Einwohner Malaitas mit Erfolg gegen die Herrschaft Englands aufgelehnt. Höhepunkt dieser Auseinandersetzungen war der Kampf der Kwaios gegen die Kopfsteuer. Diese letzte Schlacht zwischen Weißen und Eingeborenen fand 1927 statt, als Henry Küper schon seit langem auf Owa Raha lebte. Am 4. Oktober hatten der Distriktoffizier William Bell und der Kadett Lillies im Kwaio-Gebiet die Steuerzahlung sowie die Ablieferung aller Gewehre gefordert. Dafür wurden beide von einem beauftragten Krieger namens Basiana erschlagen. In dem folgenden Aufruhr verloren dreizehn einheimische Polizisten ihr Leben.
Die Strafaktionen der Briten in Tulagi waren ungeheuerlich. 200 Kwaios wurden festgenommen und sechs davon gehängt, unter ihnen Basiana. Vor seiner Hinrichtung verfluchte er Tulagi und seine Bewohner und prophezeite den völligen Untergang der Stadt: eine Weissagung, die bereits fünfzehn Jahre später in Erfüllung ging, als die Japaner Tulagi besetzten. Etwa 30 Kwaios starben im Gefängnis, 65 wurden von der Polizei getötet, und etwa 100 starben an Hunger, nachdem ihre Felder verwüstet worden waren. Ein rasch herbeigerufener australischer Kreuzer beschoß von See aus alle Dörfer. Die Europäer rächten sich zusätzlich, indem sie Gärten und Pflanzungen der Kwaios mit Unkrautvertilger besprühten. Der Haß muß unbeschreiblich gewesen sein. So ist es kein Wunder, daß von den zehntausend Kwaios, die heute im mittleren Teil Malaitas leben, ein Drittel in den höchsten Bergregionen Zuflucht gesucht hat. Dort leben sie gemäß der alten Sitten und lehnen jede Steuerzahlung und jeden Kontakt mit Besuchern ab. Ein Missionsarzt, der sich in den sechziger Jahren dieses Jahrhunderts hinaufwagte, wurde von ihnen getötet.
Die Kwaios verlangten von der Regierung eine Buße, eine Kompensationszahlung, wie sie früher bei Morden in Form von Muschelgeld oder Schweinen geleistet wurde. Ihre Forderung beläuft sich inzwischen auf 200 Millionen Dollar! Das mag unglaubwürdig klin-

gen, ist aber in mehreren Büchern nachzulesen und durchaus nicht ganz unrealistisch, wie die folgende Geschichte beweist, die sich während unseres Besuchs in den Salomonen ereignete. Das ganze Staatswesen der Inseln geriet darüber in Gefahr.
Leute von Malaita hatten auf dem Markt in Honiara einen Brief gefunden, der – ob mit Absicht oder aus Versehen, ließ sich nicht mehr klären – dort liegengeblieben war. Er enthielt harsche Kritik an den in Honiara arbeitenden Burschen aus Malaita. Verfasser des Briefes waren Leute von der weit entfernten Rennel-Insel. Tief beleidigt versammelten sich die Männer von Malaita, denn es ging schließlich um ihre Ehre. Bald zogen über hundert mit Buschmessern und Keulen bewaffnete Arbeiter von Malaita durch die Stadt. Schaufensterscheiben gingen in Trümmer, Läden wurden geplündert, Passanten angegriffen. Das Geschäftsleben kam zum Stillstand. Der kleinen Polizeitruppe gelang es nicht, die gewalttätige Horde durch eine Straßensperre aufzuhalten. Man verlegte sich aufs Bitten. Es wurde verhandelt. Regierungsvertreter kamen hinzu und mußten sich anhören, daß die aufgebrachten Rebellen eine Kompensation von 200000 Dollar für den beleidigenden Brief verlangten. Nach einer Krisensitzung versprach die Regierung am nächsten Tag, die geforderte Summe umgehend zu zahlen! Im Rahmen einer Feier fand die Geldübergabe statt. Der Friede war gerettet, der Bestand der Regierung auch.

Für die Erhaltung des Regenwaldes

Owa Raha war schon lange außer Sicht gekommen. Am Himmel zogen sich dunkle Wolken zusammen. Der Wind war so schwach, daß die *Solveig* fast aufrecht segelte. Vieles ging mir durch den Kopf, nicht zuletzt die Ereignisse in Deutschland nach dem Fall der Berliner Mauer. Jeden Abend hörten wir die Nachrichten der Deutschen Welle, und oft kamen mir vor Freude Tränen bei dem Gedanken, daß ich in Zukunft wieder nach Dresden fahren konnte, um die Orte wiederzusehen, mit denen sich für mich so viele schöne, aber auch traurige Erinnerungen verbanden. Der Teil meines Lebens, von dem ich zumindest äußerlich durch den Eisernen Vorhang abgeschnitten gewesen war, würde sich wieder einfügen.
Angelika brachte auf Holzbrettchen Knäckebrot, geräucherten Hering (in Dosen aus Kiel, die wir in Honiara hatten kaufen können) und Papayas von Owa Raha ins Cockpit. So konnten wir zusammen essen, behielten aber doch Wind und Segel im Auge. »Heiß ist es, furchtbar heiß!« stöhnte ich schon nach dem ersten Bissen. Hitze und Sonnenstrahlung, die auch das Tuch des Verdecks durchdrang, setzten mir zu. »Wenn ich denke, was in Deutschland jetzt täglich geschieht... Und wir schippern hier zwischen den Inseln der Salomonen herum, am anderen Ende der Welt. Das ist schon ein eigenartiges Gefühl.«
Angelika sah mich mit ihren großen Augen fragend an. »Weißt du, für mich ist das alles völlig neu. Ich kann es mir schwer vorstellen, denn ich kenne ja das Vorkriegsdeutschland nicht.«
Der Wind hatte weiter nachgelassen, deshalb ankerten wir für die Nacht zwischen drei kleinen Inseln, den Three Sisters. Und am frühen Nachmittag des folgenden Tages standen wir bereits vor der Küste Malaitas. Die Einfahrt zwischen den vorgelagerten flachen, mit dichtem Buschwerk bewachsenen Inseln ist nicht leicht zu finden. Eine Stunde kreuzten wir an den Riffen entlang, bis wir den Paß zur Are-Are-Lagune entdeckten. Schon in der Einfahrt, als wir an einem Dorf vorbeisegelten, merkten wir, wo wir waren.
Schreiend und gestikulierend rannte die Dorfjugend zum Strand: »He, ihr, kommt her, wir wollen an Bord! Heda! Wo kommt ihr her? Nur ran zu uns!«
»Das kann ja nett werden«, murmelte ich und gab Gas, damit keiner auf den Gedanken kam, uns mit dem Kanu zu folgen. Kaum hatte ich das gedacht, sprangen schon einige Burschen in die Boote und paddelten wie wild hinter uns her. Der ungleiche Kampf war für mich leicht zu gewinnen, aber in der Nähe des Dorfes wollten wir lieber nicht ankern. Wir steuerten, sorgsam die Riffgebiete umfahrend, ein paar Meilen nordwärts durch die Lagune und ankerten an einer Stelle, wo wir kein Zeichen einer Ansiedlung ausmachen konnten.
Doch kaum war der Anker gefallen, wurde die *Solveig* bereits von Kanus umringt. Die Leute boten uns Muscheln an und Schnitzereien, auch Früchte und Gemüse. Natürlich war unsere Aufnahmebereitschaft beschränkt, denn Lebensmittel sind verderblich und Kunstgegenstände besaßen wir seit Owa Raha, soviel der Platz an Bord erlaubte. Aber jeder wollte etwas verkaufen, und die Enttäuschten rächten sich: Am nächsten Morgen fehlte ein großer Fender, den wir unklugerweise an Deck gelassen hatten.

Ausdruck von Kraft und Schönheit der Natur, die es zu erhalten gilt: ein Baumriese im Regenwald von Owa Raha. Für einen gefällten Stamm erhalten die Einwohner nur wenige Dollar.

An Umkehr dachte ich nicht, denn ich hatte mich einer Mission verschrieben: Ich wollte die Möglichkeiten zur Einrichtung eines Naturparks, eines Reservats für die bedrohten Regenwälder prüfen. Dieses Vorhaben war von langer Hand vorbereitet. Schon in Honiara hatte ich mit dem Leiter eines Verbandes für Naturschutz- und Entwicklungsberatung Gespräche geführt und von ihm Empfehlungsbriefe an seine Freunde erhalten. Dieser sehr aktive und von seiner Aufgabe erfüllte Mr. Abraham berichtete mir, daß eine Gruppe von Landbesitzern auf Malaita den Wunsch hätte, von sich aus einen Naturpark zu gründen. Mit ihnen sollte ich mich treffen. Wenn sich ein solches Projekt verwirklichen ließe, wären die Regenwälder von Malaita mit ihren unzähligen Pflanzen- und Baumarten, Vögeln und Schmetterlingen, Flußläufen und Krokodilen zweifellos ein Gebiet, in dem der abenteuerfrohe Naturfreund voll auf seine Kosten käme. Welche Studien könnte dort ein Völkerkundler oder Botaniker treiben! Und das ohne wochenlangen Anmarsch durch unwegsamen Dschungel direkt von der Küste aus, wo sich Hütten für die Unterbringung der Gäste schnell errichten ließen.

Außerdem konnte durch die Einrichtung des Reservats ein Beispiel gegeben werden, das später vielleicht auf anderen Inseln Nachahmung finden und zum Erhalt der Wälder beitragen würde. Ich war voll Begeisterung bei der Sache und wollte auf jeden Fall die Landbesitzer aufsuchen, um die Möglichkeiten für eine Erhaltung der einmalig schönen Natur auf Malaita zu erkunden.

Mit Hilfe einer detailreichen Spezialkarte fanden wir schließlich das in der Briefadresse angegebene Dorf Foao. Es war wirklich ein Idyll: ein halbes Dutzend Blätterhütten, auf Pfählen über dem Strand der Lagune errichtet, dahinter grüne Wiesen und auf einem Hügel, alles überblickend, ein aus Holz erbautes Kirchlein. Als wir nachmittags vor dem Dorf ankerten, spielte die männliche Jugend gerade mit vollem Einsatz und viel Kraft Fußball – ohne Schuhe natürlich, mit nackten Füßen.

»Es ist gar nicht weit!«

Einige Kanus mit Kindern waren bald um die *Solveig* versammelt, und wir fragten sofort nach dem Freund Abrahams, damit die Burschen merkten, daß wir hier Verbindungen besaßen. So blieben uns diesmal unangenehme Belästigungen erspart. Der Mann, den wir suchten, hieß Walter und erwies sich als besorgter, hilfsbereiter Freund, nachdem er Abrahams Brief gelesen hatte. Er schickte sogleich einen Jungen zu George, dem Landbesitzer, auf dessen Gebiet der Park eingerichtet werden sollte. Bereits am Abend kam der Bruder des »Landowners« zu uns an Bord. Ja, George habe den Brief erhalten, sei aber krank. Er selbst, Ibrahim, würde morgen mit mir in den Dschungel gehen und mir das fragliche Land zeigen. Er schlug vor, sich um sechs Uhr morgens mit mir zu treffen, dann sei es noch nicht so heiß.

Also war es wohl ein sehr langer Weg, der uns bevorstand. »Wo liegt denn euer Grundstück?« fragte ich.

»Nicht weit weg, gleich hinter den Bergen dort drüben!« Ibrahim zeigte auf eine nahe Gruppe bewaldeter Hügel.

Ich wurde mißtrauisch. »Und wie lange werden wir gehen?«

»Vielleicht drei bis vier Stunden, wenn wir schnell sind. Es ist nicht weit.«

Orts- und Zeitangaben der Einheimischen kannte ich inzwischen als sehr unzuverlässige Größen. »Ich kann in diesem Klima nicht so schnell gehen wie ihr, ich bin die Hitze nicht gewöhnt«, versuchte ich meinen Begleiter auf ein langsameres Tempo vorzubereiten.

Angelika machte sich Sorgen. »Willst du den Marsch nicht lieber absagen? Du weißt doch, daß du die einheimischen Entfernungsangaben verdoppeln mußt.« Aber ich hatte es mir in den Kopf gesetzt, diesen Urwald kennenzulernen, der ein Naturschutzgebiet werden sollte, und machte mich auf eine fünfstündige Wanderung auf mühsamen Pfaden gefaßt. Verdächtig war nur, daß Walter es ablehnte, mitzukommen. Auch konnten wir das Boot nicht so lange Zeit alleinlassen, Angelika mußte deshalb als Wache zurückbleiben.

Schon am Abend begannen wir, mein einziges Paar fester Schuhe herauszusuchen, und andere Vorbereitungen zu treffen. Würde ich den langen Marsch überhaupt durchhalten nach so vielen Monaten auf See und mit völlig ungeübten Füßen? Bisher hatte Walter gedolmetscht – wie aber würde ich mich nun mit den

Leuten verständigen? Wer würde noch an der Tour teilnehmen? Solche Gedanken und Überlegungen gingen mir nachts durch den Kopf.
Um sechs Uhr früh brachte mich Angelika mit dem Schlauchboot zum verabredeten Treffpunkt, einer Hütte am Ufer der Lagune. Kein Mensch war weit und breit zu sehen. Wir warteten gespannt. Ich ging ein Stück auf die nächsten Hütten zu, kehrte aber bald wieder um. Würde man die Verabredung überhaupt einhalten? Tatsächlich: Mit etwas Verspätung, die auf ein Mißverständnis zurückging, erschien eine Gruppe von sechs jungen Männern, alles kräftige Burschen zwischen 18 und 28 Jahren, und in ihrer Mitte Ibrahim, mein Gesprächspartner vom vergangenen Abend. Er nannte mir die Namen der anderen. Da waren Patrick, ein weiterer Bruder von George, und Hudson, ihr Schwager. Die Jüngeren waren Neffen und Schwager-Kinder. Der ganze Klan, so schien es, wollte sich mit mir auf den Weg machen.
Ohne Verzug setzte sich die Gruppe in Bewegung, kaum daß ich Angelika noch zurufen konnte: »Ich denke, daß ich bis drei Uhr zurück bin!«
Wie schon oft fiel mir auf, daß die sogenannten Wilden durchaus zuverlässig, zielstrebig und fleißig waren, wenn es um Tätigkeiten ging, die ihrer Überlieferung und Gewohnheit entsprachen. Hier handelte es sich um einen Gang in den Busch, der rechtzeitig beendet sein mußte, wollte man nicht der ärgsten Hitze ausgesetzt sein. Einer der Männer trug Pfeil und Bogen, ein anderer seine Kriegskeule. Sie gehörten sprachlich zum Stamm der Kwaios, waren aber »Salzwasserleute«.
Nach zehn Minuten erreichten wir über einen Trampelpfad die Straße – Schotter und Sand, ohne Belag –, die längste Straße der Salomo-Inseln und der Stolz Malaitas. In den nächsten zwanzig Minuten begegnete uns darauf ein einziges Fahrzeug, ein alter Laster. Patrick wies nach links, zu den Hügeln hinauf: »Wir biegen jetzt ab, dort oben ist unser Land.« Er zeigte auf eine Kette dicht bewaldeter Bergrücken.
»Dort oben?« fragte ich. »Und wie weit reicht euer Land?«
»Siehst du dort hinten den Berg, hinter der dritten Hügelkette? Bis dorthin reicht unser Land. Aber wir haben den Anfang noch nicht erreicht. Es ist nicht mehr weit.«
Wenn wir die ganze Zeit steigen mußten, würde es eine üble Schinderei werden. Die Böschung war steil, die Gummisohlen meiner Schuhe glitten ab. Ich hielt mich an Sträuchern fest. Wir durchquerten eine Ananasplantage – kein Schatten, die Sonne brannte heiß. In der Nacht hatte es stundenlang geregnet, der Boden war naß und weich, in den Mulden stand Wasser. Den Jungen war das alles selbstverständlich, sie liefen barfuß, leicht und locker.

Jeder Baumriese acht Mark

Nach einer weiteren halben Stunde betraten wir eine große Lichtung, eine braune Lehmwüste, durch die wir uns mehr kletternd als laufend in die Höhe arbeiteten. Ich hielt einen Augenblick inne. »Wem gehört dieses Land?«
»Das ist unser Land«, antwortete Ibrahim. »Wir haben die Wälder an eine australische Gesellschaft verkauft. Sie versprach uns, eine Straße zu bauen. Aber du siehst, die Bulldozer haben nur tiefe Furchen in den Boden gerissen, von einer Straße ist jetzt nicht mehr die Rede. Die wäre zu teuer, sagt der Manager. Aber sie bezahlen uns jeden Monat.«
»Wieviel?«
»Das ist ganz verschieden, je nachdem, wieviel Holz geschlagen wurde. Für einen riesigen Teak- oder Mahagonibaum etwa acht Dollar.« Gemeint waren Salomo-Dollar, die etwa einer Mark entsprachen.
Wir gingen weiter. Ich mußte den Schreck erst verdauen. Die Leute hatten also doch Regenwald verkauft! Wo sollte dann eigentlich der Naturpark entstehen?
Das Gelände wurde immer unwegsamer, denn aus dem Pfad war durch die Ketten der Caterpillars und die geschleiften Baumriesen ein Schlachtfeld geworden. Bomben hätten keinen größeren Schaden anrichten können.
Wir durchquerten einen Bach, der kreuz und quer durch den Morast verlief. Meine Schuhe waren naß und mit Lehm verklebt. Ich mußte mich erst setzen und sie reinigen, bevor ich weitergehen konnte. Die Jungen hatten mir den Rucksack mit den Kameras abgenommen, als sie merkten, daß mir der Aufstieg schwerfiel. Nun versuchten sie, mir in ihrem gebrochenen Englisch Erklärungen zu geben. In etwa verstand ich folgendes: »Das wollten wir dir zeigen: Das Bachbett war früher ganz woanders, aber das Wasser hat sich einen neuen Weg gesucht, nachdem das alte Bett zerstört war. Es ist viel weniger geworden, weil ein Teil

versickert. Und es ist schmutzig. Die Dörfer unten haben kein Trinkwasser mehr.«
Das war Anschauungsunterricht in Umweltzerstörung!
Vor uns lagen, nebeneinander aufgereiht wie ermordete Riesen, die gefällten Bäume. Wir waren auf dem Abholplatz für den Weitertransport. Dahinter tauchte wieder grüner Wald auf, aber als wir den erreichten, erhielt ich eine neue Erklärung: »Die Company zerstört nicht den ganzen Wald, das hat sie uns versprochen. Es werden nur die großen, wertvollen Bäume herausgeschlagen, etwa jeder zehnte, alle übrigen bleiben stehen. Aber wie du siehst, durch das Fällen der Bäume werden viele andere mitgerissen. Und durch das Schleifen der Stämme mit den Bulldozern wird der Boden völlig zerstört. Dafür bezahlt die Company nichts.«
Ja, dachte ich, und die wertvollen Tropenhölzer wachsen nicht mehr nach. Die sind hier für immer verschwunden. Traurig marschierte ich weiter, zunächst durch halbzerstörten Wald, dann wieder durch unberührte Wildnis. Der Pfad war kaum mehr zu erkennen. Kakadus und Papageien saßen in den Ästen der Büsche, große bunte Schmetterlinge flogen auf, wenn wir uns näherten. Es war ein regelrechter botanischer Garten, der uns umgab.
Plötzlich standen wir vor einem breiten Flußlauf, nicht sehr tief, nur einen halben Meter vielleicht, aber mit reißender Strömung. Es war klar: Da mußten wir durch! Ich wagte gar nicht erst, nach einer Brücke zu fragen, sondern begann, Schuhe und Strümpfe auszuziehen. Meine barfüßigen Begleiter sprangen mir fröhlich voran. Ich aber kam mir sehr lächerlich vor, als ich von Stein zu Stein hopste, in jeder Hand einen Schuh, während die Burschen längst gemütlich am anderen Ufer hockten und auf mich warteten. Sie saßen wirklich in der Hocke, denn Stühle und Bänke sind unbekannt in den Dörfern, und auf die Erde setzt man sich nicht gern.
Nachdem ich meine schlammigen und völlig durchweichten Schuhe wieder angezogen hatte, setzten wir den Aufstieg fort. Ein weiterer Hügel war zu erklimmen. Fragen zu stellen, hatte ich mir abgewöhnt, ich bekam ohnehin kaum noch Luft. Wir waren jetzt vier Stunden unterwegs, und die Temperatur mochte an die 40 Grad erreicht haben. Die gewohnte Kühlung durch den Seewind war hier nicht zu spüren, denn wir waren einige Kilometer von der Küste entfernt und ziemlich hoch gestiegen.

Verbotene Pfade

Der Pfad führte durch dichten Dschungel, das Laub schloß sich über unseren Köpfen. Unvermittelt zwangen uns umgestürzte Bäume zu einer Kletterpartie. Die Männer grinsten. »Die wollen keine Besucher, die haben Angst, daß ihre Schweine gestohlen werden.«
»Wer sind ›die‹? Wer will keine Besucher?« fragte ich neugierig.
»Die Kwaios hier in den Bergen«, antwortete Patrick. »Niemand kommt in ihre Dörfer.« Und verschmitzt fügte er hinzu: »Die sind auch keine Christen geworden. Wir müssen aufpassen, daß wir nicht zu tief in ihr Gebiet geraten.«
Also in das Land der Kopfjäger waren wir eingedrungen! Unter den Männern fühlte ich mich sicher, sie waren ja auch Kwaios und hätten sich notfalls mit den Bergbewohnern verständigen können, wenn es zu einer Konfrontation gekommen wäre. Aber dies war wirklich keine Gegend, um allein herumzuwandern.
»Ihr seid Christen?« vergewisserte ich mich. »Ihr glaubt nicht mehr an Geister und Dämonen?«
»Manchmal schon«, hörte ich. »Da drüben ist ein Hügel, auf dem haben wir ein Heiligtum für die alten Götter.«
»Und wann geht ihr dorthin?«
»Bei bestimmten Ereignissen und an bestimmten Tagen. Dann machen wir dort einen Kult.«
Nach zweihundert Metern lag wieder eine Baumsperre über dem Pfad. Noch etwa zehnmal mußten wir über hohe Wurzeln und Äste klimmen, dann blieben meine Begleiter stehen. Neben einem kleinen Bach suchten sie sich ein Plätzchen im tiefen Schatten. »Hier machen wir Rast«, hieß es. »Auf dem Pfad dürfen wir nicht mehr weiter, da vorn ist ein Dorf, und wenn die uns sehen, gibt es Probleme. Du weißt, die Kwaios ...«
Ja, ich wußte Bescheid. Es gab genug Geschichten über die Kwaios, auch heute noch. Hinter vorgehaltener Hand wurde so manches erzählt.
Nach zehn Minuten Sitzen konnte ich mich kaum mehr bewegen. Meine Muskeln schmerzten so stark, daß ich erst humpelnd auf und ab lief, ehe ich weiterzugehen versuchte. Aber ich mußte vorwärts, hier konnte ich gewiß nicht bleiben. Ich war diesen Leuten ausgeliefert, war im Grunde ihr Gefangener. Wären sie nicht so lieb und nett gewesen, hätte ich Angst bekommen.
Wir arbeiteten uns, da wir den Pfad nicht benutzen

durften, nun ein Stück direkt durch den Dschungel. Zwei der Männer gingen voraus und schlugen mit ihren Buschmessern eine Schneise, wir anderen folgten im Gänsemarsch. Endlich, nach insgesamt fünf Stunden, erklärte Patrick, wir hätten nun die Höhe erreicht; von jetzt an ginge es nur noch bergab. »Und von dort können wir auch auf einem kürzeren Weg wieder zur Straße kommen und dann nach Foao zurückkehren.«
Ich konnte mich nicht mehr beherrschen. »Und warum sind wir nicht gleich den kürzeren Weg gegangen?«
»Du wolltest doch die Rodung der Wälder sehen und überhaupt die Landschaft kennenlernen. Wir haben dir alles gezeigt.«
Da hatte Ibrahim zweifellos recht. Aber meine Knochen schmerzten so fürchterlich, daß ich glaubte, mindestens einen Monat nicht mehr laufen zu können. Wer, zum Teufel, hatte mir das eigentlich eingebrockt? Wer hatte mir von dem Naturpark erzählt? Abraham! Ich hätte seinen Namen wütend in die Luft schreien mögen, fragte aber nur ganz leise und wie beiläufig: »Sagt mal, ist Abraham jemals in seinem Leben hier gewesen?«
»Nein, niemals!«
»Ist jemals ein Europäer in diesem Bereich von Malaita gewesen?«
»O nein, natürlich nicht!«
Natürlich nicht. Nur ein vollkommen Verrückter, der hier einen Naturpark einrichten wollte, ließ sich so weit in den Busch locken. »Und was jetzt?« fragte ich Patrick.
»Es ist nicht mehr weit. Wir gehen jetzt bergab zu einem Fluß. Dort beginnt unser Land, dort könnten wir eine Hütte bauen für die Besucher des Naturparks.«
»Okay, laßt mich den Fluß sehen.« Mir war schon alles gleich. Außerdem wollte ich wissen, wie sich die Burschen das mit den Besuchern vorgestellt hatten.
Die Männer leichtfüßig springend, ich mühsam ein Bein hinter dem anderen herziehend, so wanderten wir auf leicht abschüssigem Pfad zu Tal. Bald vergaß ich alle Beschwerden des langen Weges und machte mir klar, daß ich noch nie in meinem Leben eine solche Tropenpracht, eine so reiche Vegetation gesehen hatte. Diese Überfülle an Leben und Farben!
Ich hielt an und erklärte meinen Freunden: »Wenn wir zurück gehen, müssen wir doch diesen Weg wieder hinauf. Aber das schaffe ich nicht mehr, wenn wir noch viel weiter laufen. Ich will hier umkehren.«
Es begann ein Palaver in Kwaio-Sprache, dann hatten alle verstanden. Sie machten sich daran, mit ihren Buschmessern die kleineren Bäume abzuschlagen und eine Schneise ins Dickicht zu hauen, die es mir ermöglichte, einen Blick ins Tal zu werfen.

Ein künftiger Naturpark?

»Das ist unser Land!« verkündete Patrick voll Stolz. Und wirklich, darauf durften sie stolz sein! So müde ich war, so sehr mein ganzer Körper schmerzte, so berauschend war doch der Gedanke, zwei Wochen in diesem kleinen Paradies, fernab aller Zivilisation, umgeben von unberührten Wäldern, am Ufer eines klaren Flüßchens zu verbringen.
»Und dort würdet ihr eine Hütte bauen?«
»Ja, das wäre kein Problem.«
»Und ihr würdet den Besuchern helfen, ihre Lebensmittel dorthin zu tragen?«
»Gewiß. Das wäre nicht schwer, denn auf der Straße und dann noch ein gutes Stück querein könnte man mit einem Jeep fahren.«
»Aber was ist, wenn ein Besucher verunglückt oder krank wird?«
»Wir würden – vielleicht – einmal in der Woche kommen und nachsehen.«
»In einer Woche kann viel geschehen. Es müßten Medikamente in der Hütte lagern und vielleicht eine kleine Funkstation eingerichtet werden.« Ich überlegte. Schließlich ging es um die Erhaltung der Wälder und nicht um einen Vergnügungsurlaub. »Würdet ihr denn auf den weiteren Verkauf von Bäumen verzichten, wenn etwas Geld durch Reisende zu verdienen wäre?«
»O ja, wir wollen unsere Bäume behalten. Aber wir brauchen auch Geld für Kleidung und andere Sachen.«
Hier lag die Schwierigkeit: Wußten diese Leute, daß mit der Betreuung von Besuchern auch eine Menge Arbeit verbunden war und daß das Geld vielleicht nicht so reichlich fließen würde, wie sie es sich erhofften?

Geschlagene Bäume in den Wäldern von Malaita. Meine Begleiter (rechts unten) zeigten mir die katastrophalen Zerstörungen, die durch die Rodung im Urwaldboden entstanden waren. Vor uns lagen die gefällten Bäume wie ermordete Riesen.

Langsam marschierten wir zurück. Der Weg führte nach einer Stunde zu einer ersten menschlichen Behausung: sehr ordentlichen Häuschen sogar, denn das Sägewerk an der Lagune lieferte genug Bretter. Und ab hier war der Weg auch breit genug, um ihn mit einem Jeep zu befahren.
Meine Beine machten nur noch mechanisch die nötigen Bewegungen, um meinen müden Körper weiter zu tragen. Um vier Uhr kamen wir wieder auf die Küstenstraße. Noch eine Stunde, dann tauchten die Hütten von Foao auf. Vor Müdigkeit konnte ich fast nicht mehr denken.
Ob Angelika mich am Ufer überhaupt bemerken würde? Ich winkte heftig, als ich sie kurz an Deck hantieren sah, und sie winkte zurück. Sowie sie ins Schlauchboot stieg und mit Höchstfahrt auf uns zukam, verabschiedeten sich meine Begleiter. Am nächsten Morgen wollten sie noch einmal zum Boot kommen, bevor wir weitersegelten. An Bord zog ich als erstes die Schuhe aus, so vorsichtig, wie man einen Verband abnimmt. Zehn Stunden war ich gelaufen, und das nach Jahren des Segelns, in denen ich meine Wanderkondition von früher völlig verloren hatte.
»Wir können morgen noch nicht auslaufen«, war das erste, was ich zu Angelika sagte.
»Das kann ich mir denken. Ich hab' mir schon Sorgen gemacht, vor allem wegen deinem entzündeten Fuß. Ab drei Uhr habe ich alle zehn Minuten zum Ufer gesehen.«
Ich war völlig geschafft. »Aber es war unglaublich interessant, ich bereue nicht, daß ich die Strapaze auf mich genommen habe.«
Das Boot war wieder umringt von Kindern in Kanus. Angelika nahm sich ihrer an, ich aber nahm ein Fußbad.

Zwei neue Bordgenossen

Um sieben Uhr am nächsten Morgen hörten wir Pfiffe und Rufe vom Strand. Mühsam raffte ich mich auf und stieg ins Cockpit. Am Ufer standen meine Begleiter vom Vortag, die ganze Gruppe war versammelt. Sie hatten offenbar kein Kanu gefunden. Schimpfend erhob sich auch Angelika von der Koje. Wir brauchten länger als gewöhnlich, bis wir im Dingi saßen und auf den Strand zusteuerten.
Dort erwartete uns eine umwerfende Überraschung. Die Jungs hatten nicht nur Obst und Gemüse als Fahrtverpflegung für uns mitgebracht, sondern als Patrick seinen Arm ausstreckte, sahen wir in seiner Hand auch einen kleinen Ast, und darauf saß, noch halbnackt, ein junger Papagei. Das Tierchen war mit einer Schnur angebunden und blickte uns erstaunt, aber nicht erschrocken an.
»Wir haben ihn in einem gefällten Baum gefunden, er wäre verhungert«, berichteten unsere Freunde. »Walter hat uns erzählt, daß euch die roten Papageien so gut gefallen.« Walter gegenüber hatten wir wirklich erwähnt, daß uns auf Owa Raha ein zahmer Papagei viel Freude gemacht hatte.
»Er ist für uns?« fragte ich ungläubig.
»Ihr sollt ihn mitnehmen.« Patrick reichte Angelika den Ast mit dem Papagei. »Er ist sehr leicht zu pflegen und frißt alles, was ihr auch eßt. Und er wird sich schnell an euch gewöhnen, er ist erst sechs Wochen alt.«
Wir bedankten uns überschwenglich und verabschiedeten uns mit dem Wunsch, diese Jungen hoffentlich einmal wiederzusehen. Das war keine Redensart, sondern ehrlich gemeint. Wenn irgend möglich, wollte ich das Naturparkprojekt weiter verfolgen. Leider hatte sich aber in Gesprächen mit Walter herausgestellt, daß es Streitigkeiten um den Landbesitz gab und der Bau von Unterkünften für Besucher am Strand der Lagune kaum möglich war.
Angelika saß wortlos im Schlauchboot, erst an Bord zeigte sie ihre Begeisterung über den neuen Gefährten. Sie räumte sofort ein Bücherschapp leer, befreite den Vogel von seiner Schnur und setzte ihn auf einen großen Ast in das Schapp. Danach beschäftigte sie sich mit Putzlappen, Besen und Schüsselchen, um die Bedürfnisse des kleinen Wohngenossen zu befriedigen. Aber wir waren beide verwirrt durch das Erscheinen eines neuen Lebewesens in unserer Gemeinschaft und zunächst unfähig, die Tragweite dieses Ereignisses zu ermessen.
Aber ein Unglück kommt selten allein ...
Eine Verabredung mit Walter gab mir Gelegenheit, mich erst einmal zum Landgang zu verabschieden. Als Walter mir auf der Dorfstraße entgegenkam, sah ich schon von weitem aus der Plastiktüte, die er trug, zwei Füßchen ragen. Sie gehörten, wie leicht zu erraten war, einem Papagei! Unmöglich hätte ich dem alten Mann, der mir mit glücklichem Lächeln das kleine Wesen in der Tüte zeigte, die Annahme des Geschenks verwei-

Eine Kunst des Fischfangs, die nur auf ganz wenigen kleinen Inseln gepflegt wurde und heute allenfalls noch einer Handvoll älterer Männer bekannt ist, war das Drachenfischen. Der Drachen (Auworo), den Alfred für uns anfertigte, ist aus Blättern der Elfenbeinnußpalme zusammengefügt. Als Köder dient das Gewebe einer bestimmten Spinnenart, in dem sich die nach Insekten springenden Fische verbeißen. Vom fahrenden Kanu aus steigt der Drachen im Passatwind etwa 15 m hoch. Die lange Leine ist aus einer lianenartigen Schlingpflanze geknotet und die am Schwanz des Drachen befestigte Leine für den Köder ist so bemessen, daß dieser dicht über der Wasserfläche entlang hüpft. Das Fischen mit dem Drachen ist ein aufregendes Spiel und zeigt deutlich den erstaunlichen Erfindungsreichtum der Menschen vor dem Beginn des technischen Zeitalters, denen nichts als Pflanzen und Tiere im Nahbereich ihrer Hütten oder Höhlen als Material zur Verfügung standen.

gern können. Im Gegenteil, er wollte den kleinen nackten Piepmatz – er war erst vierzehn Tage alt und hatte fast keine Federn – selbst Angelika überreichen. Ich fuhr also zurück an Bord und holte sie mit dem Beiboot.

Doch zwei Papageienküken fand sogar meine tierliebe Gefährtin überwältigend. Unterwegs im Schlauchboot protestierte sie so heftig, daß ich sie beruhigen mußte: »Zunächst kommen wir schon klar mit den beiden, und später können wir immer noch auf einen verzichten. Wir haben dann die Auswahl.« Etwas Besseres fiel mir nicht ein.

»Du glaubst doch nicht, daß ich einen wieder hergebe, wenn er erst mal zu uns gehört!«

»Dann behalten wir eben beide«, versprach ich. »Aber jetzt kommst du mit und bedankst dich ganz lieb bei Walter, der es so gut gemeint hat.«

Doch auch ich bekam Bedenken, als wir das hilflose Küken von Walter entgegennahmen. »Wird es überleben?«

Unser kleiner Fahrtgenosse, der Papagei Felix, drei Wochen alt und noch fast ohne Federn. Er bekam später ein prächtiges rotes und blaues Gefieder.

»Oh, ganz sicher. Es frißt schon mit großem Hunger alles, was du ihm gibst.«
Mir kam eine Idee. »Walter, ich habe eine große Bitte an dich: Kannst du uns einen Käfig machen für die Vögel?«
Walter war sofort dazu bereit. »Natürlich! Du kannst ihn heute abend abholen!«
Das war ein erster Schritt zu einem gedeihlichen Zusammenleben. Wir erhielten von Walter den versprochenen Käfig, und ich bestaunte zunächst das Meisterwerk, das er in so kurzer Zeit vollendet hatte. Es war ein einfacher Käfig, aber mit einem Türchen, mit Gitterstäben, und alles ohne Metall oder Schrauben gefertigt, nur aus verschiedenen Hölzern zusammengesteckt. Damit hatten wir die Möglichkeit, wenigstens das kleinere der beiden unruhigen Papageienkinder sicher zu beherbergen. Für das andere funktionierte Angelika unseren Duschraum mit weiteren Ästen zu einer Voliere um. Wenn sie nach der Fütterung den Duschvorhang schloß, blieb das Baby brav auf einem Ast sitzen, denn es war noch zu schwach, um sich von Ast zu Ast in die Freiheit der Kajüte zu schwingen.
Wir waren Papageieneltern geworden, und Angelika widmete sich voll und ganz unserem gefiederten Nachwuchs. Vorbei war es mit Landgängen, mit Bootsfahrten oder Gesprächen mit Einheimischen. Es gab nur noch ein Thema: Moritz und Felix, unsere beiden heranwachsenden Papageien! Von Tag zu Tag beobachteten wir gespannt das Sprießen neuer Federchen, sorgten uns, ob das Obst für sie frisch genug und ihr Schlaf auch wirklich erholsam gewesen war.
Zwei Vögel beherrschten von nun an das Leben auf der *Solveig.* Aber was für Vögel! Wir kannten diese besonders farbenprächtige und intelligente Papageienart. Es waren »Cardinal Lorys«, die in vielen Dörfern als Haustiere gehalten wurden. Oft auch hatten wir sie scharenweise auf Guadalcanal in hohen Palmen sitzen oder als roten Schwarm über uns hinwegfliegen sehen.
Zu viert machten wir uns an die Rückfahrt nach Honiara. Der Passat hatte seine Kraft ausgehaucht, Westwinde, Gewitter und Sturmböen erschwerten uns das Leben. Südlich des Äquators hatte der Sommer begonnen, die Orkanzeit stand bevor.

Abschied von der Südsee

Sofort nach unserer Ankunft in Honiara wollte ich einen passenden Käfig für unsere Papageien besorgen. Bis dahin mußte Angelika weiter den Duschraum zweimal am Tag reinigen und in allen möglichen Ecken oder auch mitten auf dem Tisch Pfützen aufwischen und Schmutz beseitigen. Moritz, der ältere, kam jeden Morgen von seinem Platz im Bücherschapp geradewegs in die Achterkajüte auf unsere Koje geflogen und knabberte erst einmal fröhlich an meinen Zehen, setzte sich dann auf meine Stirn und kniff mich kräftig in die Nase. Aber niemals störte er unseren Schlaf, sondern wartete immer, bis er die ersten Gähnlaute hörte. Von meiner Hand ließ er sich nicht vertreiben, vielmehr betrachtete er meine Abwehrbewegungen als Spiel. Ich durfte ihn sogar auf den Rücken legen und am Bauch kraulen. Er bekam schon nach wenigen Tagen ein leuchtend buntes Gefieder in Rot, Grün, Blau, Violett und Schwarz.

Wir beide waren richtig verliebt in unsere Vögelchen. Sie dachten sich aber auch immer neue Streiche aus, um uns das Leben schwer zu machen. Felix blieb inzwischen die meiste Zeit des Tages bei uns in der großen Kajüte, nur nachts brachte ihn Angelika in die Dusche zurück. Wenn ich schrieb, setzte er sich auf das Ende des Kugelschreibers. Wenn Angelika kochte, konnte er nicht nahe genug am Herd sitzen, oder er flatterte auf den Boden, sprang bis zum Saum ihres Kleides, krallte sich am Stoff fest und begann dann seinen »Aufstieg«, bis er mit äußerster Kraftanstrengung seinen Lieblingsplatz auf ihrer Schulter erreicht hatte.

Doch bei aller Freude belastete die ständige Unruhe unsere Nerven erheblich. Ein richtiger Käfig mußte beschafft werden, damit wir zumindest zeitweise entspannen und arbeiten konnten.

Honiara im Südsommer ist heiß und schwül, es fehlt die kühlende Brise des Passats. Plötzliche Wolkenbrüche und Sturmböen, Ausläufer der asiatischen Monsunwinde, bringen kaum Abkühlung. Jeder Schritt in der Stadt war für uns ermüdend, und ein längerer Einkaufsgang zehrte die Kräfte für den Rest des Tages auf. Hinzu kam, daß der Nordwestmonsun ständig Seegang auf den Ankerplatz trieb. Das Boot rollte heftig in der Dünung, und das Anlanden an der ohnehin beschädigten kleinen Brücke vor dem Hotel Mendana wurde zeitweise unmöglich. Noch unangenehmer war es, wenn wir in der Stadt von Regenschauern überrascht wurden und durchnäßt zum Strand rannten, wo dann die Brandung so bedrohlich hoch ging, daß an die Rückfahrt mit dem Dingi zunächst nicht zu denken war.

Meine Suche nach einem Käfig in Honiara blieb ergebnislos. So mußte ich in der feuchten Hitze von Firma zu Firma wandern, um die Teile für einen Selbstbau zusammenzutragen: Holzstäbe, Schrauben, Platten und Maschendraht. Sowie ich mit meinen langen Stäben und einer Rolle Draht an Bord zurück war, begann ich mit Säge und Bohrer mein mühsames Werk. Es war schweißtreibende Arbeit im heftig schlingernden Boot, neben einer Angelika, die pausenlos mit Aufwischen von Pfützen und dem Füttern der hungrigen Zappler beschäftigt war.

Das Werk war in 24 Stunden vollbracht, und mein Käfig konnte sich sehen lassen. Er war geräumig, nutzte den vorhandenen Platz im Bücherschapp am Fenster voll aus und bot mit einer Tür und mit einem herausziehbaren Plastikboden zur Reinigung auch einen gewissen Komfort. Den großen Ast aus der Dusche, die nun wieder uns gehörte, legten wir in den Käfig und kauften als Spielzeug noch eine Schaukel, die wir an seinem Dach aufhängten. Die Vögel hatten nun endlich eine Bleibe, und wir konnten zum ersten Mal wieder gemeinsam an Land gehen.

Mittlerweile war es Mitte Dezember geworden. Wir beschlossen, Weihnachten noch in Honiara zu verbrin-

In der Are-Are-Lagune von Malaita stand Angelika stundenlang auf der Saling des Besanmastes, um mich durch das enge Rifflabyrinth zwischen den kleinen Inseln zu lotsen.

gen, vor allem wegen der Post- und Telefonverbindung zur Heimat, aber auch wegen der guten Einkaufsmöglichkeiten für die Feiertage. Den Jahreswechsel allerdings wollten wir in einer stillen Bucht bei Tulagi feiern, weit weg von der unruhigen »Hauptstadt«. Doch es kam anders.

Ein Anker geht verloren

Am Vormittag des 29. Dezember begann es zu wehen, ziemlich heftig und ohne jede Ankündigung durch Wolken oder Gewitter. Der Monsun brach mit voller Wucht über uns herein, ein Wolkenbruch prasselte nieder. Angelika war in der Stadt, ich sprang auf dem Boot herum, um das Sonnensegel einzuholen, die Luken zu schließen und den Motor zu starten, damit wir notfalls den Ankerplatz schnell verlassen konnten. Aber die Ankerkette hatte sich in einem Korallenblock verfangen, wurde dadurch kurz und ruckte fürchterlich bei jeder See, die unter dem Boot durchlief. Ich hätte den Anker sofort aufholen sollen, doch ich fürchtete, in den drei Minuten, bis er oben war, auf ein Riff zu treiben. Auch wollte ich Angelika nicht allein am Strand zurücklassen. Das war, wie sich bald zeigen sollte, eine falsche Überlegung.

Angelika kam zwar wenig später zum Strand, konnte sich aber mit dem Schlauchboot nur quälend langsam gegen die steilen Wellen zur *Solveig* zurückkämpfen. Der Seegang erreichte inzwischen zwei Meter Höhe. Das Boot ruckte darin so hart an der zu kurzen Kette, daß Masten und Rigg erzitterten. Jeden Augenblick rechnete ich mit einem Bruch. Als Angelika endlich an Bord war – der Motor lief bereits –, sprang sie zur Winde und holte den Anker auf, während ich das Boot aus der Gefahrenzone der Riffe steuerte. Erleichtert atmeten wir auf, als wir tiefes Wasser erreicht hatten. Wir verholten um eine Landzunge herum in den Handelshafen, der bei Monsun etwas besser geschützt war, und suchten einen neuen Ankerplatz. Doch als Angelika das Eisen fallen ließ, hörte ich ihren Schrei: »Der Anker ist weg! Er ist samt der Kette ausgerauscht und auf Grund gegangen!« Ein Glied der Kette, das beim Aufholen gerade noch gehalten hatte, war gebrochen und hatte den Rest der Kette frei laufen lassen.

Das hatte uns gerade noch gefehlt für die Feiertage! Nirgendwo sonst hatten wir jemals einen Anker verloren, außer schon einmal an dieser Stelle, vor zwei Jahren. Der Hafen von Honiara mit seinem plötzlichen Seegang und seinen verstreuten Riffen kann bei schlechtem Wetter wirklich zum Alptraum werden.

Wir machten an einer Boje fest, weil mein Reserveanker für dieses rauhe Wetter zu leicht war. Einige Einheimische versuchten, von unserem Schlauchboot aus nach dem Anker zu tauchen, konnten aber den Grund nicht erreichen und vor allem nicht genug sehen. Ich wandte mich an eine Tauchfirma, die jedoch wegen der Feiertage keinen Mann frei hatte. Angelika probierte es selbst mit Maske und Schnorchel, aber natürlich war das Wasser zu trüb und zu dunkel. Später versuchte uns die Crew einer Charteryacht mit Tauchgerät zu helfen – ebenfalls vergeblich.

Deprimiert kauten wir unser Abendessen, denn nun waren wir auch für den Jahreswechsel an diesen ungeliebten Hafen gebunden. Der Anker mußte in den nächsten Tagen gefunden werden, sonst würde er im Hafenschlamm verschwinden. Am Morgen gab es neuen Ärger: Ein wütender Hafenmeister verwies uns unter Strafandrohung von der Boje. Wir mußten an eine große Tonne für die Berufsschiffahrt gehen, von der wir uns bei dem starken Wind nur sehr schwer freihalten konnten.

Am 31. Dezember vormittags kamen endlich die Berufstaucher und bargen das verlorene Eisen und die Kette dazu. Die war allerdings an so vielen Gliedern angebrochen, daß wir sie nicht mehr verwenden konnten. Der Anker hing nur an einem kurzen Stück und an einer Trosse. Das war zu wenig Gewicht, um das Boot bei Windstärke sieben oder acht zu halten. Deshalb segelten wir am 2. Januar über den Sund nach Tulagi zu unseren alten Freunden in der Werft, die jedes einzelne Glied der Nirokette prüften und alle schwachen Stellen sorgfältig neu schweißten.

In der Marovo-Lagune

Im März oder April wollten wir die Überfahrt nach Australien antreten, sobald sich der Passat wieder durchsetzen konnte und wir nicht mehr Gefahr liefen, von einem Zyklon überrascht zu werden. Bis dahin blieben uns noch zwei Monate in der Südsee. Die Vernunft sagte mir, daß ich in dieser sturmgefährdeten Zeit nur kurze Törns wagen durfte, jeweils von einem sicheren Ankerplatz zum nächsten. So bot sich Gelegenheit, mir einen langgehegten Wunsch zu erfüllen. Schon seit meiner zweiten Weltumsegelung hatte ich gehofft, einmal die legendäre Marovo-Lagune befahren zu können. Sie lag 150 Seemeilen westlich von Honiara und war in zwei Tagen zu erreichen, allerdings über offenes Wasser. Es galt also, die Wetterlage genau zu beobachten und bei den ersten Anzeichen einer stabilen Periode sofort auszulaufen.

Die Marovo-Lagune gehört zu New Georgia, einer großen Insel im westlichen Teil der Salomonen. Sie wird gekrönt von hohen Bergen, die bis zu 1500 Meter hoch aufragen. Die Kopfjäger von New Georgia waren besonders gefürchtet. Hier wurden aber auch die schnellsten und schönsten Kanus gebaut, alles Plankenboote, und die Schnitzkunst war am weitesten entwickelt.

Eugen Paravicini, der im Auftrag des Völkerkundemuseums Basel die Inselgruppe 1926 bereiste, war begeistert von Landschaft und Menschen. Er schrieb:

»Nicht nur die schöne Landschaft, die sich wohltuend unterscheidet von den düsteren Urwaldinseln Makira und Malaita, und die reiche Tierwelt, sondern vor allem die Eingeborenen ließen mir die Marovo-Lagune lieb werden. Ich lernte hier einen neuen Menschenschlag und eine neue Kultur kennen. Im Gegensatz zu den stupid brutalen, grobknochigen Malaita-Leuten sind die Neu-Georgier schwarzhäutig, feingliedrig, schlank und geistig hochstehend, ihre Gesichter sind edel geschnitten. Es sind richtige Herrenmenschen, fähig, einen ganzen Archipel zu tyrannisieren.«

Paravicini sah die Marovo-Lagune in hellstem Licht, während er die östlichen Inseln, besonders Malaita, offenbar in sehr schlechter Erinnerung behielt. Dazu mag beigetragen haben, daß er von Küper keine Landegenehmigung erhalten hatte, wie denn Küper Wissenschaftlern überhaupt sehr kritisch gegenüberstand. Er mochte deren Untersuchungen und die Klassifizierung von Menschen nicht.

Heutzutage werden auch in der Marovo-Lagune keine Plankenboote mehr gebaut, keine kunstvollen Dachgiebel mehr geschnitzt. Die höhere Intelligenz der Einwohner könnte sogar das Eindringen der Zivilisation beschleunigt haben. Das Verbot der Kopfjagd nahm den »Herrenmenschen« ihr Ansehen, und Polizeiaktionen der Briten trugen zusätzlich zu ihrer Ausrottung bei.

Blinder Passagier an Bord!

Wir hatten den Zeitpunkt unserer Überfahrt günstig gewählt. Bei leichtem Wind konnten wir angenehm segeln und fanden nach zweimal 24 Stunden auf See rasch die südöstliche Einfahrt in die Lagune. Gerade waren wir durch den engen Paß geschlüpft und hatten die ersten der vielen kleinen Inseln passiert, die verstreut die Gewässer der Marovo-Lagune mit ihrem dichten Grün zieren, da fiel die Anzeige unseres elektronischen Kompasses aus. Eine rasche Kontrolle aller Steckverbindungen brachte kein Ergebnis. Der Fehler war nicht zu finden, der Vorfall blieb rätselhaft. Wir verwendeten danach den Magnetkompaß in der Steuersäule, aber gerade hier in dem Gewirr kleiner Inseln wäre es hilfreich gewesen, den Kurs am Anzeigegerät direkt mit der Seekarte auf dem Kartentisch vergleichen zu können.

Kummer bereiteten uns auch die beiden Papageien. So schön der Käfig war, den sie vom ersten Tag an geliebt hatten, so wenig vertrugen sie sich miteinander. Der ältere, Moritz, wurde von Felix angegriffen und hackte zurück, bis der Kleine zappelnd am Boden lag. Verzweifelt riß dann Angelika den Käfig auf, holte das hilflose Geschöpf heraus und brachte den vor Angst gelähmten Felix mit guten Worten und besonderen Lekkerbissen wieder auf die Beinchen. Aber so konnten wir auf die Dauer nicht weiterleben. Ein Papagei flog nun immer frei in der Kajüte herum, hockte hier und dort und verursachte Schmutz und Unruhe. Für einen zweiten Käfig aber hatten wir keinen Platz. Nach reiflicher Überlegung beschlossen wir schweren Herzens, einen der Piepmätze bei passender Gelegenheit zu verschenken.

Was uns an den Tieren besonders gefiel, war ihre Rücksichtnahme in der Nacht und am Morgen. Wir waren deshalb erstaunt, als Felix plötzlich begann, in der Nacht herumzuflattern und zu krächzen. Irgendetwas ärgerte ihn. Gleichzeitig bemerkten wir kleine braune Brösel auf Kajütboden und Tisch. Ich überlegte, von welchem Gerät oder Gegenstand solche Stückchen abbröckeln konnten. Hatte sich vielleicht eine Ratte an Bord versteckt? Aber das war doch nicht möglich! Auch Angelika hielt den Gedanken für absurd. Noch nie war auf einem meiner Boote eine Ratte gewesen.

Dennoch paßten wir nun genau auf, lauschten auch während der Nacht, allerdings vergeblich. Doch am nächsten Morgen lagen wieder Brösel auf dem Tisch! Sogar unser Knäckebrot war angenagt. Damit stand fest: Wir hatten einen blinden Passagier an Bord!

Folgerichtig schlug Angelika vor: »Sieh doch mal nach, ob das Kabel zum Kompaß durchgebissen ist. Vielleicht funktioniert er deshalb nicht mehr?«

Sofort begann ich, Polster und Kojenbretter anzuheben, um den Verlauf des Kabels zu untersuchen. Insgeheim hoffte ich auf einen Streich der Ratte, denn dann mußte ich nur das Kabel erneuern, und der Kompaß war wieder brauchbar.

Nach einer Stunde fand ich tatsächlich in der hintersten Ecke der Bilge eine Stelle der Leitung, die glatt durchgebissen war. Damit hatte die Ratte ihr Leben verwirkt. Denn wir hatten noch viele wichtige Kabel im Boot, die keinesfalls beschädigt werden durften. Wir brauchten eine Rattenfalle, und zwar bald!

Auf der Seekarte entdeckte ich ein Sägewerk, nur zwanzig Meilen entfernt. »Versuchen wir es damit«, sagte ich zu Angelika. »Die Arbeiter brauchen Lebensmittel und Haushaltsgerät. Außerdem ist dort ein guter Ankerplatz.«

Wir nahmen also Kurs auf das Sägewerk, wo wir hinter einer Landzunge geschütztes Wasser fanden. Sowie der Anker gefaßt hatte, griff ich zum Fernglas und studierte die Häuser am Strand. »Da scheint ein kleiner Laden zu sein, laß uns hinfahren!«

In einer Baracke befand sich eine Verkaufstheke und dahinter ein Warenlager. Ein freundlicher Herr namens Peter erklärte uns, daß er den gesamten Betrieb leite, also auch den Lebensmittelverkauf, und daß die Anlage ein Projekt der Adventistengemeinschaft sei. Eine Rattenfalle war tatsächlich vorrätig, und mit ihr und einigen frischen Lebensmitteln fuhren wir zur *Solveig* zurück.

Natürlich wollte ich erst einmal die Funktionsweise der Falle ausprobieren und hielt prompt einen Daumen unter den Bügel, als die Feder zuschnappte. »Das Ding ist in Ordnung!« bestätigte ich und rieb mir die schmerzende Hand. Angelika aber machte einen Bogen um die Falle, als ob es eine Guillotine wäre. Sie wollte weder an die lebende, noch an die später vielleicht tote Ratte erinnert werden. Immerhin briet sie ein Stück Speck in der Pfanne, das ich sorgfältig in der Falle befestigte.

Morgens um fünf wurden wir von einem lauten Knall geweckt: die Falle! »Ich will nichts sehen und nichts hören!« rief Angelika und zog sich die Decke über den Kopf.

»Das brauchst du auch nicht«, brummte ich verschlafen. Die Ratte war mausetot. Ich warf sie über Bord, reinigte die Falle und legte mich wieder hin. Aber an Schlaf war nicht mehr zu denken, ich fühlte mich zu unbehaglich. Obwohl die Exekution notwendig gewesen war, hatte ich das Gefühl, einen kleinen Mord begangen zu haben.

Kennedy Island: Auf dieser winzigen Koralleninsel überlebten John F. Kennedy und seine Kameraden, nachdem ihr Schnellboot im Zweiten Weltkrieg von einem japanischen Zerstörer versenkt worden war.

Ein neues Heim für Moritz

Sturm und Regen hielten uns einige Tage am Sägewerk fest. Hundert Seemeilen entfernt war ein Küstenfrachter im Sturm gesunken, nach einem Teil der Mannschaft und der Passagiere wurde noch gesucht. Unser Ankerplatz bot jedoch ausreichenden Schutz, nur manchmal fegten Gewitterböen mit beängstigender Wucht über die Bucht, wobei uns dichter Regen jede Sicht nahm.

Beim Landgang fielen uns zwei nette blonde Mädchen auf, zwölf und sechzehn Jahre alt, die Töchter von Peter. Sofort dachten wir an unsere Papageien. Ob die Mädchen an ihnen Spaß haben würden?

Wir fragten an und bekamen ein begeistertes »Ja« zur Antwort. Die Kinder kamen an Bord, denn wir wollten sehen, wie sich Moritz ihnen gegenüber verhielt. Für ein paar Minuten ging das Spiel gut, dann erhob sich Moritz plötzlich flügelschlagend und verschwand wie ein Pfeil aus dem offenen Kajüteingang. Wir waren völlig überrascht, denn noch nie hatte er einen Versuch gemacht, seinem Heim zu entfliehen. Im Gegenteil, er hatte stets unsere Nähe gesucht. Er mußte gefühlt haben, daß wir etwas im Schilde führten.

Zwischen den zahllosen Inseln in den Lagunen der Salomonen finden große und kleine Schiffe sichere, vor Wind und Seegang geschützte Ankerplätze. Hafenanlagen gibt es kaum.

Ich brachte die Mädchen nach Hause und fand bei meiner Rückkehr an Bord eine weinende Angelika vor. »Ich habe Moritz nirgends gefunden«, berichtete sie. »Er muß übers Wasser geflogen und ertrunken sein!«

»Ich fürchte, du hast recht. Bis zum Land kann er's keinesfalls schaffen.«

Trotzdem machten wir uns auf die Suche, erst auf einer nahegelegenen kleinen Insel, dann auf dem Festland. Ohne viel Hoffnung kletterte Angelika über die Steine der Böschung und ließ unseren Erkennungspfiff hören. Keine Antwort.

Sie ging auf ein Haus zu, pfiff wieder und sah nach oben in die Bäume. »Da sitzt ein Papagei, aber der gehört sicher den Leuten hier.«

Ich machte das Schlauchboot fest und ging ihr nach. Ganz oben in der Krone des Baumes saß wirklich ein Papagei. Und jetzt meldete er sich sogar mit dem typischen: »Huui-huiit!«

Es war unser Moritz! Der Bursche hatte tatsächlich die ganzen zweihundert Meter über das Wasser bis hierher geschafft!

Angelika gab mir das Stück Ananas, das sie eigens mitgenommen hatte. Ich winkte ihm mit dem Leckerbissen und rief wieder und wieder seinen Namen. Er aber schien sich die Sache noch überlegen zu wollen. Endlich kam er Schritt für Schritt und Ast für Ast herunterspaziert. Nicht etwa geflogen, sondern ganz gemächlich geklettert.

Moritz setzte sich auf meine Schulter und ließ sich die Ananas schmecken. Angelika war inzwischen zurückgefahren und hatte seinen Käfig geholt, in den Moritz nach dem eigenmächtigen Ausflug ohne Zögern hineinmarschierte. Unser Tag war gerettet!

Um zu sehen, ob sich Moritz bei seinen neuen Freundinnen einleben konnte und zufrieden war, blieben wir noch zwei Wochen vor Anker und besuchten ihn jeden Tag. Peter hatte ihm einen großen Käfig gebaut. Es gefiel Moritz bei den Mädchen so gut, daß er uns schon am dritten Tag nicht mehr begrüßte. Wir brauchten also kein schlechtes Gewissen zu haben. Im Gegenteil, das Leben in der engen Kajüte und der Dauerstreit mit seinem Genossen waren sicher nicht gut für ihn gewesen.

Sturm und Mondfinsternis

Als der tägliche Regen aufhörte, segelten wir weiter, die Marovo-Lagune hinauf und dann durch eine schmale Passage zwischen den beiden großen Inseln hindurch, die die New-Georgia-Gruppe bilden. Wir wollten nach Gizo, dem Verwaltungszentrum der westlichen Provinz. Dort konnten wir bei Zoll und Immigration ausklarieren für unsere nächste Überfahrt Richtung Australien.

Natürlich hatten wir noch längst nicht die ganze Marovo-Lagune kennengelernt, geschweige denn die zahllosen Buchten und Ankerplätze von New Georgia mit ihren vielen interessanten Dörfern. Aber wir hatten einen Eindruck gewonnen. Das regnerische Wetter und die plötzlichen Sturmböen in der Monsunzeit machten es nicht gerade verlockend, zwischen den zahllosen Riffen und unbewohnten kleinen Inseln herumzuschippern. Wie recht wir mit unseren Überlegungen hatten, sollte sich bald zeigen.

Die Passage zwischen den großen Inseln ließ sich mühelos durchfahren, nachdem wir bei der kleinen Ortschaft Seghe für eine Nacht geankert hatten. Danach mußten wir etwa fünfzehn Seemeilen nach Süden steuern, durch das vielleicht schlimmste Riffgebiet, das ich je kennengelernt hatte. An Steuerbord folgte eine unbewohnte Insel der anderen in schier endloser Reihe, jeweils von weit vorgelagerten Riffen umgeben. An Backbord lag ebenfalls ein unübersichtliches Insel- und Riffgewirr. Wir hatten bald die Übersicht verloren, wußten nicht mehr genau, bei welcher der Inseln wir uns befanden, und kreuzten nur noch nach Sicht an den Korallenköpfen vorbei. Als wir endlich die Südspitze dieser Mauer erreicht hatten, mußten wir den Kurs um 180 Grad ändern und segelten nun an derselben Riffmauer auf der anderen Seite entlang!

Wir hatten gerade die südlichste Insel gerundet und waren auf Nordkurs gegangen, als binnen weniger Minuten pechschwarze Wolken über die tausend Meter hohen Berge von New Georgia herangetrieben wurden. Wir ahnten Unheil und bargen sofort die Segel. Was da auf uns zukam und in einer Viertelstunde die See in eine kochende Masse verwandelte, war kein Unwetter mehr. Es war ein unvorstellbares Chaos aus aufgepeitschten Wellen und durch die Luft getragenem Wasser. Salzwasser der See mischte sich mit den Wasserströmen eines Wolkenbruchs. Zwei Stunden lang maßen wir Windstärke zehn und mehr.

Wir genossen noch einmal Freiheit und Sonne der Südsee.

Das Boot bekam selbst ohne Segel schwere Schlagseite, Wasser zischte über Deck. Wir mußten genau gegen Wind und Seegang steuern, da wir auf beiden Seiten von Riffen bedroht waren und deshalb den Kurs nicht ändern konnten. Bei voller Kraft voraus machten wir unter Motor nur noch einen halben Knoten Fahrt und erreichten unseren Ankerplatz erst knapp vor Einbruch der Dunkelheit. Nervlich angeschlagen von dieser bitteren Lektion, die uns zeigte, was geschehen kann, wenn man selbst kleine Distanzen über See in

der schlechten Jahreszeit zurücklegen will, beschlossen wir, die restliche Strecke bis Gizo ohne Abstecher durchzusegeln.
Es war eine klare, ruhige Vollmondnacht, als wir gegen ein Uhr früh den Anker lichteten, um am nächsten Tag rechtzeitig vor Sonnenuntergang das weite Riffgebiet von Gizo zu bewältigen. Wir waren in bester Stimmung, ja fast ausgelassen fröhlich, weil wir endlich einmal segeln konnten, ohne von der glühenden Tropensonne geröstet zu werden. Bis sie um sechs Uhr morgens aufgehen würde, hatten wir auf unserem Kurs keine Riffe zu fürchten, und die hohen Berge der umliegenden Inseln waren im Licht des Vollmonds leicht zu erkennen. Gegen drei Uhr, wir saßen beide im Cockpit und genossen die Fahrt über das silbrige Wasser des Sundes, sagte Angelika auf einmal: »Der Mond sieht so komisch aus, als ob er schon im Abnehmen wäre ...«
»Er kann doch nicht so plötzlich abnehmen!«
»Aber sieh doch, ein Teil der Scheibe ist schon dunkel!«
So rätselten wir herum. Unterdessen wurde der dunkle Streifen immer größer, bis nur mehr die Hälfte des Mondes zu sehen war.
Da begriff ich: »Es ist eine Mondfinsternis! Das habe ich noch nie erlebt!«
Ich freute mich, den ganzen Verlauf dieser seltenen Naturerscheinung beobachten zu können, bis sich der mächtige Schatten der Erde vollends vor die leuchtende Mondscheibe geschoben hatte. Ein seltsames Zwielicht umgab uns. Rötlich glühte die nur noch schwach sichtbare Oberfläche des Mondes. Dann hüllte uns pechschwarze Nacht ein. Es wunderte mich nicht mehr, daß die Menschen auf den Inseln bei einem solchen Phänomen an das Werk von Dämonen glaubten.

Scheiden tut weh

Wir waren sehr froh, als wir um fünf Uhr den ersten Schimmer Tageslicht über den Horizont steigen sahen. Gerade noch rechtzeitig konnten wir unseren Kurs ändern, bevor wir einer Insel, die sich jetzt als dunkle Kontur an Steuerbord abzeichnete, zu nahe gekommen wären. Am Nachmittag ankerten wir vor der Insel Gizo in einem landschaftlich reizvollen Naturhafen, der unser letzter Aufenthalt in der Südsee werden sollte.
Ein kleines Postamt und eine Telefonstation ermöglichten es uns, Verbindung mit der Heimat und mit dem Zoll in Australien aufzunehmen. Es stellte sich heraus, daß die Mitnahme eines Papageis in beiden Ländern unüberwindliche Schwierigkeiten bereiten würde. Außerdem erfuhr ich, daß die Ausfuhr dieser Papageien aus den Salomonen streng verboten war. Uns blieb also nichts anderes übrig, als den so geliebten Felix ebenfalls an gute Pflegeeltern zu verschenken. Diese Entscheidung machte uns sehr traurig, aber wir dachten auch an die Stürme am Kap der guten Hoffnung und sagten uns, daß es für Felix wahrscheinlich die bessere Lösung war. Zumindest versuchten wir es zu glauben.
Die Salomonen waren für Angelika und mich zum Höhepunkt unserer Südseejahre geworden. Was die Inseln neben ihrer romantisch wilden Landschaft so anziehend macht, sind die Menschen, deren Lebensart erst jenes Klima schafft, das als »Südsee« ein Begriff wurde und Generationen von Europäern als verlockender Traum erschien.
Wie schwer uns der Abschied fiel, illustriert am besten eine kleine Geschichte, die uns Dr. Charles Fox überliefert hat. Als er 1905 zum ersten Mal auf Makira arbeitete, wünschte er sich, einen der großen, berühmten Häuptlinge kennenzulernen, die damals noch herrschten. Dieser Häuptling namens Taki war neunzig Jahre alt und lebte in einer Palmblatthütte. Als Fox zu ihm kam, saß er auf seiner Veranda und erwartete den Weißen. Nach der Begrüßung setzte sich Fox neben ihn, und beide rauchten eine Pfeife. Sofort stand der Häuptling auf und setzte sich auf die andere Seite der Veranda. »Ich fürchte, mein Rauch ist dir ins Gesicht gezogen«, sagte er. Das war typisch für die alten Häuptlinge, berichtete Fox. »Sie hatten wunderbare Manieren und waren sehr höflich – selbst dann, wenn sie jemanden töten wollten!«
Taki hatte die meiste Zeit seines Lebens als Krieger verbracht, und sein ganzer Körper war mit Narben bedeckt. Fox bemerkte, daß sein Rücken ebenso viele Narben trug wie die übrigen Körperteile, und fragte ihn: »Wie kommt es, daß du so viele Narben auf dem Rücken hast?«
Taki antwortete: »Oh, es ist viel schwerer davonzulaufen, als vorwärts zu gehen und anzugreifen!«
So war es auch für mich viel schwerer, nach vielen unvergeßlich schönen Jahren die Inseln der Südsee zu verlassen, als einst in ihre Lagunen hinein zu segeln.

187 Tage Hoffnung und Angst

Cairns liegt auf 17 Grad Süd, im hohen Norden Australiens, und ist damit dem Äquator näher als Tahiti. Nach fünfzehn Tagen Überfahrt von den Salomonen hatten wir im Mai die freundliche kleine Siedlung an der Küste von Queensland erreicht, den vorletzten Hafen unserer Weltumsegelung – der letzte sollte Emden sein. Dazwischen lag die halbe Welt.

Wir wollten die etwa 16 000 Seemeilen lange Strecke über Pazifik, Indischen Ozean und ums Kap der Guten Hoffnung in den Atlantik, zum Englischen Kanal und nach Emden in sechs Monaten zurücklegen, ohne einen weiteren Hafen anzulaufen. Die Idee zu dem gewagten Unternehmen war mir gekommen, als wir von Alaska aus in die Südsee zurückkehrten und uns entschlossen, ein weiteres Jahr zwischen den Inseln zu kreuzen. Um unsere endgültige Rückkehr nicht zu lange hinauszuschieben, wollten wir auf jede weitere Fahrtunterbrechung im Indischen Ozean und im Atlantik verzichten.

Hinzu kam meine Erfahrung aus den ersten beiden Weltumsegelungen, die mir sagte, daß nach den überwältigenden Eindrücken im Pazifik jede andere Insel oder Küste vergleichsweise blaß erscheinen würde. Es mochte auch daran liegen, daß ich früher – und diesmal wieder – mit Erlebnissen so angefüllt war, daß sich die Aufnahmebereitschaft für Neues durchaus in Grenzen hielt. Sowohl Angelika als auch ich hatten darüber hinaus den starken Wunsch – man könnte es auch Ehrgeiz nennen –, unsere mehrjährige Weltumsegelung mit einem Törn abzuschließen, den wir als große Herausforderung empfinden würden, sowohl seglerisch als auch seelisch.

Vorhergehende Seite:
Unser Kanu von Owa Riki, eines der seltenen traditionellen Plankenboote, die heute nicht mehr gebaut werden.

Vorbereitung auf die Nonstop-Reise

Stadt und Hafenanlagen von Cairns erstrecken sich entlang einer mangrovenbewachsenen Flußmündung, mit bewaldeten Hügeln als Hinterland, die nachts für eine kühlende Brise sorgen. Cairns ist das führende Seebad und Touristenzentrum im tropischen Norden Australiens. Seine größte Attraktion sind die vorgelagerten Inseln und die Korallenformationen im Great Barrier Reef. Mehrere Luxushotels von internationalem Rang wetteifern darum, einen Teil der von Jahr zu Jahr steigenden Zahl der Urlauber zu beherbergen. Cairns' Straßen bieten das typische Bild eines »Outpost«, einer Pionierstadt mit vielen zum Teil nur barackenartigen Holzhäusern. Ausnahmen bilden einige imposante Geschäftsgebäude und die großen Luxushotels. Ein besonderes Prachtstück ist das neuerbaute Einkaufszentrum am Yachthafen mit integrierter Marina, Restaurants, Reisebüros und einem eigenen Luxushotel. Einen besseren Ausrüstungshafen für unsere lange Fahrt nach Emden hätten wir uns nicht wünschen können.

Einzig der mit Yachten überfüllte Ankerplatz in der Flußmündung hatte seine Tücken. Wir waren von Alaska her beachtlichen Tidenhub gewöhnt, aber einen Gezeitenstrom, wie er in Cairns durch die Flußmündung hinauf und hinunter flutete, hatten wir noch nicht erlebt. Ohne Außenbordmotor wäre es unmöglich gewesen, den Hafen im Beiboot zu überqueren, um an Land zu gehen. Da der Strom alle sechs Stunden seine Richtung um 180 Grad änderte, wurde unsere lange Ankerkette entsprechend weit über den schlammigen Grund gezogen, und das Boot lag danach jeweils an einer ganz neuen Stelle. Den anderen Yachten ging es nicht besser. So ergab sich nach jedem Gezeitenwechsel eine völlig veränderte Lage der Boote zueinander. Das führte oft dazu, daß wir nachts im Dun-

keln oder ganz früh am Morgen den Anker aufholen und an anderer Stelle neu werfen mußten, um nicht mit einer benachbarten Yacht zu kollidieren.
Nützliche Ratschläge gab uns schon am ersten Tag nach der Ankunft ein hilfsbereiter deutscher Segler, der seit vielen Jahren in Cairns beheimatet war. Er hatte an unserem Besanmast die deutsche Flagge gesehen und kam mit seinem Dingi zu Besuch an Bord. Wir freundeten uns mit Heinz bald an, und er wurde unser unentbehrlicher Helfer und Berater bei den umfangreichen Reparatur- und Erneuerungsarbeiten, die wir an der *Solveig* auszuführen hatten. Meist kam er schon von sich aus jeden Tag zu uns und fragte: »Was wollt ihr als nächstes machen? Kann ich euch dabei helfen?« Hatten wir unser Ziel genannt, dann sagte er nur: »Okay, ich hole euch ab, kommt rüber zum Center, dann fahren wir gemeinsam los!« Heinz führte uns auch im

Cairns in Nordaustralien: Es war unser letzter Hafen vor der Sechs-Monate-Fahrt in die Heimat. Links Hotelgebäude, rechts das neue Marina-Zentrum am Hafen.

Cairns Cruising Yacht Squadron ein, einem Fahrtenseglerklub mit eigener Slipanlage, wo wir das Boot an Land brachten und bis wenige Wochen vor der Ausfahrt stehenließen, um ungestört daran arbeiten zu können. Damit hatten wir das leidige Ankerplatzproblem vom Hals. Wir wurden Mitglieder im Klub, konnten dessen Einrichtungen benützen und bekamen für das Boot Wasser- und Stromanschluß.
Solveigs Instandsetzung war viel zeitraubender und aufwendiger, als ich gedacht hatte, und zog sich über einen langen Zeitraum hin. Nach den Routinearbeiten wie Abschleifen des Unterwasserschiffs, Reinigung des

Die Marina vor dem neuerbauten Einkaufszentrum von Cairns: Einen besseren Ausrüstungshafen für unsere lange Heimfahrt über drei Ozeane hätten wir uns nicht wünschen können.

Teakdecks und Überholung aller Pumpen wurden eine Reihe besonderer Reparaturen fällig, die von Tag zu Tag neue Schwierigkeiten auftauchen ließen. Viele Mängel waren seit Jahren bekannt gewesen, ihre Beseitigung war aber immer wieder verschoben worden. Als besonderes Problem entpuppte sich der Einbau eines neuen Lagers für die Propellerwelle. Ich hatte das Ersatzteil schon seit drei Jahren an Bord, aber in der Südsee nie eine geeignete Fachwerkstatt gefunden, um die komplizierte Reparatur wagen zu können. Die Welle ließ sich nur nach innen abziehen. Dafür war es erforderlich, den Motor aus seiner Bettung zu lösen und anzuheben. Als ich die Welle dann mit Hilfe von Heinz glücklich entfernt hatte, konnten wir das Lager noch immer nicht ausbauen: Es klemmte! Spezialwerkzeug war nötig, um das korrodierte Messingrohr Stück für Stück herauszumeißeln.
Ähnlich langwierig waren auch die Arbeiten an der Toilette und beim Einbau eines neuen GPS-Navigationsgeräts. Zusätzlich sichteten wir sämtliche Schapps, Schubladen, Kojen und sonstigen Stauräume, um alle Ausrüstung, die für die Überfahrt nicht gebraucht wurde, zu vernichten, zu verschenken oder zu verschicken. Nur auf diese Weise konnten wir den nötigen Platz schaffen, um Verpflegung für sieben Monate und unsere 16-mm-Filmgeräte und Aufnahmematerial unterzubringen.
Zwei Projekte nahmen uns besonders in Anspruch: Einmal galt es, das Kanu von Owa Raha nach Deutschland zu verfrachten, denn wir konnten es keinesfalls während der Umrundung des stürmischen Kaps der Guten Hoffnung an Deck liegen lassen. Der Bau einer geeigneten Kiste für das 4,5 m lange, empfindliche Plankenboot war Voraussetzung für den Versand. Und wieder half Heinz, indem er uns mit Fritz bekanntmachte, einem Zimmermann aus Österreich, der sich große Mühe gab, eine passende Verpackung zu bauen. Tatsächlich kam das Kanu dann auch unversehrt in München an.
Zum anderen wollte Filmproduzent Heinz Bibo, der auch die Fernsehfilme meiner bisherigen Weltumsegelungen bearbeitet hatte, zu Außenaufnahmen nach

Cairns kommen, um eindrucksvolle Szenen von *Solveig* unter Segeln auf See zu drehen und den Start zur sechsmonatigen Heimfahrt mit der Filmkamera festzuhalten. Wir organisierten eine Charteryacht als Begleitschiff und kümmerten uns um Bibos Unterkunft. Vor allem aber arbeiteten wir mit ganzer Kraft, um die *Solveig* zum für die Dreharbeiten festgesetzten Termin in Topzustand fahrbereit im Wasser zu haben. Während der ganzen Reparaturzeit wohnten wir natürlich an Bord und stiegen für alle Einkäufe und sonstigen Besorgungen über eine hohe Leiter aus dem Cockpit auf die Straße und ebenso wieder zurück. Da die Standgebühr mäßig war, genossen wir sicherlich über Monate den billigsten »Hotel«-Aufenthalt, den es je in Cairns gegeben hatte!

Am 1. Oktober trafen Heinz Bibo und sein Sohn Werner am Flughafen ein, beladen mit einer zentnerschweren Filmausrüstung. Von unserer Seite war alles Nötige geschehen: jugendlich, in frischem Farbkleid, lag unsere *Solveig* für ihre Rolle als Filmstar bereit.

Nur etwas fehlte, das wir uns alle gewünscht hatten, nämlich kräftiger Wind und steiler Seegang für dramatische Aufnahmen des segelnden Bootes. Statt dessen herrschte schönstes Badewetter mit nur leichter Brise. Dennoch konnten von der begleitenden Charteryacht aus viele interessante Szenen für einen künftigen Dokumentarfilm über die Heimfahrt gedreht werden. Dazu sollten auch Sequenzen gehören, die *Solveig* beim Verlassen des Hafens zeigten.

Der Termin wurde festgelegt, das Boot seeklar gemacht, die beiden Hauptdarsteller warfen sich in Segelkleidung.

Heinz und Werner Bibo kamen in die Marina, brachten Kamera und Stativ in Position. »Seid ihr bereit? Können wir anfangen zu drehen?« fragte Werner nach einer halben Stunde intensiver Vorbereitung.

»Alles klar!« kam die Antwort vom Skipper, der bereits hinter dem Steuerrad stand und den Motor gestartet hatte.

»Einen Moment noch!« rief Werner. »Ich gehe eben rüber an die Pier und bitte ein paar Leute zu winken. Das gibt die richtige Abschiedsstimmung.« Die Passanten ließen sich nicht lange bitten und standen bald zur »Aktion« bereit.

Fehlstart vor der Kamera

»Also los!« Werner gab das Zeichen, der Käptn legte den Rückwärtsgang ein und gab Gas. Angelika hatte die Leinen am Schwimmsteg losgeworfen und war an Deck gesprungen. Ganz langsam schob sich das Boot aus der Box und stellte sich sofort quer, vom leichten Wind zur Seite gedrückt.

»Etwas schneller!« schrie Werner. Ich gab mehr Gas, die Passanten fingen an zu winken, aber die *Solveig* rührte sich nicht. Sie wollte nicht! Zum ersten Mal auf dieser Weltumsegelung gehorchte sie weder dem Gashebel noch dem Ruder. Ich zog den Hebel zurück, legte den Gang erneut ein. Nichts. Das Boot trieb gemächlich auf die Reihe gegenüber vertäuter Yachten zu. Schweiß stand auf meiner Stirn. Die Szene war verdorben und mehr noch: eine größere Reparatur am Getriebe schien unvermeidlich.

»Werner, bitte hilf mir, ich kann das Boot nicht steuern!«

Was für ein Start zur großen Überfahrt! Ich war vernichtet, hätte mich am liebsten irgendwo verkrochen. Werner kam in einem schnell geliehenen Dingi angerudert und versuchte, die *Solveig* zu drehen. Andere Helfer rannten auf den gegenüberliegenden Ponton und machten die Ausreißerin dort fest. Angelika war bereits unter Deck verschwunden und sah nach der Welle.

»Die Welle ist nicht mehr da!« schrie sie entsetzt.

»Was soll das? Unsinn! Du meinst, sie dreht sich nicht?« Ich verstand überhaupt nichts mehr.

»Ich sehe keine Welle. Sie ist nicht mehr da!« Angelikas Stimme klang jetzt scharf.

Sowie das Boot festgemacht war, lief ich selbst nach unten. Die Welle war tatsächlich verschwunden! Lag sie mitsamt der Schraube auf Grund? Nein, dann wären die Lager offen gewesen, und das Boot wäre bereits gesunken.

Ich zwang mich zur Ruhe und dachte eine Minute nach: Die Welle hatte sich aus der Verbindung zum Getriebe gelöst und war bis zum Außenlager gerutscht, hatte dann aber nicht ganz herausgleiten können, weil der Skeg des Ruders sie aufhielt. So mußte es sein. Wir brauchten einen Taucher, der Propeller und Welle wieder in das innere Lager hineinschob.

Und zwar sofort. Etwas Wasser drang nämlich schon durch das Außenlager und floß als munteres Bächlein in die Bilge.

Letzte Vorbereitungen: Wir montierten am Besanmast eine kardanische Aufhängung für die große 16-mm-Filmkamera.

Was für eine Pleite! Aber ein beschädigtes Getriebe wäre viel schlimmer gewesen. Ich hatte mich wieder gefangen und gab Werner Bescheid: »Wir können in einer halben Stunde starten.«
Mein Nachbar am Liegeplatz war Berufstaucher. Ich sah, daß er bereits Bleigürtel und Flasche angelegt hatte. Glücklicherweise hatte ich in dieser blödsinnigen Lage viele Helfer, denn inzwischen war auch Heinz erschienen und fragte besorgt: »Was ist passiert?«
Zerknirscht mußte ich antworten: »Nach dem Einbau der Welle habe ich die Bolzen am Verbindungsstück nicht fest genug angezogen. Im Rückwärtsgang hat sich die Welle herausgedreht.«
Angenehm war die Arbeit des Tauchers nicht, denn das bräunliche Hafenwasser nahm ihm die Sicht. Langsam tastete er sich am Ruder entlang und bekam den Propeller zu fassen. Innen wartete ich auf das Erscheinen des Schafts aus dem Stevenrohr. »Die Welle kommt!« rief ich ins Cockpit, und von dort gab Angelika meine Meldungen weiter. »Noch ein Stück! Fest drücken!« Die Welle mußte wieder in den Flansch hineingeschoben werden. In einer Viertelstunde war der Schaden behoben, und zusammen mit Heinz wurde jeder der acht Bolzen nun so festgedreht, daß es kein leichtes Stück Arbeit sein wird, sie wieder zu lösen.
Etwas verspätet segelten wir endlich im Kielwasser der Charteryacht aus dem Hafen und blieben für die Filmaufnahmen vier Tage zusammen auf See.
Der endgültige Start zur Heimreise fand dann am 27. Oktober im ersten Frühlicht statt. Ganz leise, ohne Zuschauer und ohne Winken, schlichen wir uns aus dem Hafen von Cairns, der uns in den Monaten der Vorbereitung zu einer neuen Heimat geworden war. Unsere innere Erregung war fast unerträglich und hätte durch eine tausendköpfige Menschenmenge nicht ge-

steigert werden können. Hatten wir wirklich an alles gedacht? Fiel uns vielleicht gerade jetzt ein, welches Ersatzteil wir noch besorgen wollten? Ich wußte im voraus: Später würde sich gewiß herausstellen, daß noch dies oder jenes fehlte.

Zwischen den Riffen

Um neun Uhr hatten wir das Ende der Fahrrinne erreicht und gingen auf Kurs. Nordnordwest mußten wir steuern während der ersten 500 Seemeilen bis zur Nordspitze Australiens. Zehn Tage hatte ich für diese Strecke eingeplant. Und nur an diese Distanz wollten wir jetzt denken. Das Bewußtsein, daß wir eine Fahrt um die halbe Erde vor uns hatten, wäre zu bedrückend gewesen.

Wir segelten im flachen Wasser des Großen Barriere-Riffs, das der Ostküste Australiens auf einer Länge von 1200 Seemeilen vorgelagert ist. Als erstes brachten wir Poseidon das gewohnte Trankopfer, diesmal mit besonders intensiven Bitten und einer langen Ansprache. Dann setzten wir Segel, und eine frische Brise von achtern ließ uns mit fünf Knoten Fahrt auf dem errechneten Kurs vorankommen. Das mußte auch so sein, denn zwischen den Inseln und Riffen konnten wir uns keine Abweichungen erlauben.

Die erste Nacht wollten wir trotz der vielen Untiefen auf jeden Fall durchsegeln. Unsere Aufregung war so groß, daß wir ohnehin nicht hätten schlafen können. Außerdem hatten wir das neue Satelliten-Navigationsgerät eingeschaltet, das uns die Position alle paar Minuten genau angeben konnte.

»Mit dem tollen Gerät wissen wir auch bei Nacht auf hundert Meter genau, wo wir sind. Du brauchst absolut keine Bedenken zu haben«, versicherte ich Angelika voller Stolz auf meinen GPS.

Um 19.30 Uhr wurde der Wind stärker, und wir mußten die Fock bergen. Ein paar Stunden später zeigte der GPS plötzlich nichts mehr an. Beeinträchtigten die Hügel an der Küste den Empfang? Jetzt hieß es, verdammt scharf aufpassen!

Es war fürchterlich heiß gewesen am Tag, aber jetzt schwitzte ich vor Angst noch mehr. Mit Höchstfahrt segelten wir zwischen den Riffen durch, fürchteten die seitliche Versetzung durch unbekannte Strömungen. Reuig schworen wir einander, in Riffgebieten nie mehr nachts zu segeln.

Mit der leichten Beaulieu-Filmkamera konnten wir auch von exponierten Stellen des Bootes aus Delphine oder Vögel aufnehmen, die uns auf der langen Nonstop-Fahrt begegneten.

In den Morgenstunden versagte das GPS-Gerät völlig. Aus! Verstört und traurig, dazu müde von den durchwachten Stunden, brütete ich den ganzen Tag über Reparaturmöglichkeiten. Aber jede Reparatur hätte Rückkehr nach Cairns oder eine spätere Fahrtunterbrechung erfordert. Beides kam nicht in Frage, wir hatten

Cairns ohnehin zu spät verlassen. Im November konnten wir im Indischen Ozean schon Gegenwind bekommen. Also weiter und den GPS vergessen! Eine böse Niederlage an unserem zweiten Tag auf See.

Erst um 20.00 Uhr fanden wir einen halbwegs geschützten Ankerplatz für die Nacht. Der Wind hatte Sturmstärke erreicht und erschwerte das Ankermanöver erheblich. Aber schließlich lagen wir doch sicher auf ruhigem Wasser, nur der Wind heulte wütend in der Takelage. Wir schliefen die Nacht über tief und fest und wachten am Morgen erholt auf.

Bis wir nach Rundung der Nordspitze Australiens das Große Barriere-Riff verlassen konnten, wollten wir von nun an jede Nacht ankern, um kein unnötiges Risiko einzugehen. Am Tag konnten wir uns an Inseln und Seezeichen orientieren. Landmarken gab es nicht, und meist war die Küste sogar außer Sichtweite. Das Fahrwasser zwischen den Riffen verlief in weitem Abstand vom Land, außerdem war die Luft diesig und das Wasser durch aufgewühlten Sand ziemlich trübe.

Kapitän Cook, der diesen Küstenstreifen als erster Europäer befuhr und damit zum eigentlichen Entdecker Australiens wurde, erlitt Schiffbruch auf einem der Riffe, zwischen denen wir uns gerade befanden. Er segelte unter ungeheuerlichen Schwierigkeiten, ohne Karte und ohne Küstenbeschreibung »...die Küste entlang gen Norden, mit der gefährlichsten Navigation, mit welcher vielleicht je ein Schiff gesteuert wurde.« Und später, nach dem Schiffbruch und einer eiligen Instandsetzung in einer Flußmündung, war Cook fast am Verzweifeln: »Nach einer genauen Beobachtung der Situation von der Mastspitze aus erkannte ich, daß wir auf allen Seiten von Untiefen umgeben waren. Eine Passage schien nicht anders möglich denn durch die gewundenen Kanäle zwischen ihnen. Dies war mit der höchsten Gefahr verbunden, wußte ich doch keinen Rat, wohin ich steuern sollte, wenn das Wetter uns erlauben sollte, unter Segel zu gehen.«

Die gewundenen Passagen durch die Riffe sind heute natürlich in der Seekarte eingezeichnet und abgegrenzt. Um genau in diesem schmalen Fahrwasser bleiben zu können, hatte ich das GPS-Navigationsgerät angeschafft, das nun ausgefallen war.

Wir befanden uns am 29. Oktober auf 14 Grad Süd. Die Hitze, die wir unter den schattenspendenden Bäumen und Arkaden von Cairns weniger gespürt hatten, ließ uns hier fast verschmachten. Wegen der schwierigen Navigation mußten wir – oder wenigstens einer von uns – ständig im Cockpit Wache halten, waren also der Sonne voll ausgesetzt. Auch nachts gab es keine merkliche Abkühlung. Schon jetzt, am dritten Tag der Fahrt, wurde das Wasser zum größten Problem. Drei Liter standen uns für 24 Stunden zur Verfügung: zum Kochen, zum Waschen und zum Trinken.

Morgens gab es zwei Tassen Tee für jeden, mittags, solange der Vorrat reichte, eine kleine Flasche Mineralwasser und abends noch einmal ein großes Glas Wasser. Wir bereuten es bitter, nicht zehn Kästen mit Getränken zusätzlich in den Duschraum (den wir ohnehin nicht benützen konnten) gestellt zu haben, um wenigstens für die ersten 500 Meilen an dieser mörderisch

Nach dem vorzeitigen Ausfall unseres GPS-Navigationsgerätes mußte der gute alte Sextant wieder herhalten.

Eine Fahrt über drei Ozeane und um die halbe Welt liegt vor uns und der *Solveig IV*. Dafür haben wir uns in Cairns gut ausgerüstet und verproviantiert.

heißen Küste mit Flüssigkeit versorgt zu sein. Wir bekamen richtige Suchtgefühle, sobald sich die Uhrzeit näherte, zu der Angelika das Wasser ausschenken durfte. Und dann kam der Kampf mit uns selbst: schnell trinken, um für ein paar Minuten den Durst zu löschen? Oder langsam, schluckweise, um das Getränk auf eine Viertelstunde zu verteilen?
Manchmal konnte Angelika meine Qual nicht mehr mit ansehen, besonders wenn ich Reparaturen ausgeführt hatte, die besonderen Schweiß kosteten; dann gab sie mir eine zusätzliche Flasche Wasser oder einen Schluck aus der ihren. Und zu meiner Schande muß ich gestehen, daß ich nicht die Kraft hatte, ihr Opfer abzulehnen.
In den ersten beiden Tagen und der durchsegelten Nacht hatten wir 150 Seemeilen zurückgelegt. Danach schafften wir in den Tagstunden zwischen 40 und 60 Meilen, abhängig davon, wo wir einen Ankerplatz für die Nacht fanden. Der Wind war durchweg kräftig, erreichte manchmal Stärke sieben, und da er von achtern einfiel, setzte ich meist nur das Groß. So blieben uns Segelmanöver, die zusätzlichen Schweiß gekostet hätten, in der Regel erspart.
Entnervend war es, ständig das schmale Fahrwasser beobachten zu müssen, das sich auf der Wasserfläche nicht abzeichnete. Entgegenkommende Schiffe hielten direkt auf uns zu, und oft war erst im letzten Augenblick erkennbar, nach welcher Seite sie ausweichen würden oder wir Kurs ändern mußten. Wir sehnten uns nach der offenen See im Indischen Ozean, wo wir einen frei gewählten Kurs steuern konnten und uns nicht den ganzen Tag der mörderischen Tropensonne aussetzen mußten.
Entkräftet schleppten wir uns vom Cockpit in die Kajüte und zurück, nahmen aber die Mahlzeiten draußen ein, um nicht getrennt essen zu müssen. Nebenher kümmerte ich mich um verschiedene Geräte, die der Pflege bedurften. Im Logbuch ist am 30. Oktober verzeichnet:

Barograph zerlegt und am Uhrwerk Korrosion beseitigt.
Bilgenpumpe ausgebaut und Pumpe und Schalter in Ordnung befunden. Logpropeller gereinigt, Muscheln entfernt, gefettet und wieder eingesetzt.
Wasser aus der Bilge getrocknet.
Filmkamera neu geladen und Batterie gewechselt. Filmgeräte und Material geordnet.
Alle drei Keilriemen am Motor geprüft und nachgespannt.

Diese Wartungsarbeiten gehörten zur Routine und wurden von mir vorzugsweise am Ankerplatz in den Morgenstunden ausgeführt. In Cairns hatte ich mich mehr den großen Reparaturen gewidmet, außerdem waren einige Probleme erst während der Fahrt aufgetreten.

Abschied vom Pazifik

Die Tage vergingen langsam, schienen endlos. Die Küste von Nord-Queensland, soweit wir sie erkennen konnten, war langweilig und konturenlos. Sie ist sicherlich kein reizvolles Segelrevier, deshalb begegnete uns auch nur höchst selten einmal eine Yacht. Wir näherten uns Cape York, der Nordspitze des Kontinents, am 6. November, also nur einen Tag später als geplant. Diese Verzögerung hatten wir dem Versagen des Navigationsgeräts zu verdanken, denn wir wären sonst mit Sicherheit mindestens eine weitere Nacht durchgesegelt und zwei oder drei Tage früher am Kap eingetroffen.
Nun hieß es, dem Pazifik, der uns soviel Freude und so viele Erlebnisse beschert hatte, Lebewohl zu sagen. Angelika war unglaublich aufgeregt. Sie war von dem Gefühl überwältigt, jetzt einen neuen Ozean kennenzulernen, ja ihn in seiner ganzen Breite zu überqueren, bis zum Kap der Guten Hoffnung, der Südspitze Afrikas, 7500 Seemeilen voraus. Bis dorthin würden wir auf unserer Fahrt nach Europa keine Küste mehr sehen. Gutes altes Europa, wie würden wir es vorfinden?
Als wir an diesem Morgen den Anker lichteten, nachdem wir die Nacht im Schatten von Cape York geschlafen hatten, ging mir das alte Seemannslied durch den Kopf: »For old Europe we shall steer. Rolling home, rolling home . . .«
Nachdenklich sagte ich zu Angelika: »Weißt du, es tut mir weh, daß nun die letzte große Reise meines Lebens beginnt. Aber ich bin froh, daß ich dieses 'home' eigentlich nie verloren habe, daß ich immer wußte, wo meine Heimat ist, in die wir hoffentlich zurückkehren werden.« Dahinter stand die Frage: Werden wir es schaffen? Werden wir, wird die *Solveig* durchhalten?
Ein paar Riffdurchfahrten noch, die höchste Aufmerksamkeit erforderten, dann hieß es: Kursänderung! Auf nach Westen! Erleichtertes Aufatmen bei Angelika und mir.
Um 19.00 Uhr hatten wir Booby Island, die letzte Insel

der Torres-Straße, hinter uns gelassen und segelten bei Windstärke sechs in eine windige Nacht. »Wir haben von jetzt an kein Riff mehr zu fürchten«, versprach ich Angelika. »Vor uns liegt die Arafura-See, zwar für lange Zeit noch flaches Wasser und ein paar Sandbänke, die wir aber leicht umfahren können. Keine Gefahr mehr!«
Angelika sah mich erleichtert und dankbar an. Ihr Blick sollte mir sagen: »Was immer jetzt noch kommt, wir werden es schaffen!« Die Nacht war sternklar, und die See ging hoch. Die Schaumkämme der Wogen, die von achtern aufliefen, schimmerten im bläulichen Mondlicht. Ich war froh über jede Stunde, die uns der Ostwind erhalten blieb.

Beim ersten Tageslicht fanden wir oft über ein Dutzend fliegende Fische an Deck. Einer flog mir sogar durch eine offene Luke bis in die Koje.

Eine Woche später konnten wir die ersten 1 000 Seemeilen feiern, aber der günstige Wind hatte uns verlassen. Die Hitze wurde unerträglich, lähmte unsere Gedanken. Wir dümpelten in der Arafura-See zwischen Neuguinea und Australien herum und bekamen allmählich Angst, große Angst. Wenn wir zu lange durch Flauten aufgehalten wurden, dann würden wir im südlichen Indischen Ozean in die Orkanzeit geraten, die Mitte Dezember beginnt. Angelika war kaum mehr ansprechbar, sie stellte Überlegungen wegen alternativer Routen an.
Am 12. November schrieb ich ins Logbuch: *»Wind zum Verzweifeln, mal Südwest, mal Nordwest, die ganze Nacht laviert, Bug gewechselt, nur 15 Seemeilen in 24 Stunden geschafft!«* Und es wurde nicht besser. Wir setzten unsere Reservekanister mit Diesel ein, um stundenweise voranzukommen und die Batterien zu laden, aber jede Meile kostete einen Liter des unersetzlichen Kraftstoffs. Angelika kletterte auf den Besanmast und half mir, die Antenne des unbrauchbaren GPS-Geräts abzuschrauben und dafür die Antenne unseres alten Satnav wieder zu montieren. Es dauerte mehrere Stunden, bis diese Arbeiten geschafft und die Kabel unter Deck neu verlegt waren. Ich schaltete das Gerät ein und erlebte eine weitere Enttäuschung: auf der Anzeige lauter verdrehte Zeichen und Zahlen! Nun hatten wir zwei Satellitengeräte an Bord – und beide waren unbrauchbar.
Ich vermutete, daß ich aus Nervosität beim Einschalten einen Fehler gemacht hatte, und baute den Kasten noch einmal aus, nahm dann Kontaktspray zur Hand, erneuerte alle Anschlüsse und wagte einen weiteren Versuch. Diesmal bekam ich eine Position, obwohl andere Funktionen nicht mehr aktiviert werden konnten. Hauptsache, wir hatten eine Möglichkeit, unseren Standort auch bei bedecktem Himmel zu bestimmen. Bis Mitternacht hatte ich ohne Unterbrechung gearbeitet. Erschöpft, aber zu aufgeregt, um noch zu essen, legten wir uns schlafen. Am 16. November steht dick unterstrichen im Logbuch: *»Der Wind will nicht!«* Ich hatte diese Flautenzone gefürchtet, war ich doch auf meiner zweiten Weltumsegelung ebenfalls wochenlang hier festgehalten worden. Nun hatte es uns wieder erwischt.
Das lag natürlich an der späten Jahreszeit, und die wiederum beeinflußte unsere weitere Planung für den Atlantik. Dort durften wir nicht zu früh in den Norden und damit in den Winter geraten.
Natürlich machte ich mir jetzt Vorwürfe, daß ich nicht wenigstens eine Woche eher von Cairns ausgelaufen war. Wieder und wieder wälzte ich die Handbücher, saß stundenlang über den Wetter-Monatskarten, von denen ich die neueste Ausgabe in Alaska besorgt hatte. Die große Frage war: Wann und wo konnten wir mit dem Passat rechnen?
Aber was ist beim Wetter schon sicher? Zunächst bekamen wir zwar Wind, aber es war Gegenwind – der Monsun kündigte sich an. Angelika schrieb damals in ihr Tagebuch: *»Das Zickzacksegeln hoch am Wind nimmt und nimmt kein Ende. Haben zwar 70 Meilen nach Westen*

geschafft, aber um welchen Preis! Alle zwei Stunden eine Wende, auch nachts, um die teilweise vorhandene Strömung auszunutzen. Kochen entfällt, da Bewegungen des Bootes zu hart und ich zu kaputt. Ebenso Rollo. Gespräche finden kaum noch statt und wenn, dann über eine eben bemerkte leichte Winddrehung. Nichts anderes interessiert im Augenblick als endlich einmal vernünftiger Wind.«

Wann endlich kommt der Passat?

Am 16. November befanden wir uns hundert Meilen südlich von Timor. Wieder lagen wir in der Flaute fest. Sehnsüchtig hielt ich Ausschau nach einem Brisenstrich auf der öden Wasserfläche, und plötzlich sprang mir ein dunkler Punkt ins Auge: eine Boje! Das konnte ein Netz sein, ein Treibnetz. Ich startete den Motor, hielt auf den schwimmenden Punkt zu. Es war tatsächlich eine Boje, und eine Trosse hing schwer daran. Vorsichtig, um keinen Tampen in die Schraube zu bekommen, manövrierten wir so, daß wir das Tau an Deck hieven konnten. Wir nahmen an, daß es sich um ein verlorenes Netz, ein driftendes Geisternetz, handelte, und schnitten das Tau ab, überließen die Boje der See.
Die Hitze wurde noch schlimmer, erreichte zeitweise über 40 Grad. Ein Thermometer neben dem Kartentisch platzte, das Quecksilber hatte die obere Begrenzung erreicht.
Angelika schrieb: *»Die Pfunde, die ich mir in Australien angefuttert habe, sind längst verschwunden. Auch Rollo hat sichtbar abgenommen. Wir essen auch deshalb weniger, um nicht zuviel Durst zu bekommen.«*
Wir kannten nur noch ein Thema: Wann kommt der Passat? Fast 1000 Meilen waren es noch bis Christmas Island, und Angelika stellte in ihrer Verzweiflung gewagte Überlegungen an: »Wenn wir jetzt einfach jeden Tag motoren, allen Diesel verbrauchen und dann vor der Weihnachtsinsel ankern und unseren Tank wieder auffüllen? Wäre das nicht besser, als das Risiko zu laufen, später von einem Orkan erfaßt zu werden?«
Ich mußte ihr diese Hoffnung nehmen: »Bei einer Distanz von 1000 Meilen hilft es wenig, wenn wir 200 oder höchstens 300 Meilen motoren. Wir müssen auf der Insel einklarieren, dann Geld wechseln und Diesel an Bord schaffen, das kostet uns mit Sicherheit drei Tage. In drei Tagen aber machen wir auch bei Gegenwind fast 150 Meilen gut. Außerdem ist der Ankerplatz vor Christmas Island bei Westwind voll dem Seegang ausgesetzt. Wir kämen gar nicht an Land. Und schließlich: Die Weihnachtsinsel liegt nicht auf unserer Route, sie anzusteuern wäre ein zeitraubender Umweg von vielen Meilen.«
Mit dieser Antwort nahm ich Angelika vielleicht eine geheime Hoffnung. Sie schrieb am 28. November sehr niedergeschlagen: *»Hoffentlich rächt sich unser viel zu später Start von Cairns nicht eines Tages. Nach wie vor liegen unsere Etmale weit unter 100 Meilen. Um aber noch vor Januar Mauritius passieren zu können, brauchen wir Etmale von 120 bis 140 Meilen. Ich gehöre wirklich nicht zu den Pessimisten, aber diesmal wird mir bange. Bergsteiger können bei drohenden Wetterstürzen wenigstens umkehren, doch wir müssen alles nehmen, wie es kommt. Bin ziemlich deprimiert. Frage mich, ob ich überhaupt noch Tagebuch schreiben soll.«*
Es gibt Jahre, in denen sich der Wind anders verhält, als es die Statistik vermerkt. Dieser Gedanke machte mir Sorgen. Hatte ich unsere Fahrzeit zum Kap der Guten Hoffnung wirklich zu knapp berechnet? Wo blieb der Passat? An manchen Tagen drehte der Wind zeitweise auf Nordwest, dann konnten wir nach Südwesten steuern und kamen 80 oder 90 Meilen voran. Das war ermutigend, für mich jedenfalls.
Am 30. November lagen wir wieder einmal in der Flaute. Und so konnte etwas geschehen, das eigentlich ins Reich der Fabel gehört: Am frühen Morgen, es ist noch dunkel, liege ich in meiner Koje, bei der Hitze natürlich nackt. Plötzlich spüre ich einen leichten Schlag gegen mein Bein, als hätte mich jemand angefaßt. Minuten später ein Zappeln am Schenkel. Ich fasse rasch zu und halte einen fliegenden Fisch in der Hand, der mir aber sofort wieder entschlüpft. Er ist durch das offene Luk geradewegs auf meine Beine geflogen. Licht! Suche! Aufregung... Mein Bettzeug stinkt, meine Hand und Schenkel auch. Und kein Wasser zum Waschen! Angelika wacht auf, lacht. Fluchend packe ich den inzwischen toten Fisch und werfe ihn zurück in die See. Mäuse und Ratten fürchte ich nicht, aber ein schleimiger, kalter Fisch in der Koje ist mir doch zuviel.
Weiterer Ärger folgte: Die Süßwasserpumpe hatte ihren Geist aufgegeben, wir konnten kein Wasser fürs Frühstück aus dem Tank ziehen. Ich kroch in den Motorraum, schraubte die Pumpe heraus, wechselte

Eine Wolkenstimmung wie diese bei gleichzeitiger Flaute ließ uns für das kommende Wetter nichts Gutes ahnen.

die Membran und die Dichtung, setzte neue Schrauben ein. Bis Mittag war die Pumpe wieder funktionsfähig.
In der Nacht zum 1. Dezember herrschte völlige Windstille. Erst 2515 Seemeilen hatten wir bisher zurückgelegt. Hilflos und verzweifelt dümpelten wir auf einer langen Dünung herum. Die Sonne röstete uns. Doch dann – endlich – kam die große Stunde, auf die wir seit Wochen mit Sehnsucht gewartet hatten: Der Passat brach von einer Minute zur anderen durch! Unbeschreibliche Freude! In meinem Logbuch notierte ich am 1. Dezember:

Heute kam der Passat. Der Tag begann wie so viele in den letzten Wochen: Rot stieg der glühende Sonnenball über den Horizont, kaum ein Windhauch war zu spüren. In der Nacht hatten wir noch mit einer leichten Brise aus Südwest etwas Weg nach Nordwesten gutmachen können, unter ständigen Kursänderungen, um jeweils den günstigsten Winkel zu steuern. Um 09.00 Uhr setzte der Wind völlig aus. Da die Batterien so schwach waren wie unsere Stimmung, entschied ich schweren Herzens: eine Stunde motoren! Mehr war nicht drin, denn der Motor muß noch fünf Monate einsatzbereit bleiben.
Gegen 11.00 Uhr setzte ein sanfter Luftzug aus Süd ein, kräuselte die glatte Oberfläche der See, die sich träge dahinwälzte. Wir machten uns eilig daran, die im Vorschiff verstaute Genua herauszuholen und zu setzen. Zwei Stunden Arbeit, schweißtreibend bei 34 Grad. Wir genehmigten uns eine Extradose Mineralwasser. Keiner wagte so recht, jetzt schon an den Passat zu glauben oder gar das Wort auszusprechen. Wir sind mit dem Südwind zufrieden, der uns zum ersten Mal seit drei Wochen erlaubt, direkten Kurs zu steuern: West! Hoffen wir wieder vergebens?
18.00 Uhr: Der Wind hat durchgehalten. Nun gehe ich davon aus, daß wir »echten« Passat haben. Eine Feier ist fällig. Wir sind aufgeregt wie die Kinder, wenn der erste Schnee fällt.

»Ach, lieber Südwind, blas' noch mehr!« Angelika schiebt die Kassette mit dem Chor aus dem »Fliegenden Holländer« in den Rekorder. So sehr ich mir den Südwind wünsche, so schaudert mich doch ein wenig. Wagners Musik ist zu gut, läßt zu deutlich den Sturm erleben. So etwas höre ich doch lieber am Ankerplatz.
Zum Abendessen genießen wir ein köstliches Spaghettigericht mit Pilzen. Angelika ist nun wieder in geradezu übermütiger Stimmung. Sie öffnet eine Flasche Wein, ich bleibe bei Mineralwasser. Wir kennen kein anderes Gesprächsthema als den Passat. Ob er die Nacht durchhalten wird? Den nächsten Tag? Und ob wir von jetzt an die erwarteten größeren Etmale schaffen werden?

2. Dezember: Der Wind hat die Nacht über durchgehalten und sich damit als zuverlässig erwiesen. Wir sind wie verdreht vor Begeisterung. Angelika gesteht, daß sie schon nicht mehr richtig an den Passat geglaubt hat. Man hört und liest ja immer wieder von dramatischen Wetterveränderungen in den letzten Jahren.
Um 08.30 Uhr werden wir dann doch nervös, denn nun läßt der Wind nach. Nur noch elf Knoten, Stärke drei! Ich mache uns Mut: »Das ist völlig normal, wir sind erst am Rand der Passatzone; solange er nicht völlig aussetzt, haben wir allen Grund, zufrieden zu sein.«
Die Mittagsposition weckt neue Begeisterung: 160 Seemeilen als Etmal der letzten 24 Stunden!

Wir sind so aufgeregt, daß wir während des ganzen Tages über die schnelle Fahrt reden: Ja, der neue Unterwasseranstrich in Cairns wurde sorgfältig gemacht, nun ist das Boot so schnell wie noch nie...Gut, daß wir uns aller unnötigen Ausrüstung entledigt haben, das Boot ist dadurch viel leichter geworden ... Auch der Gewichtstrimm ist ideal, denn Angelika hat die schweren Konserven gezielt unterhalb der Wasserlinie gestaut ... So klopfen wir uns gegenseitig kräftig auf die Schulter.
Am Abend sitzen wir noch lange im Cockpit, freuen uns am Sternenhimmel und reden bereits über die zurückliegenden Plagen, als wären sie seit Ewigkeiten vorbei. Plötzlich sehe ich die Umrisse eines großen Tankers etwa 30 Grad voraus. Aufregung! Das erste Schiff, das uns begegnet.
Angelika schaltet sofort: »Wir sollten ein Telegramm aufgeben, über UKW.«
Ich bin kein guter Telefonierer und ein Funker schon gar nicht. »Ich schlage vor, *du* rufst das Schiff an. Wenn die eine Frau hören, sind sie sowieso zugänglicher.«
Angelika greift mutig zum Hörer. »This is the German yacht *Solveig* ...« Ihre Mitteilung, daß wir noch fünf Monate auf See sein werden, bis wir einen Hafen anlaufen, macht Eindruck. Der Kapitän ist bereit, das Telegramm für uns abzusenden.
Nun bin ich an der Reihe, denn mit den Formalitäten für ein Telegramm kennt sich Angelika noch nicht aus. Auch für mich ist es das erste Mal. Aber ich buchstabie-

re fleißig die Adresse von Angelikas Mutter. Das Schiff heißt *Hermes* und steuert in den Persischen Golf. Die Crew ist davon nicht sehr begeistert, da im Irak Krieg droht.
Eine Stunde später, der Tanker ist längst außer Sicht, ruft der Kapitän nochmals an und verabschiedet sich. Wegen der Entfernung ist er nur noch schwach zu hören, aber ich verstehe: Das Telegramm ging durch, und zwar direkt an Norddeich Radio.
Wir sind noch stundenlang berauscht von unserem Erfolg, ein Telegramm abgeschickt zu haben. Position: 13° 20′ Süd, 105° 3′ Ost. Zu unserer guten Stimmung trägt auch das Passatwetter bei. Man muß das wohl selbst erlebt haben, um die Gefühle eines Seglers verstehen zu können, der diesen Wind zu fassen bekommt.

Im Indischen Ozean

Zwei Tage nacheinander schafften wir jeweils 160 Seemeilen! Dann wurden wir von Regenschauern geplagt, die erhebliche Richtungsänderungen des Passats verursachten. Leider konnten wir dabei unseren Wassertank nicht auffüllen, da der Seegang zu stark war und ständig Salzwasserfluten über Deck schossen, sodaß wir den Tankdeckel nicht öffnen durften. Schade, denn ich hatte in Cairns vom Segelmacher einen Trichter mit 80 cm Durchmesser aus Plastiktuch anfertigen lassen, den wir am Mast befestigen konnten, um Regenwasser, das vom Segel ablief, aufzufangen und durch einen Schlauch in den Tank oder in einen Kanister zu leiten.

5. Dezember: Nach sehr unruhiger Nacht mit Kopfschmerzen aufgewacht. Die Windstärke hat sich eingespielt bei 16–24 Knoten (Beaufort 5–6), dabei machen wir 6–7 Knoten Fahrt. Das heutige Etmal betrug nur 150 Seemeilen wegen Richtungswechsel des Windes in den Regenschauern.

Angelika war besonders nachts unermüdlich aktiv mit Aufstehen, Nachsehen, Fieren oder Dichtholen der Schoten. Am Vormittag ging das Spiel weiter. Es war bewölkt und die See durch hohe Dünung von verschiedenen Seiten recht kabbelig. Das unaufhörliche Rollen, Stampfen und Rucken des Bootes machte mich mürbe. Dabei war erst ein reichlicher Monat vergangen, ein Sechstel der geplanten Zeit bis Emden. Daran durfte ich gar nicht denken, es machte müde. Die guten Etmale dagegen machten mich glücklich. Das Orkanrisiko wurde geringer, je eher wir an Mauritius vorbei sein würden.
Ich hätte Reparaturen durchführen sollen. Die Anzeigen der Instrumente im Cockpit hatten sich gelockert, eine Platine mußte abgeschraubt werden. Die Interface-Box und die Halterung des GPS-Satnav waren überflüssig geworden und konnten abmontiert und verpackt werden. Auch ein Filterwechsel am Motor war seit Wochen fällig. Aber ich fühlte mich bei den wilden Bewegungen des Bootes zu matt für diese Arbeiten.

6. Dezember: Heute ist Nikolaus, und ich überlege, wie ich A. überraschen könnte. Aber mir fällt nichts ein – ich habe leider für die vielen großen Feste, die wir auf See erleben werden, nichts vorbereitet, nichts eingekauft. Schade, es hätte soviel Freude gemacht und die Gleichförmigkeit der Tage unterbrochen. Nun ist es zu spät! Zu spät – das ist ein schrecklicher Gedanke. Wie oft war es schon zu spät in meinem Leben, wenn ich jemandem eine Freude hätte machen können, aber mich nicht schnell genug entschließen konnte oder den Termin einfach vergaß. Wie oft hätte ich meiner Mutter durch eine kleine Aufmerksamkeit, einen Anruf oder ein Kärtchen die Einsamkeit ihrer alten Tage erleichtern können!

Mich bedrücken auf See, weit entfernt vom Getriebe des Alltags, ganz besonders die Gedanken an Versäumtes oder an gute Taten, die von mir erwartet wurden und die ich unterlassen habe. Selbstvorwürfe verfolgen mich im Traum und im Wachen. Was sind wir Menschen doch für unvollkommene Geschöpfe! Und da wird von ewigem Leben geredet. Wer weiß denn, was Ewigkeit ist? Ich erinnere mich an Predigten in der Kirche, wo der Pfarrer die Stirn hatte zu sagen: »Gott will dies oder jenes nicht!« Und auf der anderen Seite hörte ich die Materialisten, die allen Ernstes glauben, nach dem Tod sei alles vorbei. Natürlich kann im Strom des Lebens nicht plötzlich »Ende« sein. Was wir gedacht und gewirkt haben, das besteht weiter, und wir sind darin verwoben.
Was für Gedanken mitten auf dem Ozean ... Und dabei strahlt die Sonne vom blauen Himmel. Die See ist aufgewühlt, leuchtet in tiefstem Blau.

7. Dezember: Nachts wieder wechselnde Windrichtungen. Ich war nur dreimal auf, während Angelika wie immer bei jedem verdächtigen Geräusch, beim Schlagen der Segel aufstand, Richtung und Stärke des Windes prüfte. Es fällt mir

verdammt schwer, wenn ich tief geschlafen habe, mich wach zu rütteln.
Heute morgen hat der Passat wieder zugelegt und jetzt, am Nachmittag, haben wir Stärke sechs. Der Indische Ozean ist der windmäßig härteste, stelle ich wieder fest. Dabei segeln wir in einer Jahreszeit, in der der Passat eher schwächer weht als im September oder Oktober. Auch deshalb habe ich die Zeit für die Überquerung so spät gewählt.

Ich setze alles Tuch, das wir haben, Genua, Groß und Besan. Das Boot segelt wie verrückt, kommt manchmal sogar ins Gleiten. Beim ersten Tageslicht finden wir über ein Dutzend fliegende Fische an Deck. Sie werden durch unser Licht angelockt. Wir lassen die ganze Nacht über eine kleine Lampe brennen, um uns sofort zurechtfinden zu können. Strom haben wir genug zur Verfügung. Der Wellengenerator lädt fleißig, die Batterien sind voll und versorgen die Instrumente, den Satnav und den Autopiloten.
Am Nachmittag stelle ich die Uhren um zwei Stunden zurück. Wir sind seit Cairns 30 Grad nach Westen gesegelt. Wir haben auch Süd gemacht, das heißt, wir sind nach unserem Schwenk nach Norden wieder auf der Breite von Cairns angekommen. Die fürchterliche Hitze hat nachgelassen, sogar mittags messen wir nur 26 Grad. Das spart Schweiß und macht das Leben leichter. Ich muß unseren Getränkevorrat nicht mehr so plündern. Für die Nacht hat Angelika erstmals Decken bereitgelegt.

8. Dezember: ein Traum von blauer See und leichtem Wind! Ich sitze mit Angelika stundenlang im Cockpit, wir unterhalten uns und genießen den Anblick des dunkelblauen Wassers, das, von leuchtend weißem Schaum gekrönt, in mächtigen Wellen von achtern heranrollt, neben dem Boot majestätisch vorbeizieht und sich dann in der endlosen Weite verströmt. Seit Tausenden von Jahren rollen die Wellen hier in immer gleicher Formation nach Westen.

Reparaturen, Reparaturen …

Ich nutze das gute Wetter für eine größere Aktion: Der für uns so wichtige Wellengenerator hat sich mal wieder in seiner Halterung losgerüttelt. Die Bolzen müssen nachgezogen, der Keilriemen gespannt werden. Dazu krieche ich in den engen Motorraum, Angelika reicht mir das nötige Werkzeug und hält die Lampe. Meine Knie und Füße schmerzen von den Verrenkungen, die ich machen muß, um an die Bolzen heranzukommen. Dabei rollt das Boot unaufhörlich. Nach einer Stunde krieche ich aus der Motorraumhöhle, schweißüberströmt, ausgelaugt. Ich erhalte eine Extraration Süßwasser, um mich damit gründlich zu reinigen. Anschließend erwartet mich eine besonders leckere und reichhaltige Mahlzeit.

9. Dezember: Um 05.00 Uhr früh überrascht uns eine heftige Regenbö mit hohen Windstärken. Stolpern nackt aus unseren Kojen an Deck, bergen frierend und naß die Genua. Um 08.00 Uhr können wir das Segel wieder setzen, nachdem sich das Wetter normalisiert hat.

Die Dünung rollt bedrohlich heran, etwa vier Meter hoch, der Himmel ist von Regenwolken verhangen. Wir hören Geräusche an der Ruderanlage und am Autopiloten und nehmen die Matratzen samt Sperrholzplatten in der Achterkajüte heraus. Eine Stunde beobachte ich die Anlage. Alles scheint in Ordnung, wahrscheinlich ist der Druck auf Ruder und Schubantrieb bei der Dünung zu groß. Aber es wird schon gutgehen. Ich fette und öle alle beweglichen Teile und nehme mir von jetzt an häufigere Kontrollen vor.

14. Dezember: Sehr deprimiert aufgewacht. Ohne Grund, da Wetter gut, nur der Passat sehr kräftig. Das hat mich in der Nacht im Schlaf verfolgt, die Angst, daß das Boot bei zu hoher Geschwindigkeit – wir machen zeitweise zehn Knoten – aus dem Ruder laufen und querschlagen könnte. Von Hand ließe sich jetzt sowieso nicht dauernd steuern, aber der Computer des Autopiloten arbeitet hervorragend.

Obwohl ich 1977 die Überfahrt zwei Wochen früher begonnen hatte als diesmal, haben wir meine damalige Zeit »eingeholt«. Am Vortag standen wir genau auf der gleichen Position, auf der ich mich schon am 24. 10. 69 und am 7. 12. 77 befunden hatte! Das ist wieder ein Grund zum Feiern: Angelika macht breite Nudeln mit Muscheln und einer delikaten Basilikumsoße. Wenn ich ihr so zusehe, wie sie vor dem Herd hantiert, bin ich voller Bewunderung. Wie sie es schafft, bei den ruckartigen Rollbewegungen des Bootes mit Töpfen und Pfannen klar zu kommen, das ist allein schon eine sportliche Leistung. Ich selbst bin körperlich sehr angegriffen, habe einen ersten Durchhänger.
Der Passat verhält sich launisch, bringt uns mal Regen,

Zum Frühstück nehmen wir täglich Vitaminpillen, um körperlichen Mangelerscheinungen vorzubeugen.

mal Starkwind, mal leichten Wind und klaren Sonnenschein. Traumhaft schöne Sonnenuntergänge heben die Stimmung. *Das Meer ist unendlich,* schreibe ich ins Logbuch, *wir segeln und segeln und segeln - nie weniger als 130 Seemeilen von Mittag zu Mittag.*

Und niemals eine Nacht, in der wir wirklich schlafen können, niemals ein Morgen, an dem ich erholt aufwache. Das schafft mich mit der Zeit. Dabei hätte ich allen Grund zur Freude, denn wir nähern uns Mauritius, liegen gut im Zeitplan. *Solveig* schafft Spitzengeschwindigkeiten bis zu zehn Knoten.

Ich sitze am Kartentisch, gebannt auf den Windstärkeanzeiger starrend, und überlege.

»Meinst du, es geht noch? Können wir die Fock noch stehen lassen?« Angelikas bange Frage quält mich. Das Boot hält zwar eine Menge aus, aber es gibt Grenzen, vor allem für die Steuerung.

Ich kritzle ins Logbuch: *Kann kaum schreiben, so schleudert das Boot. Wir schießen von den Wellenbergen, laufen quer, kommen wieder auf, ein Hexentanz.*

Am 18. Dezember um 22.00 Uhr müssen wir endlich doch die Fock bergen. Drei Stunden später weckt mich Angelika: starke Geräusche am Ruder und am Autopiloten! Selbst im Tosen der Wellen ist das Quietschen und Knarren noch zu hören. Wieder heben wir Polster und Holzplatten aus der Achterkajüte heraus. Ich horche, lege ein Ohr ans Getriebe der Schubstange und an den Ruderquadranten. Die Holzstreben - dicke Balken, an denen der Antrieb für den Rudermotor befestigt ist - bewegen, biegen sich unter dem übergroßen Druck. Sie verursachen das quietschende Geräusch. Ich ziehe die Bolzen der Verschraubung nach, fette die Schubstange und das Lager des Ruders. Sonst scheint alles noch in Ordnung zu sein.

Ein Schaden an der Ruderanlage müßte in diesem einsamen Seegebiet, bei dem gewaltigen Seegang, katastrophale Folgen haben.

Die Angst sitzt mir im Nacken.

In der Beschreibung des Autopiloten steht, man soll keineswegs bei kräftigem achterlichem Wind steuern. Und wir tun genau dies, schon seit Wochen, bei überdimensional hohen Wellen!

Ich war mir immer bewußt, daß die Stärke aller Geräte, allen Materials vom Hersteller nur für die relativ kurzen

Zeiträume des Segelns in heimatlichen Gewässern berechnet waren, nicht für die Dauerbeanspruchung über Monate und Jahre, die wir ihnen abverlangten. Der Indische Ozean ist nicht nur der wettermäßig tückischste und am ehesten zu Stürmen neigende Ozean der Welt, er hat in seinem südlichen Teil auch ungeheuerliche Dimensionen, die nur vom Pazifik noch übertroffen werden.
Am 19. Dezember hatten wir 5 211 Seemeilen seit Cairns zurückgelegt. 3 000 lagen noch vor uns bis zum Kap der Guten Hoffnung, und das war dann erst die halbe Strecke bis zur Heimat! Und jetzt gab es auch die ersten Ausfälle: Der Kompaß des Autopiloten blieb auf manchen Kursen hängen, und das Schalenkreuz der Windmeßanlage drehte sich nicht mehr; das Lager war nach zehn Jahren unermüdlichen Rotierens zerstört. Ich sah für die Montage eines neuen Schalenkreuzes (hatte ich als Ersatzteil an Bord) nur eine Möglichkeit: die Reparatur im Windschatten der Insel Rodriguez auf ruhigem Wasser auszuführen.
Am 20. Dezember nahmen wir Kurs auf Rodriguez. Im Radio hörten wir die Nachricht vom Rücktritt Schewardnadses und vom Kurssturz an der Frankfurter Börse. Die Neuigkeiten aus Europa und vom Persischen Golf beunruhigten uns zunehmend.
Im Schutz der Riffe von Rodriguez (die letzten Korallenriffe, die wir auf unserer Weltumsegelung sahen) ließ sich Angelika von mir mit dem Bootsmannsstuhl in den Großmast hieven und hatte trotz der Rollbewegungen des Bootes in einer Viertelstunde den neuen Geber montiert. Dies gelang so schnell dank der perfekten Konstruktion des Geräts und dank Angelikas technischem Geschick, das sie schon oft bewiesen hatte.

Vorbei an Mauritius

Wir hofften auf leichteres Wetter zu Weihnachten, aber vergeblich. Im Gegenteil, es briste wieder auf bis Stärke acht, und Regenschauer prasselten auf *Solveigs* Deck nieder. Aber wenigstens kamen wir vorwärts!

22. Dezember, 14.00 Uhr: Regenschauer. Böen bis 35 kn. Müssen wir Segel bergen? 17.00 Uhr: Schwere Schauer, Wind dreht, Wolkenbrüche und hoher Seegang.
18.00 Uhr: Wir bergen die Fock, drehen bei. Segeln hat keinen Zweck mehr.

23. Dezember, 10.00 Uhr: Über Nacht beigedreht. Passat kommt wieder durch. Setzen Fock erneut.

24. Dezember, Weihnachten. 07.30 Uhr: Ziemlich gräßliche Nacht mit Böen und viel Wasser an Deck.
11.00 Uhr: Zunächst schwarze Wolken, stürmischer Wind Stärke acht, dann Beruhigung.
12.30 Uhr: Wind hat sich normalisiert.
15.00 Uhr: Wind nimmt wieder zu. Viele Brecher übers Boot. Sehr naß! Wir bereiten Heiligabend vor. Hoffe auf etwas Ruhe für das Abendessen, das Angelika liebevoll geplant hat.
18.00 Uhr: Wir hören die Weihnachtsansprache von Weizsäkker.
19.00 Uhr: A. hat ein Bäumchen geklebt und Liebes geschrieben. Wir hören Toccata und Fuge von Bach, aufgenommen in der Dresdner Hofkirche.
19.30 Uhr: Leider nach kurzer Ruhe wieder Regenschauer und Böen bis Stärke sieben und acht. Wegen des Windes müssen wir die ganze Nacht aufbleiben. Wir segeln mit acht Knoten schrecklich schnell, aber ich will weiterkommen!

Wir hatten nach Rodriguez und Reunion jetzt auch die Insel Mauritius weit südlich passiert. Das wechselhafte Wetter, Anzeichen dafür, daß wir den Rand der Passatzone erreicht hatten, hielt mehrere Tage an.
Am 28. Dezember, nach einer windigen Nacht, war am Morgen die Hölle los: Wolkenbruch und Sturm! Es war der erste volle Sturm, der uns begegnete. Wir fürchteten einen Orkan. Der Barograph war tief abgesunken und zeichnete deutlich einen Trog. Außer dem verkleinerten Groß waren alle Segel geborgen.
Nach dem Sturm kam der ganz große Regen. Wir standen zwei Stunden lang nackt und frierend an Deck, fingen aber mit unserem Trichter soviel Regenwasser auf, daß der Tank am Ende bis zum Rand voll war und wir noch zwei 20-Liter-Kanister füllen konnten. Damit hatten wir wieder 700 Liter Wasser im Schiff, soviel wie zu Beginn der Fahrt!
Am Nachmittag setzte der Sturm erneut ein, flaute gegen Abend wieder ab. Das Wetter war und blieb launisch, unberechenbar, brachte uns mitunter Gegenwind. Wir mußten den Kurs ändern, waren beschäftigt mit Segelsetzen und -bergen. Dann endlich zeichnete der Barograph seine Kurve wieder aufwärts, wir hatten den Trog überstanden.
Am letzten Tag des Jahres war uns das Wetter vergönnt, das wir uns zu Weihnachten so sehr gewünscht hatten.

31. Dezember, 10.00 Uhr: Baro steigt langsam, aber stetig. Sonne scheint. Gute Stimmung. Ein Schauer. Wir fangen fünf Minuten lang Wasser auf und füllen mit unserem Trichter zwei Kanister. Keine Wassersorgen mehr für den Rest der Reise.
15.30 Uhr: Herrliches Wetter, und wir segeln guten Kurs.
19.00 Uhr: So schönes Wetter wie lange nicht!
23.00 Uhr: Das alte, liebe 1990 ist vorbei. Sehr müde. A. bleibt noch auf wegen der Vollmondnacht und wegen Jahreswechsel. Sie hängt wohl ihren eigenen Gedanken nach ...

1. Januar, auf 29° 25' Süd und 47° 45' Ost: ein Tag, wie man ihn sich zum Jahresanfang nicht schöner wünschen könnte. Sommerliche Wärme (26°), eine frische Brise, und die Solveig *segelt auf günstigem Kurs mit allen drei Segeln in Richtung auf ihr und unser großes Ziel: das Kap der Guten Hoffnung. Wir sitzen lange im Cockpit und unterhalten uns über Vergangenes und Zukünftiges.*

Wir sprachen über die Schwierigkeiten, die wir gemeistert hatten, und ich erzählte Angelika von den schönen Jahren, die ich als Junge in Dresden verbracht hatte, von den Schlössern meiner Verwandten und besonders von dem tausend Jahre alten Schloß Kuckuckstein meiner Großeltern. Unter den Zukunftsplänen nahm für mich der Wunsch, Dresden und Kuckuckstein wieder öfter zu besuchen, einen besonderen Rang ein.
Aber was sollte das Reden über Künftiges, solange wir noch auf den Weltmeeren kreuzten? Angelika mahnte mich, meine Gedanken auf die nächste wichtige Aufgabe zu konzentrieren: die Umrundung des Kaps. Bis dahin waren noch mehr als tausend Seemeilen sturmgefährdeter Ozean zu durchsegeln. Wir fühlten uns sehr klein gegenüber den Naturkräften, in deren Hand unser Schicksal lag. Der Gedankenausflug in Vergangenheit und Zukunft waren nur eine Art Neujahrsspaziergang.

2. Januar, auf 30° 34' Süd und 46° 18' Ost: Die erwartete Wetterwende bahnt sich an. Wie schön, daß uns noch der prächtige Neujahrstag vergönnt war. Seit 02.00 Uhr früh regnet es in ständigen Schauern.
Um 06.30 Uhr bläst uns der Wind aus Südwest entgegen. A. wendet das Boot, wir schießen mit Höchstfahrt nach Nordwesten. Bei Stärke sechs können wir nicht lange durchhalten. Wir bergen die große Fock und den Besan, segeln mit Groß allein in die aufgewühlte See. Trotz unseres nördlichen Kurses geraten wir weiter nach Süden. Offenbar hilft uns Neptun mit der Strömung. Der mächtige Agulhas-Strom schiebt. Wir spüren deutlich den Klimawechsel, die Temperatur ist um 2° gesunken.

Sturmvögel begleiteten uns oft stundenlang und beobachteten neugierig jeden Vorgang im Cockpit.

Von jetzt an war jede Stunde mit günstigem Wetter ein Geschenk. So machten wir uns daran, wichtige Papiere und Dokumente wasserdicht zu verpacken und Fächer auszuräumen, die beim Überkommen von dicken Brechern nicht trocken bleiben würden. Solange wir im Passat mit achterlichem Wind segelten, war nur wenig blaues Wasser an Deck gestiegen. Das mußte jetzt anders werden.

12.00 Uhr: Wie durch Zauberhand sind die Wolken verschwunden, der Wind hat zu unseren Gunsten gedreht, und wir segeln jetzt bei frischer Brise nach Westen. Freude, große

Freude. Noch 1350 Seemeilen bis zum Kap! Gegen Abend abflauender Wind, steigendes Barometer und angenehme Kühle.

Die Nacht wurde chaotisch. Wir mußten immer höher an den Wind gehen, um Kurs halten zu können, und die durcheinanderlaufende Dünung ließ das Boot rollen und stampfen. Die Segel schlugen von einer Seite zur anderen, und dieses Geräusch war absolut entnervend. Nicht wegen des Lärms, sondern wegen der Sorge, daß die Nähte des Segels sich lockern oder reißen könnten. Wir waren darauf angewiesen, mit der vorhandenen Ausrüstung die Reise durchzustehen. Deshalb bedeutete jede drohende Panne oder Beschädigung eine Sorge, die in keinem Verhältnis zum materiellen Schaden stand. Wert oder Geld hatten keine Bedeutung mehr, sondern nur unser Überleben und die Erhaltung des Bootes.

3. Januar, auf 31° 22' Süd und 43° 55' Ost: Angelika landete heute früh auf dem Boden, durch eine plötzliche Bewegung des Bootes von der Koje geschleudert. Sie hat Schmerzen, aber keine ernstliche Verletzung. Das Thermometer zeigt jeden Tag ein Grad weniger. Wir scherzen: »Wenn das so weitergeht, sind wir in 23 Tagen bei null Grad angelangt und in der Antarktis. Aber weiter als 35 Grad wollen wir nicht nach Süden. Der Ostwind heute ist uns deshalb besonders willkommen.

4. Januar, auf 31° 34' Süd und 41° 55' Ost: blauer Himmel, leicht dunstig, wenig Dünung. Ich fette und reinige alle Fensterverschlüsse und Bullaugen.

5. Januar, auf 31° 37' Süd und 41° Ost: Unser erster Blick nach draußen bringt eine Überraschung: Wir sind im Nebel! Dazu leichter Nieselregen. Barometer gefallen. Kein Wind, wir starten den Motor. Dafür haben wir die zusätzlichen Kanister an Deck mitgenommen. In dieser gefährlichen Region vor dem Kap wollen wir uns nicht länger als nötig aufhalten. Als wir das Groß bergen, entdecken wir einen Riß: Die Folge des Segelschlagens in der Nacht.

Angelika machte sich sofort an die Arbeit, aber mit einer normalen Nadel konnte sie das dicke Tuch nicht durchstechen. Ich fand eine dicke, krumme Nadel, mit der sie die Löcher vorstach. Ein mühsames Geschäft! Um 13.00 Uhr war sie mit dem Nähen fertig, und da fand ich die richtigen Segelnadeln. Hilfe! Angelika würde mich umbringen – *nach* unserer Ankunft!

Wir lachten wenig, die Nachrichten aus der Golfregion belasteten uns zu sehr. Der Krieg war unvermeidlich geworden.
Gegen Abend kam eine Brise auf, und wir konnten endlich segeln. Doch der Nebel war geblieben und wirkte in der Dunkelheit noch unheimlicher.

6. Januar, Dreikönigstag: ein Festtag zu Hause. Wir haben wenig Lust zum Feiern. Es herrscht weiter dichter Nebel und Nieselregen. Noch 1000 Meilen zum Kap. Wir haben den 40. Längengrad erreicht, und ich stelle die Uhren auf zwei Stunden vor Greenwich. Das ist schon deutsche Sommerzeit! Bei fallendem Barometer in der Dämmerung dichter Nebel, 50 Meter Sichtweite.

Am 7. Januar hatten wir bereits die ersten 7000 Seemeilen hinter uns gebracht. Ich notierte: »Es geht uns gut, keine Anzeichen echter Erschöpfung.« Wir nutzten das ruhige Wetter für die große Wäsche von Körper, Haaren und Kleidung. Der Schweiß der Tropen und die Salzwasserkruste wurden abgeschrubbt. Besonders Angelikas langen Haaren tat dies gut, da sie durch Salzwasser sehr gelitten hatten.

Sturm am Kap der Guten Hoffnung

Unsere Etmale erreichten manchmal weniger als 100 Seemeilen. Dennoch kam das berüchtigte Kap rasch näher, und unsere Anspannung wuchs. Angelika hörte fast ununterbrochen Radio Südafrika und freute sich über die gute Musik und den klaren Empfang. Am 11. Januar hörten wir betroffen eine für uns geradezu sensationelle Sendung. Angelika schrieb darüber in ihr Tagebuch:

Im Augenblick höre ich gerade ein Interview mit einer Amateurfunkerin. Sie berichtet über eine erfolgreiche Rettungsaktion für zwei Segler. Vor zehn Tagen, an Neujahr, geriet ihre Yacht in schweres Wetter und kenterte dreimal! Es drang soviel Wasser ein, daß sie ihr Boot aufgeben mußten. Nach einem dramatischen Funkkontakt, in dem es der Frau des Skippers gelang, einem Amateurfunker ihre Position zu übermitteln, mußten sie ihr sinkendes Boot verlassen und in die Rettungsinsel steigen.
Die Funker alarmierten die Rettungsdienste, und nach 36 Stunden konnten die beiden Segler dank ihres EPIRB-

Im Sturm vor dem Kap der Guten Hoffnung. Alle Segel sind geborgen. »Es weht und weht. Wüster Seegang . . . Wir sind sehr, sehr müde von den schlaflosen Nächten und schwach in den Knien«, schrieb ich ins Logbuch. Trotzdem mußte Angelika in den Besanmast steigen, um losgerissene Kabel zu sichern.

Geräts geborgen werden. Die Radiostation brachte die original aufgezeichneten Funkgespräche mit der Crew der sinkenden Yacht. Die vor Angst erstickte Stimme der Frau zu hören, wie sie rief, daß das Wasser im Boot steigt und sie nur noch wenige Minuten senden kann, war furchtbar. Ich versuche nicht daran zu denken, daß wir weder über Amateurfunk, noch über ein EPIRB-Gerät verfügen ...

Die Sendung ging uns wirklich unter die Haut, weil wir uns im selben Seegebiet an Bord einer kleinen Yacht befanden. Aber auch wir hatten Rettungsmittel an Bord und hofften im übrigen, daß es nicht zum Schlimmsten kommen würde.

12. Januar, 12.00 Uhr: Ideales Segelwetter unter wolkenlosem Himmel. Segeln sehr ruhig, wochenendmäßig. Angelika näht meine Jeans.
20.30 Uhr: Sind ziemlich nahe der Küste auf meinem Kurs von 1977. Zum dritten Mal in meinem Leben vor der Küste Südafrikas!

13. Januar, 10.00 Uhr: Sturm. Hohe See. Vor Algoa Bay. Wir werden in der Kajüte herumgeworfen wie Bälle. Brecher knallen gegen die Bordwand und ins Cockpit. Baro fällt wieder.
20.00 Uhr: Seit 16.00 Uhr völlige Ruhe. Kaum Dünung, wenig Wind. Erholung! Der Dreizehnte geht zu Ende.

15. Januar, 08.30 Uhr: Großtanker Cape Asia *sehr nahe, kreuzen seinen Kurs mit 200 Meter Abstand. Gewaltiges Ding! Muß 200000 Tonnen haben. Wir sind in der Schifffahrtsroute.*
09.30 Uhr: Bohrinsel an Steuerbord voraus! Ein Riesenungetüm und nicht in der neuesten Karte eingezeichnet, die ich eigens noch in Cairns gekauft habe. Korrigiert bis 1990 einschließlich. Welche Gefahr im Nebel bei Nacht ohne Radar!
10.15 Uhr: Der Baro fällt seit Mitternacht.
12.00 Uhr: Baro fällt jetzt steiler. Heiter und bestes Segeln.
17.00 Uhr: Der Baro ist weiter gesunken. Der Himmel ist grau und gefällt mir nicht. Heute ist Neumond. Wetterwechsel?
17.30 Uhr: Wolkendecke bedrohlich. Scharen von Seevögeln schwimmen und fliegen um uns herum. Auch Albatrosse.
17.45 Uhr: Plötzlich Westwind und dunkle Wolken. Dann Windstille. Motor ein.
18.00 Uhr: 100-Meter-Tiefenlinie der Agulhas-Bank gekreuzt. Nur noch 74 m Wasser unter uns.
20.00 Uhr: Plötzlich Starkwind aus Nordwest. Wir bergen eilig Groß und Besan. Aber zu spät! Wind inzwischen Stärke acht, Großsegel am Liek gerissen!

Hätten wir das Segel fünf Minuten früher geborgen, wäre uns der Riß erspart geblieben. Aber wegen der tiefhängenden Wolken herrschte pechschwarze Nacht, deshalb hatte ich den Seegang nicht beobachten können. Es war unheimlich und furchterregend, was sich draußen entwickelte. Der tiefe Barometerstand sprach eine drohende Sprache. Ich wußte, daß wir nun doch einen schweren Sturm erleben würden, wie ich ihn auch die beiden vorigen Male am Kap durchgemacht hatte. In dem größeren Boot fühlte ich mich keineswegs sicherer, und wie zur Bestätigung donnerten die ersten dicken Brecher gegen die Bordwand.

Der Wind heulte und pfiff in der Takelage. Ich saß am Kartentisch, hielt mich mit zwei Händen fest und beobachtete sorgenvoll den Windmesser. Der Zeiger stand bei 35 Knoten und bewegte sich langsam höher auf 40 und 45, mitunter auf 50. Also hatten wir zeitweise Windstärke neun bis zehn. Bei solcher Gewalt des Sturms kann alles geschehen, nichts ist vorhersehbar. Wenn es eine schwache Stelle gibt, am Mast oder in der Takelage, dann merkt man es erst, nachdem das Unglück geschehen ist.

Das Boot lag immer wieder eine Weile ruhig, niedergedrückt vom Wind, dann plötzlich sprang es über einen Brecher oder wurde von ihm getroffen wie von einem Geschoß; oder es fiel von einer steilen See und rutschte an der Wellenwand ab, um mit fürchterlichem Getöse im Wellental aufzuschlagen. Wir sprachen kaum miteinander, denn wir wußten, daß uns die gleichen Gedanken beschäftigten: die Angst vor einer Wiederholung unserer Kenterung vor Grönland 1983. Und wir hatten beide vollauf damit zu tun, uns irgendwo einzuklemmen, wo wir nicht stürzen konnten. Am Kartentisch wurde ich oft seitlich herausgeworfen, hielt mich dann am Handlauf des Niedergangs fest, um nicht in die Pantry zu fliegen. Einmal landete ich dennoch auf dem Herd. Es ist sehr schwer, sich zu sichern, wenn man beweglich bleiben will, aber nie weiß, aus welcher Richtung der nächste Stoß erfolgt.

Die Schläge der anstürmenden Wellen wurden nach Mitternacht häufiger und vor allem heftiger. Konserven rollten mit Gepolter unter den Kojen heraus, in der Werkstatt krachte ein Gerät gegen die Wandung.

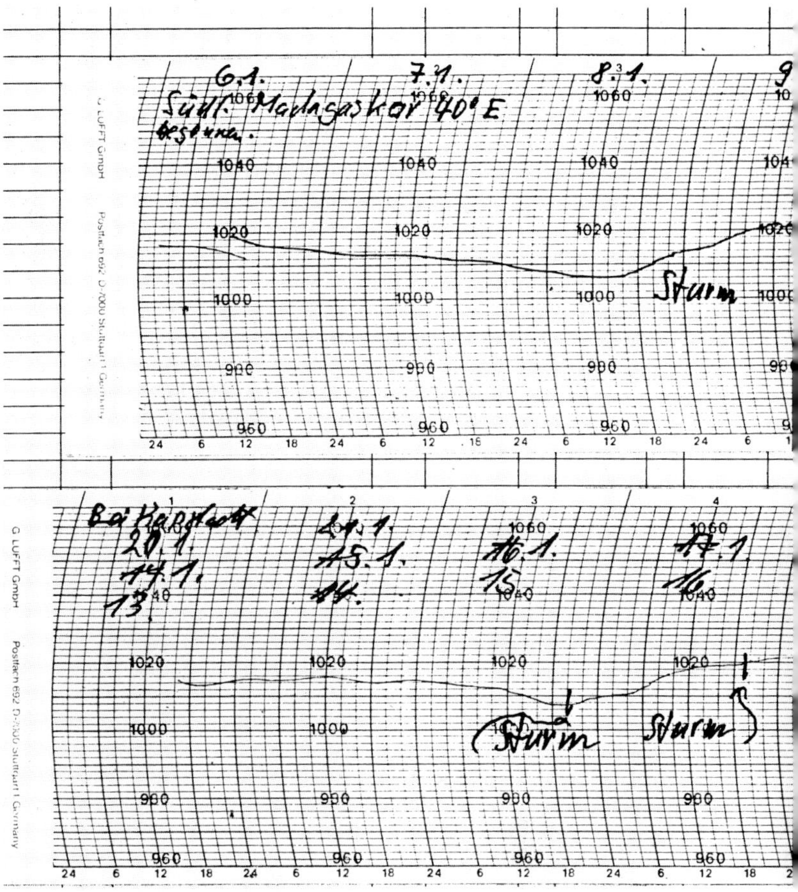

Barographenkurve der letzten Tage im Indischen Ozean. Das Absacken am 8. und 15. Januar auf fast 1000 mb zeigt den schweren Sturm an, der uns vor Kapstadt überfiel.

Ich reagierte nicht, es gab Wichtigeres. Ich sah nach Angelika, die im Achterschiff (dem Platz, den sie sonst am wenigsten liebte) bäuchlings auf der Koje lag. Es ging ihr noch einigermaßen. «Alles in Ordnung, mir fehlt nichts», keuchte sie.

In den Morgenstunden nahm der Wind weiter zu. Manchmal mußte das Boot unter Brechern regelrecht begraben sein, denn Wasser schoß aus den (zugeschraubten) Lüftern. Plötzlich knallte mir ein harter Gegenstand, eine schwere Box mit Geräten, aus einem Schapp heraus an den Kopf: Nasenbluten, Schwellung, ziemliche Schmerzen.

Als ich kurz das Luk öffnete, sah ich den weißen Schaum der Brecher als undeutlichen hellen Streifen hoch über mir. Die Wellen mußten eine unglaubliche Höhe haben. Schnell wieder das Luk geschlossen!

Um 07.00 Uhr zog ich Ölzeug an und stieg ins Cockpit, das Luk hinter mir fest schließend. Der erste Blick in die Runde zeigte mir das atemberaubende Panorama der gigantischen See. Sechs, acht Meter hoch waren die Wellen ringsum. Dann sah ich: Am Besanmast flogen zwei Kabel in weitem Bogen wie lose Leinen im Wind! Ich kroch hin und erschrak, als ich erkannte, daß es die Antennenkabel für Satnav und UKW-Funk waren, die da in der Luft flatterten. Sie waren bei den harten Stößen aus der Mastkeep gerissen worden und drohten, jeden Augenblick zu brechen. An eine solche Möglichkeit hatte ich nicht im Traum gedacht.

Wir mußten die Kabel sichern. Der UKW-Funk war unsere einzige Möglichkeit, Angelikas Mutter Nachricht zukommen zu lassen oder Verbindung mit einem anderen Schiff aufzunehmen. Und der Satnav war als Navigationsgerät sogar noch notwendiger, besonders bei bewölktem Himmel, wenn eine Gestirnsmessung mit dem Sextanten nicht möglich war. Ich schilderte Angelika den entstandenen Schaden. Sie rappelte sich sofort auf, hüllte sich in Ölzeug, und als wir draußen waren und das Luk wieder fest verschlossen hatten, kroch sie mit mir zum Besan. Die Angst, bei einem plötzlichen Stoß des Bootes über Bord zu gehen, ließ uns nur zentimeterweise vorankommen. »Hast du Halt?« – »Paß auf, ein Brecher!« – »Ich gebe dir die Hand!« – »Leg deinen Arm um meine Beine!« So riefen, nein, schrien wir uns zu, manchmal mehrfach, um uns über dem Brüllen des Sturms verständlich zu machen.

Ich glaube, das Tosen der Elemente, das Pfeifen und Heulen, ist noch beklemmender als der Anblick der Wellen. Wortlos griff Angelika nach ein paar Bändseln, nahm sie zwischen die Zähne und zeigte nach oben. Sie wollte auf den Mast klettern! »Das geht jetzt nicht, zu gefährlich!« schrie ich ihr zu. Sie schüttelte den Kopf. »Ich muß!« zischte sie. »Hilf mir!«

Zusammen machten wir uns an die Arbeit. Angelika kletterte tatsächlich drei Meter am Mast hoch. Ich fing die Kabel ein, hielt sie, Angelika griff zu und knotete sie mit den Bändseln an den Mast. So konnten sie nicht mehr frei durch die Luft peitschen.

Danach fielen wir erschöpft auf den Cockpitboden. Mir hatte diese Aktion nicht behagt, aber Angelika verhielt sich vorsichtig, und die Sicherung der Kabel war notwendig gewesen, um größeren Schaden zu vermeiden.

Anschließend verkroch sie sich wieder mit Ölzeug und Decke in ihre Koje. Wir hörten Nachrichten im Radio

und erfuhren vom Ausbruch des Golfkriegs. In dieser Stunde bekam Angelika einen Schock, ohne daß ich es sofort gemerkt hätte.
Die Nacht war vorbei, der Wind hatte etwas nachgelassen, pfiff aber noch immer mit Stärke neun. Ich begann, wieder Eintragungen ins Logbuch zu machen:

16. Januar, 11.00 Uhr: Angelika geht es schlecht. Übelkeit. Sie weint und spricht nicht. Es ist ziemlich höllisch in der Kajüte, von draußen nicht zu reden.

Die schreckliche Nacht mit donnernden Brechern, meiner Verletzung und eigener Angst, zusammen mit Krise und Krieg im Irak, all das war zuviel für Angelika. Sie weinte, war mit den Nerven fertig, konnte nicht essen, litt an Übelkeit und Erbrechen. Es kam wirklich alles zusammen, auch das zerrissene Segel und die heraushängenden Kabel, die es uns unmöglich machten, bei Wetterbesserung ein Segel am Besanmast zu setzen.

16.00 Uhr: Bin total übermüdet. Zwei Tage und eine Nacht am Machen. Wie damals im kleinen Boot hat es mich wieder mit einem schweren Sturm gepackt.

Wie Felswände liefen die Wogen auf uns zu. Entweder hob sich dann das Boot weit in die Höhe, verschaffte uns einen irren Ausblick auf Täler und Hügel, oder die Wassermassen knallten gegen die Bordwand und warfen uns ein paar Meter zur Seite, so daß jeder bewegliche Gegenstand durch die Kajüte flog. Auch das kostete Nerven. Nur langsam ging der Wind auf Stärke acht zurück, der Seegang begann endlich abzunehmen. Plötzlich aber krachten noch einmal Riesenbrecher gegen und über das Boot. Ein solcher Brecher deckte uns total zu, es wurde dunkel, und das ganze Schiff schien unterzutauchen. Wasser schoß durch die Ritzen des Steckschotts bis auf den Kartentisch. Als ich das Schiebeluk öffnete, sah ich das Cockpit, mit Wasser gefüllt wie eine Badewanne. Aber das war der letzte Schlag.

Tafelberg in Sicht!

17.30 Uhr: Baro dramatisch gestiegen! Wir bekommen eine Position und sind erschrocken, wie weit wir abgetrieben wurden. Angelika hat noch immer nichts gegessen oder getrunken. Sie fragt leise: »Können wir nicht etwas motoren?« Das Gefühl, daß wieder Leben ins Boot kommt, wäre schön, aber es ist ausgeschlossen. »Die See geht noch immer vier bis fünf Meter hoch. Wir müssen noch eine Nacht warten und weiter treiben.« Angelika nimmt meine Antwort unbewegt hin. Hat sie überhaupt gehört, was ich sagte?
18.00 Uhr: Es geht aufwärts! A. ist bereit, eine Suppe heiß zu machen und selbst mitzuessen. Einen solchen Zusammenbruch hätte ich nie erwartet bei ihr, dennoch hat sie bei allen wichtigen Arbeiten geholfen. Es gab viele Tränen, und ich konnte nichts für sie tun.
17. Januar, 05.40 Uhr: Beim ersten Tageslicht wird klar: die See hat sich soweit beruhigt, daß wir motoren können. A. fühlt sich besser. Frühstück.
14.00 Uhr: Das Groß ist getrocknet, ich kann es provisorisch kleben und anschließend setzen. Wir hoffen auf 24 Stunden ruhiges Wetter. Das genügt vielleicht, um die restlichen 140 Seemeilen zum Kap zu schaffen.
16.00 Uhr: A. sitzt im Cockpit und freut sich an den vielen Albatrossen, die um das Boot kreisen. Die frische Luft und ein Mittagessen haben sie munter gemacht, aber sie ist noch sehr schwach. Ein Tanker begegnet uns. Die inzwischen ruhige Dünung geht noch immer so hoch, daß der ganze 100 000-Tonnen-Riese im Wellental bis zur Mastspitze verschwindet.
20.30 Uhr: Groß geborgen, kein Wind mehr. Motor an, um das Kap morgen runden zu können und kein neues Wetterrisiko einzugehen.
23.30 Uhr: Wir haben das Kap Agulhas, die Südspitze Afrikas, in 30 sm Abstand passiert. Welch ein Höhepunkt in meinem Seglerleben!

8. Januar, 05.00 Uhr: Kursänderung auf DAS KAP!
09.00 Uhr: Noch 45 Seemeilen bis zum Kap der Guten Hoffnung! Unser großes Ziel ist ganz nahe, doch leider können wir uns nicht so gewaltig freuen, da die Nachrichten vom Irak-Krieg alle sonstigen Gefühle überlagern. Schade. Dies sollte der große Tag unserer Fahrt sein.
10.00 Uhr: Leichte Brise. Wir setzen Segel. Motor aus. Wir kommen ordentlich vorwärts und sind froh, daß wir unseren knappen Kraftstoff sparen können.
12.00 Uhr: Noch immer Kopfschmerzen von der Nasenbein-Verletzung, die ich mir im Sturm zugezogen habe. Windstärke vier, sonnig.
15.00 Uhr: DAS KAP IST IN SICHT!
18.00 Uhr: Wir sind am Kap, ganz nahe, und mitten in den Schiffen, die in endloser Reihe hier den kürzesten Weg zum Atlantik suchen. Angelika ist sehr aufgeregt und nun doch in Hochstimmung. Die Freude über unseren Erfolg ist so groß, daß er ihre Verzweiflung über den Krieg verdrängt.

18. Januar: Halbzeit am Kap der Guten Hoffnung. Wir sind erleichtert und ziemlich erschöpft.

22.00 Uhr: Wir drehen bei, da wir Kapstadt bei Tageslicht sehen wollen und ein Telegramm über die Küstenfunkstelle aufgeben möchten.

19. Januar, 07.00 Uhr: Grausame Nacht. Konnten nicht schlafen wegen der vielen Schiffe.
08.00 Uhr: Der Fluxgate-Kompaß der Selbststeuerung ist ausgefallen! Hoffnungslos. Wahrscheinlich durch die harten Schläge im Sturm aus der Kardanikaufhängung gerissen. Ich glaube, ich habe ein Ersatzgerät an Bord. Suche ...
Gerät gefunden. Bin sehr stolz auf diese Vorsorge. Viel Arbeit in meinem übermüdeten Zustand, beigedreht lavieren mitten im Schiffstrek am Kap. Aber gegen Abend ist der neue Kompaß eingebaut und verkabelt.

20. Januar, 07.00 Uhr: Überwältigender Anblick: das Tafelgebirge im Schein der Morgensonne! Wie ein Märchenschloß werden die Felswände im Dunst sichtbar. »Wie ist das schön! Unglaublich!« freut sich Angelika. »Ich hatte ja keine Ahnung, daß das Kap so eine tolle Landschaft ist.«
11.00 Uhr: Wir haben die Antennenkabel in den Besanmast eingezogen und die Anschlüsse montiert. Schwere Entscheidung: Sollen wir doch in Kapstadt unterbrechen und das GPS-Navigationsgerät reparieren lassen? Außerdem sind wir sehr erschöpft, könnten uns dort erholen. Aber dann wäre die gesamte Zeitplanung hinfällig. Nein, wir segeln weiter!
16.00 Uhr: Vor Kapstadt. In der Table Bay lassen wir das Boot auf geschütztem Wasser driften und telefonieren über die Küstenfunkstelle zum ersten Mal vom Boot aus mit Angelikas Mutter. Ich bestätige den geplanten Ankunftstermin (4. Mai) für Emden. Hervorragende Verständigung und Freude über die geretteten Antennenkabel. Aber zu müde zum Feiern.

19.00 Uhr: Haben 8000 Seemeilen hinter uns, die erste Hälfte! Setzen Segel und weiter!

Im Atlantik Richtung Äquator

Am 21. Januar lag Kapstadt außer Sichtweite. Unser neuer Kurs hieß Nordwest, ungefähre Richtung: die Insel St. Helena. Wir begegneten einem Wal, mehreren Robben und zwei Pinguinen, alles Tiere, die im antarktischen Benguelastrom leben. Es war für unsere Begriffe sehr kalt, Luft 22 Grad, Wasser nur 15 Grad. Aber bald würde es wärmer werden.
Doch das erhoffte angenehme Wetter des Südatlantiks fanden wir nicht, im Gegenteil: Eine scheußliche Dünung aus verschiedenen Richtungen und zeitweise stürmischer Wind machten uns das Leben schwer. Ich schrieb: »*Es weht und weht. Die See türmt sich, und der Windmesser zeigt manchmal wieder Stärke acht. Dazu wüster Seegang, der die Selbststeuerung aus dem Tritt bringt. Wir müssen dann neu einstellen oder warten, bis sich die See beruhigt hat. Es ist nicht mehr so kalt, dennoch schlafen wir unter zwei Decken und in voller Kleidung.*«

Am 24. Januar hatten wir im Sturm wieder einmal alle Segel geborgen und ließen das Boot treiben. Auch danach blieb der Wind so stark, daß wir eine Woche lang

nur mit der kleinen Fock segelten, dabei aber immer noch fünf Knoten und mehr liefen. Und das, obwohl unser Unterwasserschiff trotz des frischen Antifoulinganstrichs von Cairns inzwischen einen dichten und langen Bewuchs angesetzt hatte. Wenn ich mich über die Reling beugte, konnte ich einen ganzen Wald von Muscheln bewundern. Unsere Geschwindigkeit und unsere Möglichkeit, hoch am Wind aufzukreuzen, waren dadurch stark beeinträchtigt: ein Umstand, der uns noch viel Kummer bereiten würde und alle Berechnungen über den Haufen werfen konnte.
»*Wir sind sehr, sehr müde von den schlaflosen Nächten und schwach in den Knien*«, schrieb ich ins Logbuch. Wir wollten es uns noch nicht eingestehen, aber die Ermüdung kam nicht nur vom Mangel an Schlaf. Ich fühlte deutlich, wie ich anfing, gleichgültiger zu werden und jede Anstrengung zu meiden. Plötzlich konnte ich in der Achterkajüte nicht mehr schlafen, die heftigen Bewegungen des Bootes machten mich verrückt. So veranstalteten wir ein großes Umräumen und verbreiterten die Koje im Salon, damit wir nebeneinanderliegen konnten. Das war eng, aber mittschiffs schienen mir die Bewegungen erträglicher zu sein.
Am 26. Januar besserte sich das Wetter. Ich konnte wieder Überlegungen für die weitere Fahrt anstellen und setzte mein Logbuch fort:

Wir nahmen heute die Atlantik-Wetterkarte zur Hand und diskutierten über die Route »hinter dem Äquator«. Auf jeden Fall ist die Sturmhäufigkeit im Norden im März und April wesentlich höher, als wir gedacht hatten. Wir waren etwas erschrocken. Es sind Sturmprozentzahlen angegeben, die noch höher liegen als am Kap der Guten Hoffnung. Aber wir müssen durch.

Die günstigste Route war nach der Karte keinesfalls der klassische westliche Kurs über die Azoren, sondern eine östliche Variante durch das Seegebiet von Madeira. So war also Madeira für uns ein gedachter Ansteuerungspunkt. Wir lasen auch in Wilfried Erdmanns Buch über seine zweite Weltumsegelung von schweren Stürmen zwischen den Azoren und dem Englischen Kanal.
Sorge machten uns nach wie vor die Kabel der Antennen. Sie mußten im Mast neu verlegt werden, das bloße Hineinziehen in die Keep vor Kapstadt hatte keinen bleibenden Erfolg gebracht. Angelika mußte deshalb bei stürmischem Wetter nochmals auf den Besanmast klettern und die Kabel, die wieder im Wind flogen, mit Bändseln befestigen.
Wir hatten beide regelrecht Angst vor dem letzten 2000-Seemeilen-Törn im Nordatlantik, aber ich glaubte, daß das Wetter eher eine Frage des Schicksals war als der Jahreszeit. Ein dummer Trost?

27. Januar
Wir sitzen zum ersten Mal für längere Zeit im Cockpit. Die See ist tiefblau mit weißen Schaumköpfen: Passatwetter wie im Indischen Ozean. Unser Etmal ist mit 140 Seemeilen (trotz Bewuchs!) das beste seit dem Kap. Gestern war mal wieder die Salzwasserpumpe außer Gefecht, ich mußte in den Motorraum kriechen. Es sind geschenkte Tage des Ausruhens, die wir bewußt genießen. »Ich hatte schon gefürchtet, wir würden den ganzen Südatlantik mit so hartem Wind durchstehen müssen«, sagt Angelika.

28. Januar
Meine Stimmung ist variabel. Wenn ich an den Norden denke, ist sie schlecht. Bei Angelika geht das so weit, daß sie mich deutlich anpfeift, als ich über Pläne nach der Ankunft sprechen will: »Ich kann es nicht ertragen, wenn du über Dinge Überlegungen anstellst, die in Emden oder nach Emden geschehen sollen. Laß uns erst heil ankommen!« Ich schweige. Was wäre auch dagegen zu sagen? Sie hat ja recht. Ich wollte nur trübe Gedanken durch ein Gespräch über erfreuliche Möglichkeiten überdecken.
Wenn wir also reden, dann über Fragen, die das Boot, die Geräte, die Verpflegung und unsere Gesundheit betreffen. Ein fröhlicheres Gesprächsthema sind jeden Tag nur die Mahlzeiten. Daran ziehen wir uns hoch. »Was möchtest du heute essen?« Dann überlegen wir, was lange nicht auf der Speisekarte stand und wovon noch genügend Bestand da ist. Angelika hat glänzend vorgeplant beim Einkauf, die Auswahl ist beachtlich. Natürlich gehen mir Gedanken bezüglich unserer Zukunft und der ganz Deutschlands durch den Kopf. Durch den Krieg im Irak ist vieles fraglich geworden. Im Gegensatz zu meinen bisherigen Fahrten, bei denen ich immer davon ausgehen konnte, daß die Lage sich nach meiner Rückkehr nicht wesentlich verändert hatte, hängt jetzt die gesamte Entwicklung, auch im kleinen Familienkreis, von Faktoren ab, die selbst für nächstes Jahr nicht absehbar sind. Dazu gehören Wohnmöglichkeiten, Einkommen, Geldwert und was sonst

noch an Überraschungen auf uns wartet. Angelika, zur Zeit noch immer gedrückt, meint sogar: »Vielleicht werden wir nächstes Jahr sagen: ›Ach, wären wir doch noch auf dem Atlantik und müßten uns um nichts kümmern als das Boot, die Segel und unser Essen!‹«

29. Januar
Ein Flautentag, ein Arbeitstag. Ich wollte eine schwere Aufgabe anpacken: Seit dem Sturm hatte der elektronische Hauptkompaß, der aus einer Sonde, drei Anzeigegeräten und einem Rechner besteht, völlig unzuverlässig angezeigt. Um die Ersatzsonde einzubauen, war es notwendig, Kojen und Sitze zu entfernen, um an die Kabel und die Rechnereinheit heranzukommen. Ein neues Kabel wurde eingeführt, dann das Anzeigegerät auf Fehlanschlüsse oder lockere Verbindungen überprüft. In der Kajüte sah es aus, als ob die Räuber dagewesen wären: Polster in den Gängen, Sperrholzplatten am Boden, Werkzeuge, Schaltpläne, Installationsmaterial in allen Ecken. Es war bedrückend.
Und noch bedrückender ist jetzt das Ergebnis meiner Fummelei. Der Kompaß springt von Zahl zu Zahl, zeigt völlig falsch an. Stundenlange Bemühungen um eine Justierung bleiben erfolglos. Es ist spät am Nachmittag, als ich mit hängenden Ohren Polster und Werkzeuge wieder einräume. Eine üble Arbeit im rollenden Boot, dazu die Enttäuschung. Den Kompaß und damit die Anzeige am Kartentisch müssen wir vergessen: eine Folge des Sturms am Kap.
Der Wind hat inzwischen mal wieder ausgesetzt, dennoch kann ich mit dem Etmal zufrieden sein: 105 Seemeilen seit gestern. Wahrscheinlich hat der Strom kräftig mitgeschoben. Todmüde und kraftlos falle ich nach dem Abendimbiß in die Koje.

30. Januar
Wir haben jetzt 9000 Seemeilen seit Cairns zurückgelegt. Wo ist die Zeit geblieben? Ich merke die riesige Strecke Wasser nur an der Ermüdung meines Kopfes und meiner Glieder, an einer leichten Benommenheit am Tag und Unruhe in der Nacht. Angelika ist zunehmend bedrückt wegen des Golfkrieges. »Was machen wir hier eigentlich?« fragt sie mich und sich selbst. Es ist nicht leicht, die richtigen Proportionen zu sehen, wenn die Ablenkung durch Tagesgeschehnisse fehlt und

7.00 Uhr: Ein überwältigender Anblick ist das Tafelgebirge im Schein der Morgensonne. Das »Tischtuch« zieht gerade ab.

man nur mit schlimmen Nachrichten aus dem Radio gefüttert wird.
In der Nacht ließen wir das Boot wieder driften. Am Tag langsam weitergesegelt. Etmal nur 40 Meilen.

31. Januar
Der Passat ist schwach, so rollen und dümpeln wir dahin. Sind wir schon zu lange auf See, bringen wir deshalb immer weniger Initiative auf?

1. Februar
Ein wenig frische Energie nach dem Frühstück. Ich nutze sie, um alle Seekarten zu ordnen, die Karten für die letzten drei Monate meines Seglerlebens zurechtzulegen. Ein trauriger Gedanke, aber ich habe mich längst damit abgefunden. Alle Umstände sprechen dafür, nicht zuletzt die politische Lage, die eine jahrelange Abwesenheit nicht mehr erlaubt. Wiedervereinigung und eine neue Weichenstellung in meinem Leben gehen zusammen. Auf den Seekarten finde ich die roten und blauen Linien meiner beiden vorigen Weltumsegelungen. Erinnerungen werden wach. Jetzt bin ich sehr müde (es ist 18.00 Uhr), da wir um 03.00 Uhr die Fock bergen mußten.

2. Februar, auf 22° Süd und 0° 9' Ost
Heute haben wir wieder die Tropen erreicht! Eigenartig, auf einer Fahrt zweimal in die Tropen hinein und wieder hinaus zu segeln, dabei den gesamten Tropengürtel des Atlantiks zu durchqueren. Wir wollen endlich einmal eine Nacht durchschlafen und fassen am Abend einen Entschluß: Groß dichtholen, Fock bergen, beidrehen, mit festgestelltem Ruder um nichts mehr kümmern ...

3. Februar
Schon um 03.00 Uhr früh hörte ich den Wind in der Takelage. Auch A. war wach. Wir fierten die Großschot und brachten das Boot wieder auf Kurs. Die Nacht war nun doch unterbrochen. Erst um 05.00 Uhr schliefen wir kurz ein.

4. Februar
Wir haben wirklich leichtes Wetter und müssen nicht mehr um Segel und Selbststeuerung fürchten. Angelika entspannt sich in der Koje.
Zwei Mastrutscher vom Groß waren im Sturm abgerissen. Heute endlich holten wir das Segel herunter, ersetzten die gebrochenen Plastikstücke. Ein gutes Dutzend haben wir noch, mehr darf nicht brechen. Ich mache mich auch daran, die Halterungen für die Akkus fester zu verschrauben und Zwischenräume mit Styropor zu füllen. Wir hatten in Cairns neue Akkus gekauft, die nicht genau in die Halterungen passen. Abends sitze ich im Cockpit und blicke versonnen achteraus. Das Kreuz des Südens leuchtet hell am Himmel. Noch ein paar Wochen, dann wird es hinter der Kimm verschwinden. Auch Angelika hängt ihren Gedanken nach. Sie meint: »Für mich ist die Welt durch die Segelreisen viel größer geworden, als sie vorher in meiner Vorstellung existierte.«
Ich überlege. »Für mich wurde sie eher kleiner dadurch, daß ich die vermeintlich so riesige Erdkugel mit einem kleinen Boot umrunden konnte.«

6. Februar
Kräftiger Passat. Noch 143 Seemeilen bis St. Helena.

7. Februar
Fast unmerklich hat sich die Dünung in den letzen Tagen gesteigert, jetzt hat sie volles »Passat-Maß«. Ich bewundere Angelika, die wieder ihre artistischen Leistungen vollbringt, um regelmäße Mahlzeiten zu bereiten. Sie vergleicht eifrig die Kurse meiner ersten und zweiten Weltumsegelung mit dem unsrigen. Es ist erstaunlich, wie ähnlich die Wetterverhältnisse waren, obgleich ich seinerzeit einen Monat später gesegelt war.

8. Februar
Die Nacht über nervös. Immerhin ist es eine Art Ansteuerung. Als wir auf 15 Seemeilen an St. Helena, die verlorene Insel, heran sind, schlägt Angelika vor, beizudrehen. So können wir noch ein paar Stunden Schlaf finden.
Um 08.00 Uhr stehe ich auf. St. Helena zeichnet sich deutlich durch den Dunst ab. Wir halten auf den großen Felsklotz zu, denn wir wollen versuchen, über Funk ein Telegramm an Angelikas Mutter aufzugeben. Aber es dauert Stunden, bis wir die Felsküste erreicht haben. Wir bewundern die hohen, steilen Felsformationen, die aus der blauen See zum Himmel aufragen, die Gipfel zum Teil in Wolken gehüllt.
Wir segeln weiter vor dem Wind nach Westen, um die Insel herum, und haben dann plötzlich den kleinen geschützten Ankerplatz vor Augen. Die Kirche und ein

Zwei Tage lang war dieser »Tramper« unser Gast. Vom Bugkorb aus konnte er bequem die Wasseroberfläche nach Fischen absuchen. Nach kurzen Ausflügen kehrte der junge Sturmvogel immer wieder auf seinen Stammplatz zurück.

paar Häuser sind zu sehen, dazu oben auf dem Felsen die Festung, in der Napoleon gefangengehalten wurde. Wir rufen den Hafenmeister über Kanal 16 und erfahren, daß es hier keine Küstenfunkstelle gibt, die Telegramme annimmt.
Enttäuscht setzen wir wieder alle Segel und lassen uns vom Passat nach Norden treiben. Wenigstens konnte ich auf dem ruhigen Wasser in Lee der Insel das Antennenkabel aus dem Mast ziehen und neu einführen. Damit steht das Besansegel wieder zur Verfügung. Ein wichtiger Erfolg.
St. Helena? Ich könnte nicht sagen, daß die Nähe des Städtchens besondere Sehnsucht nach einem Landgang bei uns geweckt hätte. Für mich ist die Gefühlslage klar: Da die Weltumsegelung mit diesem Törn zu Ende geht, habe ich auch jetzt nicht die geringste Lust, irgendwelche Verzögerungen hinzunehmen. Die großen Ziele haben wir in den letzten beiden Jahren erreicht, einmalige Höhepunkte erlebt. Ich habe dafür alle verfügbare Kraft und alle meine finanziellen Mittel eingesetzt. Die Filme, die Erlebnisse, sind nicht mehr steigerungsfähig. Jetzt zieht es mich mächtig nach Hause. Ich möchte mein Boot und uns beide in den Heimathafen bringen.
Gewiß, die Arbeiten an Bord strengen uns mehr und mehr an, es ist erkennbar, daß unsere Kraftreserven geringer geworden sind. Aber wenn die Fahrt im April ihrem Ende entgegengeht, dann wird die Freude auf den neuen Lebensabschnitt unsere Energien auch wieder verstärken. So hoffe ich jedenfalls.

9. Februar
Die 10 000. Meile seit Cairns! Wir können es selbst kaum fassen. Angelika fragt mich: »Ist das wirklich wahr? Dann müssen wir feiern!« Das haben wir lange nicht mehr getan. Schnell holt sie eine Flasche Wein aus der Bilge und stellt dabei fest, daß dort alles naß ist. Wasser sammelt sich an einem tiefen Punkt. Es scheint von unten zu kommen.
Trotz stundenlanger Bemühung gelingt es uns nicht, den Weg des langsam einsickernden Wassers zu verfolgen. Da wir ohnehin jeden Tag die Bilge auspumpen und die Wassermenge gering ist, lasse ich das Problem zunächst auf sich beruhen.
Zum Wein gibt es abends dänischen Kaviar und Knäkkebrot, Vollkornbrot und Zwieback. Dazu Krabben in Cocktailsoße – und alles so nett angerichtet und dekoriert, wie es eben nur Angelika mit viel Liebe und Vorfreude trotz Müdigkeit fertigbringt.

18. Februar
In den letzten zehn Tagen wurde der Wind langsam schwächer, wir nähern uns der berüchtigten Flautenzone am Äquator, den Mallungen. Dreimal mußte Angelika schon wieder Segel nähen, die durch das dauernde Schlagen gerissen waren. Natürlich konnten wir das schwere Großsegel nicht vom Baum abnehmen. Angelika saß an Deck, zog das Segel an sich heran und bohrte Stich um Stich mit Nadel und Zange durch das dicke Tuch. Langsam aber sicher kam so eine feste Naht zustande.
Die Hitze und die Eintönigkeit der nur wenig bewegten See, das ständige Klappern der Aluminiumbäume, des Schotwagens und des Tauwerks greifen meine Nerven an. Meine Gedanken irren hin und her, manchmal fällt es mir schwer, mich auf meine Umgebung zu konzentrieren. Die Politik geht mir im Kopf herum. Deutschland hat sich durch die Verweigerung einer Teilnahme am Golfkrieg wieder einmal zwischen alle Stühle gesetzt. Das gute Image in der Welt ist verlorengegangen, und die Herren in Bonn werden es bald zu spüren bekommen. Selbst die Deutsche Welle bringt nur noch negative Nachrichten. Während ich diese und ähnliche Gedanken wälze, schiebt sich die *Solveig* langsam durch die blauen Atlantikwellen nach Norden.
Einen Lichtblick gibt es heute; da wir gestern Regen aufgefangen haben, gönne ich mir eine Haarwäsche und eine kurze Dusche.

19. Februar, auf 3° 13' Süd und 12° 12' West
Das müde Segeln in der trägen Dünung geht weiter. Wo bin ich? Die Nachrichten im Radio kommen aus einer anderen Welt, und ich ahne mit Beklemmung, daß ich dorthin in Bälde werde zurückkehren müssen.

20. Februar
Wir setzen Segel, bergen Segel, setzen sie wieder! Je nachdem, ob ein kleiner Windhauch das Boot ein Stück vorantreibt. Angelika näht wieder, diesmal an der Fock. Auch unsere Segel spüren die lange Zeit auf See. Es ist schwül und heiß, bald wird wieder ein Schauer niedergehen.

23. Februar
Wenig Wind, Flauten, Regenschauer.

24. Februar
11.30 Uhr: ÄQUATOR GEKREUZT auf 15° West, damit auch WELT UMSEGELT!
Leichte Brise, sehr heiß und feucht. Angelika hat eine Flasche Wein entkorkt und mir Perrier gestiftet. Dazu Lachs aus der Dose und Knäckebrot. Das Boot schleicht dahin, läßt sich gerade noch steuern.

Per Funk mit Deutschland verbunden

28. Februar
13.00 Uhr: Waffenstillstand im Irak. Steuererhöhung in Deutschland. Flaute.

2. März
23.00 Uhr: Nach Regen und Flauten jetzt Sturm aus Nordnordost! Das ist der Übergang vom Südostpassat zum Nordostpassat, der uns von jetzt an entgegenstehen wird. So brutal habe ich den Wechsel der Passate noch nicht erlebt.

6. März
Wechselhafter Wind. Leider aus Nordwesten, so daß wir nach Südwesten kreuzen müssen. Das tut weh, aber nach Südosten kämen wir der Küste Afrikas zu nahe.

7. März
Wir haben das kleine Leck inzwischen entdeckt. Jetzt mache ich mich an die Abdichtungsarbeit. Dazu segeln wir zu Angelikas Kummer wieder in südlicher Richtung, damit die undichte Stelle, ein Auslaßrohr, durch die Schräglage des Bootes über die Wasserlinie gehoben wird.

8. März
Ganze 30 Seemeilen haben wir durch die Beseitigung des Lecks verloren! Das ist hart für Angelika, sie erträgt »rückwärts« nur sehr schwer. Es ist auch für mich im Moment eine Belastung, obwohl die Distanz für die Gesamtstrecke keine Rolle spielt.

9. März
20.00 Uhr: Riesenfreude! In der Sendung »Grüße aus dem Heimathafen« der Deutschen Welle übermittelt Moderator Herbert Fricke Grüße für uns!

10. März
Kräftiger Passat. Das Gegenanknüppeln ist verdammt anstrengend, aber wir kommen weiter. Bedrohlich und deprimierend ist die Meeresströmung, die uns jetzt auch mit einem bis eineinhalb Knoten entgegensteht. Wenn wir zehn Seemeilen lang kreuzen, machen wir nur drei Meilen nach Norden gut.

11. März
Es brist gewaltig auf, und das Gegenansegeln wird noch härter. 12 000 Seemeilen seit Cairns!

12. März
Heute fast stürmisch. Kommen kaum mehr dagegen an. 12.00 Uhr: Wir konnten wieder ein Telegramm absenden, diesmal über den Tanker *Olympus.*

14. März
Stürmische See. Es wirft uns herum, daß wir kaum sitzen können. Wie hält die Steuerung das aus? Essen nur mit Mühe möglich, da das Boot hoch am Wind weit überliegt. Ein Brecher hat unser schönes Segeltuch-Spritzverdeck zerrissen. Wenn der Steven in die See pflügt, ist die Wucht der Wellen unheimlich stark. Ein harter Tag für uns und das Boot. Zweimal Sturz durch die Kajüte. Nervensache.

16. März
Der Passat ist kräftig, und wir arbeiten uns mühevoll gegenan. Das Boot liegt so weit auf dem Ohr, daß es eine Bergbesteigung ist, die Luvseite der Kajüte zu er-

reichen. Oft werfen wir uns Geschirr, Marmelade usw. einfach zu, um den steilen Weg zur Pantry zu sparen. Wir beißen die Zähne zusammen, sind froh über jede Stunde, die wir ohne Zwischenfall hinter uns bringen. In der Kajüte sind die Bewegungen und vor allem der Lärm denkbar ungemütlich. Die Angst geht um bei uns, daß irgend etwas bricht.

17. März
Wir haben die Kapverden hinter uns gelassen. Luft dunstig vom Wüstenstaub. Schönes Passatwetter.

19. März
Das gute Wetter hält an. Aber wir sind deprimiert. Durch den Bewuchs lädt der Wellengenerator nicht stark genug, und wir können den Autopiloten nicht mehr einsetzen. Von jetzt an heißt es, von Hand steuern oder den Segeltrimm so genau einrichten, daß das Boot selbststeuernd auf Kurs bleibt.

Für jede Stunde mit günstigem Wetter waren wir dankbar. Aber wir fühlten auch Unruhe und Aggressionen in uns wachsen. Drei Monate ohne festen Schlaf forderten ihren Zoll.

Doch heute ist trotzdem mein großer Tag. Wir haben die Stelle im Atlantik erreicht, wo sich bei meiner ersten Weltumsegelung Ausfahrt- und Heimatkurs kreuzten. Außerdem querte ich diese Stelle noch zweimal: auf der Reise von Kapstadt nach Madeira und 1963 von den Kanarischen Inseln in die Karibik. Jetzt segle ich also zum fünften Mal in meinem Leben über den Atlantik und zum dritten Mal um die Welt.

20. März
Kreuzschläge nach Osten, dann nach Westen, deshalb nur kümmerliches Etmal von 55 Seemeilen. Dabei knallen wir in die Wellen, daß die Tassen fliegen. Windstärke sechs.

21. März
Frühlingsanfang. Daß ich nicht lache! Eine bleigraue See rennt gegen den Bug unseres Bootes. Tiefhängende, dunkle Wolken, kein heller Fleck am Himmel.
11.00 Uhr: Wir haben gemeinsam in zäher Arbeit Frühstück bereitet und in Etappen gegessen und getrunken. Wie lange kann ich noch mit vollem Tuch segeln?
21.30 Uhr: Es ist kaum auszuhalten in der Kajüte. Ständig Angst, daß etwas zu Bruch geht. Der Wind wird sehr böig, bis Stärke acht, dann wieder nur fünf. Dazwischen Regenschauer. Nerven, Nerven ...
23.00 Uhr: Es heult und pfeift in der Takelage. Aber der Wind flaut zwischendurch auch ab. Also weiter! Nur weiter, um aus dem Gegenpassat herauszukommen.

22. März
Ein Riesensprung nach Norden! Wir sind gesegelt, daß alles nur so flog. Die Zahl der Seemeilen wächst und damit unsere Sehnsucht nach dem Ende der Reise.
24.00 Uhr: Der Wind geht zeitweise auf acht, die Nacht ist wieder stürmisch. Schlechter, kurzer Schlaf.

23. März
Einem Schiff begegnet, etwa 3000 Tonnen, weiß. Angelika meldet sich auf Kanal 16, aber keine Antwort. Wahrscheinlich ein Asiate, der kein Englisch versteht. Was wäre, wenn wir einen Notruf abgeben müßten?
18.00 Uhr: Schönwetternachmittag. Almanach studiert zur Vorbereitung auf den Englischen Kanal.
21.30 Uhr: Wir frieren, freuen uns aber über das günstige Wetter.

24. März
Heute hat sich der Passat endgültig verabschiedet. Südwind! Wir haben den 2000 Meilen breiten Streifen mit Gegenwind hinter uns.
22.00 Uhr: Es ist kalt geworden, 17° heute abend. Jetzt Südwestwind. Zum ersten Mal seit vielen Wochen Schoten gefiert. Mit halbem Wind direkt auf Madeira zu. Noch 500 Meilen.

26. März
Das Wetter ist sonnig mit einzelnen Regenzonen. Welches Glück, dieser Kurs (Ostnordost)! Wir sind hochzufrieden. Frieren ein wenig.

27. März
Wieder sehr starker Wind bis Sturm. Böig. Schlaflose Nacht.

28. März
02.00 Uhr: Es weht zeitweise wie verrückt, aber wir haben alle Segel oben. Das Boot liegt extrem über.
15.00 Uhr: Endlich Beruhigung und weniger Seegang. Wir bekommen den Rundfunksender von Funchal herein. Nur Portugiesisch, aber ein Lebenszeichen anderer Menschen. Angelika ist ganz aufgeregt.

30. März
Erste durchschlafene Nacht seit langer Zeit. Ich bin taumelig. Wunderbares Wetter. Wir segeln aufrecht, kaum Dünung. Sind wir schon in Lee von Madeira?

1. April
Insel in Sicht. Eberspächer-Heizung in Gang gebracht. Wir werden sie brauchen!

2. April
Wir dümpeln vor Madeira und warten auf ein Fischerboot, um unsere Briefe abzugeben, die wir auf Vorrat geschrieben haben. Später am Nachmittag vor dem Dorf Machico ein Boot getroffen. Mit Dollars Porto bezahlt und Briefe übergeben.

5. April
Bei sehr leichtem Wind kaum vorangekommen. Die Insel nimmt allen Wind. Gestern langsam an Santo vorbei.
Die Reinigung des Tank-Sumpfes gestern hat sich gelohnt. Motor läuft ruhig ohne »Aufheuler«.

6. April
Allmählich bessere Brise. Wir sind in einem extremen Hoch mit 1030 Millibar.
21.30 Uhr: Die ganz große Überraschung! In der Deutschen Welle hören wir zufällig eine Zwanzig-Minuten-Sendung über uns und unsere Weltumsegelung, moderiert von Herbert Fricke! Die ganze Sendung »Grüße aus dem Heimathafen« nur für uns. Sogar ein Gespräch mit Angelikas Mutter ist eingeblendet. Wir sind völlig aus dem Häuschen, wie beschwipst vor Freude, daß man so intensiv an uns denkt. In letzter Zeit haben wir uns eher etwas verloren gefühlt.
Und nun diese Überraschung! Angelika macht eine Flasche Wein auf.

7. April
Nach dieser »Feier-Nacht« recht müde, aber sehr froh.

Schließlich geht es wieder vorwärts, nachdem wir aus dem Bereich der Inseln heraus sind. Oder ist es Zufall?

8. April
Traumwetter wie für Urlaub. Wenig Wind. Endlich die Genua ausgegraben und gesetzt. Bekomme Bedenken, meinen »Fahrplan« nicht einhalten zu können.

9. April
Wir sehen Schildkröten auf dem ölglatten Wasser, die ganz nahe am Boot schwimmen. Aber auch viel Schmutz, Schaum und Blasen. Merke: Wir kommen Europa näher.

12. April
Bis jetzt Flautenwetter, aber dann plötzlich Sturmböen – und aus Nordost, uns entgegen! Wir bergen eilig den Besan.

14. April
Es bläst noch immer mit sechs bis sieben Windstärken, aber aus der falschen Richtung. Noch 757 Seemeilen bis zum Kanal. Der stürmische Nordost läßt mich schier verzweifeln. Wir hören Wetterberichte von der Deutschen Welle und BBC, aber keine Hoffnung. Unser Kurs bleibt Nordnordwest.

15. April, auf 41° 32′ Nord und 16° 50′ West
10.00 Uhr: Sturm! Groß geborgen. Wir steuern mit der kleinen Fock per Hand, um die mühsam erkämpften Meilen nicht zu verlieren.
12.00 Uhr: Voller Sturm. Es ist fürchterlich – diese See und dazu die Kälte. Wir steuern dennoch, so lange unsere Kraft reicht. In der Kajüte Verletzungsgefahr. Noch 667 Meilen zum Kanal.
15.30 Uhr: Segel geborgen. Wir geben auf und lassen das Boot treiben. Ich will keinen Bruch in der Takelage.
19.30 Uhr: Wieder Segel gesetzt und weiter! Aber nie auf dem richtigen Kurs. Gibt es noch etwas anderes als diesen Nordost? Ich glaube es bald nicht mehr. Wir sind fertig. Ich hatte in diesen Breiten fest mit Westwind gerechnet und schnellem Segeln nach Norden. Das Wetter ist eine böse Enttäuschung.

16. April
10.00 Uhr: Wir müssen wieder wenden, da uns der Kurs vom Ziel eher abbringt. Dabei gerät der Tampen

»Die Zahl der Seemeilen wächst und damit unsere Sehnsucht nach dem Ende der Reise«, schrieb ich ins Logbuch.

der Fockschot in den Propeller, der mitläuft wegen des Wellengenerators. Angst, Aufregung! Eine Stunde Arbeit, wir ziehen und drehen mit und ohne Motorkraft. Schließlich haben wir Schot und Propeller unbeschädigt wieder frei.
15.00 Uhr: Baro fällt, Wind stürmisch.

17. April
08.00 Uhr: Seit der Nacht wieder Sturm Stärke acht. Wir segeln wie verrückt. Ich vertraue auf das Rigg, vor allem auf das Vorstag, das unglaublich belastet wird. Boot liegt so auf dem Ohr, daß die Bullaugen ständig unter Wasser sind. Das sollte man nicht tun bei so schwerem Seegang. Aus dem Waschbecken schießen Ströme von Wasser hoch.
13.30 Uhr: Das war nun doch zuviel: Das Groß ist im unteren Teil von Liek zu Liek parallel zum Baum durchgerissen! Jetzt segeln wir mit einem Reff, so ist

der Riß eingebunden und das restliche Segeltuch hält noch.
Wie lange? Baro steigt, aber das Boot wird überflutet von Brechern. Die See donnert und kracht. Das Geräusch macht mich fertig. Dazu die Kälte, 17 ° und nasse Kleidung.
22.30 Uhr: Baro steigt und steigt, aber der Wind läßt noch nicht nach.

Nebel im Englischen Kanal

18. April
10.00 Uhr: Seegang mäßiger. Wetter scheußlich.
12.30 Uhr: Wir segeln. Alles andere ist im Moment egal. Überall naß in der Kajüte. Vielleicht viele Geräte verdorben oder beschädigt. Können wir jetzt nicht kontrollieren. Nur weiter!
20.30 Uhr: Wir segeln nach Norden, aber da der Kanaleingang im Osten liegt, kommen wir nicht mehr näher. Wir müssen wenden, um Ost zu machen, auch wenn wir dabei nach Süden geraten. Es ist zum Verzweifeln. Das hatte ich mir hier ganz anders vorgestellt und 1970 auch ganz anders erlebt! Wo bleibt der Nordwest?

19. April
10.00 Uhr: Der Wind ist leichter geworden, aber die ungünstige Richtung hat sich nicht geändert. Jetzt kann nur noch ein Wunder helfen, daß wir unseren versprochenen Termin einhalten. Der Radar-Reflektor hat sich losgerissen. Ich mußte bei Seegang und Kälte auf den Besanmast klettern und das Ding mit Draht wieder befestigen.

20. April
08.00 Uhr: Seit 05.00 Uhr versucht Angelika verzweifelt, das Boot bei ständig wechselnder Windrichtung auf Kurs zu halten. Es läuft nicht mehr richtig bei dem dicken Muschelbewuchs. Wir sind sogar eher etwas rückwärts gesegelt.
11.00 Uhr: Endlich eine kleine Brise aus Nordwest! Wir setzen die Genua, machen langsame Fahrt mit dem viel zu klein gewordenen Großsegel. Aber zum ersten Mal seit zwei Wochen segeln wir in die richtige Richtung.
17.00 Uhr: Wir können es kaum fassen, aber der Nordwest hat sich durchgesetzt.

21. April
10.00 Uhr: Der Wind hat die ganze Nacht gehalten. Wir haben seit Cairns 15 000 Seemeilen zurückgelegt, aber jetzt haben wir keine Kraft mehr zum Feiern. Gestern schickten wir ein Telegramm über den indischen Frachter *Evergreen* mit dem Text: »Ankunft verschoben!« 15.00 Uhr: Nordwind, aber wir segeln noch gut.

22. April
12.00 Uhr: Ruhige See und gute Fahrt. Kurze Zeit Motor an, da die Kälte in der Kajüte (12 °) wehtut. Die brave Eberspächer ist angesprungen, verbreitet wohlige Wärme und trocknet die Luft. Leider verbraucht sie auch Strom und Diesel.
16.00 Uhr: Flaute. Wir sind sehr langsam.
21.00 Uhr: Heute begegneten uns fünf Schiffe. Wir müssen nachts jetzt sehr aufpassen. Hören schon Radio Luxemburg auf Kurzwelle.

23. April
04.00 Uhr: Leichte Brise. Segel, die wir am Abend geborgen haben, wieder gesetzt. Die Richtung stimmt, wir sind dem Kanal nahe.
11.00 Uhr: Ein tief fliegendes Flugzeug über uns. »Fisheries Control« steht in dicken Lettern auf dem Rumpf. Kommt nochmals zurück und ruft uns auf Kanal 16 an. Erkundigt sich nach Reise und Befinden, verspricht ein Foto zu schicken.

24. April
09.00 Uhr: Wir sind in großer Erwartungsstimmung und überlegen unsere Telefonate, die wir im Kanal über Küstenfunk führen wollen.
13.00 Uhr: Baro fällt weiter. Wir sind auf der Seekarte des Englischen Kanals angekommen! Von jetzt an Küstensegeln. Sturmwarnung von der BBC.
24.00 Uhr: Abends Telefongespräche. Angelika völlig verwirrt. Ich kaputt und Kopfweh. Leuchtfeuer Lizard Point querab. Das wäre ein Grund zum Feiern, aber uns ist nicht danach. Haben um 19.00 Uhr die Genua geborgen, ist bei Windstärke acht an verschiedenen Stellen gerissen. Traurig, denn so werden wir noch langsamer.

25. April
Wir haben noch etwas Diesel im Tank, aber er ist verschmutzt, wir können damit nur geringe Fahrt machen. Ob wir den Termin 4. Mai noch schaffen? Wir

haben Zweifel. Das Deck ist zum ersten Mal trocken, die See ruhig. Wir schlagen das gerissene Groß ab und packen es ein, ebenso die Genua, und setzen ein neues Großsegel, das wir in Reserve hatten. Nun können wir wieder richtig segeln.
12.30 Uhr: Wir kommen voran und müssen jetzt fahren, fahren, fahren. Wir sind in der Mitte eines Tiefs, deshalb die Ruhe.
22.00 Uhr: Baro steigt wieder, der Trog füllt sich.

26. April
13.00 Uhr: Absolut kaputt heute morgen. Irres Kopfweh. Gegenströmung, machen praktisch null Speed. Unzählige Schiffe im leichten Nebel in der Nähe. Wir müssen Tag und Nacht jede Minute Wache gehen.
20.00 Uhr: Der Strom ist jetzt mit uns. Vollmond, deshalb haben wir die starken Tidenströme.

27. April
09.00 Uhr: Schmutz im Diesel zwingt zum Abschalten des Motors.
19.00 Uhr: Wind schläft ein, wir treiben zwischen Brighton und Newhaven.

28. April
10.00 Uhr: Die Flaute hält an, kommen mit kleinen Windstößen sehr langsam voran.

29. April
10.00 Uhr: Vor Folkestone, die englische Küste ist geschafft! Wir sehen uns kaum mehr und sprechen auch nicht, da wir abwechselnd versuchen, uns auszuruhen. Was gäbe es auch zu sagen? Die Müdigkeit ist so groß, daß wir nur noch daran denken, jede Stunde etwas weiter zu kommen. Die Freude über den Erfolg wollen wir uns aufheben, bis wir wirklich gelandet sind.
15.00 Uhr: Wir telefonieren wieder mit mehreren Freunden und Bekannten. Es macht uns fertig, wenn wir hören, daß mancher glaubt, wir könnten so oder so fahren, als ob wir im Auto säßen und es Wind, Wetter und Strömung nicht gäbe. Ein Filmteam will uns dann und dann, dort und dort sehen! Wir sind zu solchen Späßen absolut nicht mehr aufgelegt, haben im Gegenteil das Gefühl, daß wir um unser seelisches Überleben kämpfen. Die Anspannung läßt nach, wir dürfen aber noch nicht abschlaffen. Sechs Monate auf See seit Cairns waren lang, zu lang mit einem Boot und Segeln, die seit zehn Jahren im Einsatz sind.
Die letzten Meilen liegen vor uns. Wir müssen es schaffen! Ich habe die Kraftstoffilter am Motor ausgewechselt, sie waren völlig verdreckt. Wir können den Motor wieder starten.
16.00 Uhr: Nebel, der immer dichter wird. Langsam mit Motor voran, jede Meile zählt. Wir richten unseren Kurs nach den großen Pötten, die uns überholten. Die Fahrwassertonnen lassen sich nicht mehr ausmachen.

Damit endet das Tagebuch unseres größten Abenteuers. Ich hatte in den letzten drei Tagen vor unserer Ankunft in Emden keine Kraft mehr zum Schreiben. Alle Aufmerksamkeit gehörte der schwierigen Navigation in den Küstengewässern Belgiens und Hollands. Speziell für diesen Abschnitt hatte ich den GPS-Navigator angeschafft, denn er hätte es uns ermöglicht, einen genauen Kurs im jeweils vorgeschriebenen Fahrwasser zu steuern. Nun aber mußte ich darauf verzichten. Gewiß, man ist früher ohne Elektronik und Satelliten gesegelt, und ich selbst habe die Welt nur mit Sextant und Almanach umrundet, aber das waren noch andere Zeiten. Damals gab es viel weniger Schiffsverkehr und nur wenige Hindernisse für die Schiffahrt.

Großer Empfang in der Heimat

Noch 60 Meilen waren bis Borkum zu segeln. Von dort an war unser Kurs von Freund Hermann vorgeplant. Im Logbuch findet sich noch eine kurze Eintragung:

4. Mai
09.00 Uhr: Borkum. Scheußliches Wetter. Regnerisch, kalt, windig.
Seenotkreuzer und Zollboot begleiten uns. Gegen 10.00 Uhr kommt uns ein Segelboot entgegen – bei dem Sauwetter hier draußen. Sie scheren ganz nahe heran und reichen uns mit dem Bootshaken eine große Tüte mit komplettem deutschem Frühstück! Angelika hat Tränen in den Augen, und auch ich werde weich, als da liebevoll verpackt Brot, Brötchen, Butter, Eier, Marmelade und Wurst zum Vorschein kommen! Wir fühlen: Jetzt sind wir zu Hause.
12.00 Uhr: An der Knock. Viele Begleitschiffe, Sirenen ertönen. An Bord von *Engelken up de Müre* Hermann, Angelikas Mutter, Journalisten, Freunde, Bekannte. Riesenstimmung.

Geschafft! Dankbarkeit, übergroße Freude, ja ein Rausch beherrschten uns bei der Ansteuerung von Emden.

13.00 Uhr: Schleuse. Erste Gespräche von Schiff zu Schiff.
13.30 Uhr: Die Brücken sind offen, Einfahrt in den Ratsdelft.
14.00 Uhr: Festgemacht vor dem historischen Rathaus in Emden.

So ging die Fahrt um die Erde nach acht Jahren zu Ende. Wir waren beide glücklich in dem Gefühl, auf

Herzlicher Empfang. Im malerischen Hafen von Emden, gegenüber dem historischen Rathaus, ging unsere Fahrt um die Erde nach acht Jahren zu Ende.

unserer Reise mehr erlebt zu haben, als wir jemals zu hoffen gewagt hätten. Als die *Solveig* am Hafenkai vertäut war, setzte ich nach 187 Tagen zum ersten Mal wieder den Fuß an Land, diesmal auf heimatlichen Boden. Ein kleiner Schmerz stach in meiner Brust, denn ich wußte, daß dieser Augenblick das Ende eines dreißigjährigen Lebensabschnitts war. Aber die Berührung mit dem heimatlichen Boden bedeutete auch einen glücklichen Beginn, die Möglichkeit, auf neuem Kurs neue Ziele anzusteuern.

Die Solveig IV

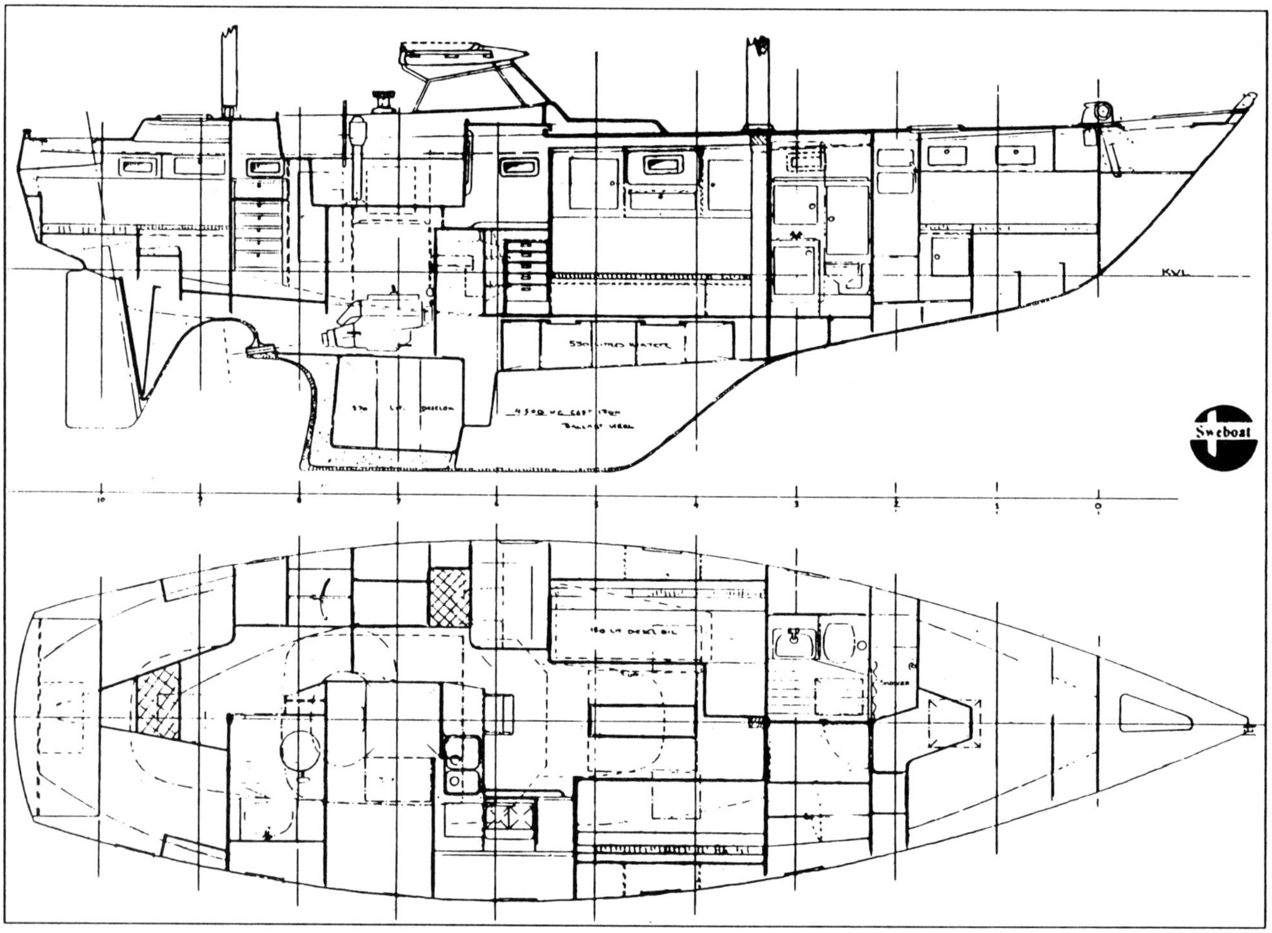

Bauwerft: Hallberg Rassy VARV AB, Ellös, Schweden
Typ: HR 42
Länge über alles: 12,90 m
Länge in der Wasserlinie: 10,50 m
Breite: 3,78 m
Tiefgang (voll beladen): 2,30 m
Ballast: 4,7 t
Segelfläche: 75 qm
Segel: Großsegel, Fock I, Fock II, Genua, Besansegel, Passatvorsegel, Besanstagsegel, Sturmfock.
Zusätzlich: Großsegel und Fock I von North Sail
Motor: Volvo Penta Diesel MD 21, 52 PS
Heizung: Eberspächer Warmluftheizung DL 4
Generatoren: Bosch 75 A und Bosch 25 A
Batterien: 6 × Varta 6 V 120 A
Instrumente (VDO): Windmeßanlage, Sumlog, Kompaß, Echolot und alle Motorüberwachungsinstrumente
Seltbststeuerung: Autohelm 6000 und Windfahnensystem Sailomat
Schlauchboot: Zodiac Cadet
Außenbordmotor: Yamaha 5 PS
Rettungsinsel: BFA Augsburg

Anhang

Literaturverzeichnis

Bernatzik, Dr. Hugo Adolf: *Owa Raha,* Wien 1936; *Südsee,* Wien 1944.
Cook, James: *Entdeckungsfahrten im Pacific. Die Logbücher der Reisen von 1768 bis 1779,* Stuttgart 1971.
Ford, Corey: *Where the Sea Breaks It's Back. The Epic Story of a Pioneer Naturalist and the Discovery of Alaska,* Boston 1966.
Fox, Dr. C.E.: *My Solomon Islands,* Honiara 1985.
Friederici, Georg: *Alvaro de Mendana. Die Entdeckung der Inseln des Salomo,* Stuttgart 1925.
Harcombe, David: *Solomon Islands. A Travel Survival Kit,* Victoria, Australia 1988.
Hardburg, E.: *Ich entdeckte das Paradies,* Hamburger Morgenpost 1954.
Inder, Stuart: *Pacific Islands Year Book,* Sydney 1978.
Koch, Dr. Gerd: *Die materielle Kultur der Ellice-Inseln,* Berlin 1961.
Overhoff, Julius und Edith: *Südsee. Eine Inselreise,* München 1978.
Schult, Joachim: *Segler-Lexikon,* Bielefeld 1979.
Searby, Ellen: *Alaska's Inside Passage,* Juneau 1988.
Stanley, David: *Westkanada- und Alaska-Handbuch,* Bremen 1983.
Steller, Georg Wilhelm: *Von Sibirien nach Amerika. Die Entdeckung Alaskas mit Kapitän Bering 1741-1742,* Stuttgart 1986.
Uhlig, Helmut: *Menschen der Südsee,* Berlin 1974.
Voss, John: *Im Segelboot über die Weltmeere. Abenteuerliche Reisen des Kapitän Voss, von ihm selbst geschildert,* Berlin 1925.
Zimmermann, Heinrich: *Reise um die Welt mit Captain Cook,* Stuttgart 1978.

Weitere Quellen: Staatliche Museen Preußischer Kulturbesitz, Berlin, Abteilung Südsee, Die Salomo-Inseln.

ROLLO GEBHARD

RETTET DIE DELPHINE

Gesellschaft
zur Rettung der Delphine

*Es wird die Zeit kommen, da das Verbrechen am Tier
ebenso geahndet wird wie das Verbrechen am Menschen.*
Leonardo da Vinci

Gesellschaft zur Rettung der Delphine e.V.
Arabellastraße 5 · App. 447
D-8000 München 81

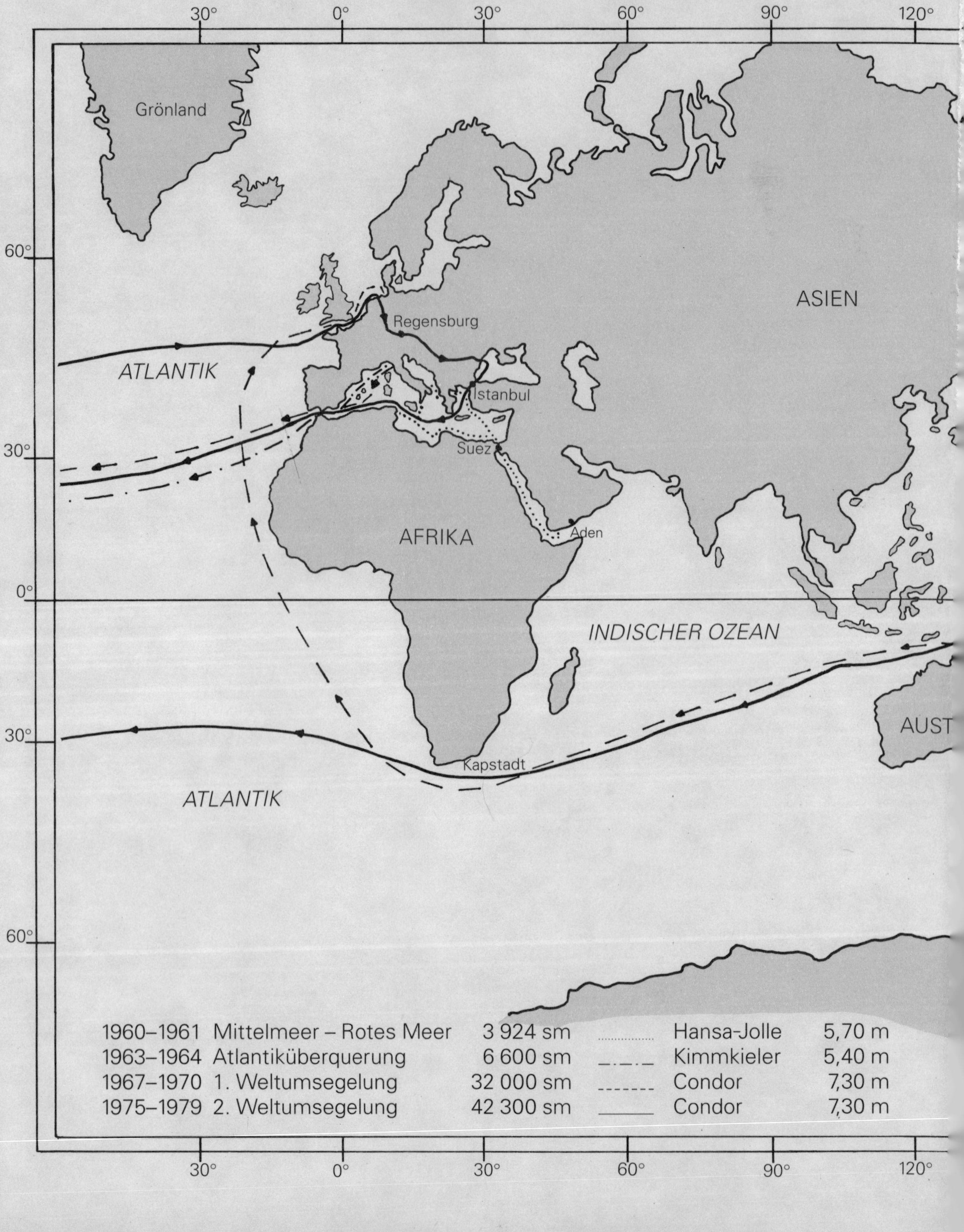

30°
0°
30°
60°
90°
120°
Grönland
ASIEN
Regensburg
ATLANTIK
Istanbul
Suez
Aden
AFRIKA
0°
INDISCHER OZEAN
AUST
Kapstadt
ATLANTIK
60°
30°
30°
60°
1960–1961 Mittelmeer – Rotes Meer 3 924 sm Hansa-Jolle 5,70 m
1963–1964 Atlantiküberquerung 6 600 sm Kimmkieler 5,40 m
1967–1970 1. Weltumsegelung 32 000 sm Condor 7,30 m
1975–1979 2. Weltumsegelung 42 300 sm Condor 7,30 m